渤海大学教学改革项目———基于育人能力提升的《班级管理》课程案例教学行动研究成果（项目号：BHUXJGB2022048)渤海大学横向项目中小学人工智能教育视域下教师专业发展研究成果 (项目号: HX202337)

综合育人视角下的班级管理案例分析

李颖　董莉莉　著

新 华 出 版 社

图书在版编目（CIP）数据

综合育人视角下的班级管理案例分析 / 李颖，董莉

莉著 . —北京：新华出版社，2023. 8

ISBN 978-7-5166-6980-8

Ⅰ . ①综… Ⅱ . ①李…②董… Ⅲ . ①中小学—班级

—学校管理 Ⅳ . ①G632. 421

中国国家版本馆 CIP 数据核字（2023）第 166475 号

综合育人视角下的班级管理案例分析

作　　者：李　颖　董莉莉	
责任编辑：赵怀志	
封面设计：人文在线	
出版发行：新华出版社	
地　　址：北京石景山区京原路 8 号	邮　　编：100040
网　　址：http：//www.xinhuapub.com	
经　　销：新华书店	
购书热线：010-63077122	中国新闻书店购书热线：010-63072012
照　　排：北京人文在线文化艺术有限公司	
印　　刷：三河市龙大印装有限公司印刷	
成品尺寸：170mm×240mm　1/16	
印　　张：17.75	字　　数：276 千字
版　　次：2024 年 5 月第一版	印　　次：2024 年 5 月第一次印刷
书　　号：ISBN 978-7-5166-6980-8	
定　　价：99.00 元	

目　录

第一章 班级管理中的学生与班主任

第一节 班级管理中的学生

【案例呈现】

案例一 罚站任安妮——我永久的痛

任安妮曾是我班上的一名学生，因为迟到，我罚她在教室外面站了一会儿。这事儿看起来不严重，我的做法也不是特别过分，但后来我才知道她迟到是因为生病，再后来她因白血病去世了。就是这么一个突发事件唤起了我的良知，我开始反思。即使任安妮没有生病，我就可以让她罚站吗？当然不是。罚不罚站与学生是否生病没有直接关系。我永远不可能向活着的任安妮说声对不起了，但我每天还面对着健康成长的一批又一批学生。如何善待他们，尊重他们，这考验着我的教育良知和教育真诚。

案例二 尊人者，人尊之（节选）

又一个新学期开始了。按照惯例，我们全校师生又在剧场举行开学典礼。

有1500个座位的红旗剧场座无虚席，还有一些师生没有位置坐，于是我便要求领导班子成员和教师，还有主要学生干部站着。

大会开始，照例第一项是我讲话。

我问同学们："大家知道不知道在实验中学学习几年，得到的最宝贵的东西是什么？"

……

台下几乎异口同声地回答："是知识！"我说："不对！"

台下又回答："是能力！"我说："还不对。"

同学们还在回答着，早已不是异口同声，而是七嘴八舌，各抒己见，会场人声鼎沸。

我说："请同学们静一静。我觉得，在实验中学学习几年，大家得到的最宝贵的，就是尊重人、理解人、关怀人、帮助人、信任人、原谅人的品质。"

每位同学，每位活在世上的人都有强烈的发自心底的需要，需要别人的尊重、理解、关怀、帮助、信任，偶尔犯错误时，需要别人的原谅。怎样才能得到别人的尊重？有没有得到别人尊重的秘诀呢？应该说有秘诀，这个秘诀就是：首先，从自己做起，培养自己尊重人的品质，首先向对方、向他人输出尊重的信息。

人心与人心之间，像高山与高山之间一样，你对着对方心灵的大山呼唤——我尊重你，那么，对方心灵高山的回音便是我尊重你——你喊我理解你——对方的回音便是我理解你——你若喊我恨你——人家的回音能是我爱你吗？

"咱们实验中学的学生，一定要千方百计培养自己尊重、理解、关怀、帮助、信任别人的品质。在现代社会学习、生存与工作中，能获得别人的尊重、理解、关怀、帮助、信任是至关重要的，朋友多了，合作的人多了，事业才能成功。"

讲话结束了，会后看电影，我们当领导当教师的都在侧面过道里站着看，座位省下来让同学们坐，用这种方式，表达我们对学生的尊重、理解、关怀。

立即，我们便吸引了相同的心理回声，一个又一个的学生来拽我，拽老师到自己的座位去坐，推辞了一次，又来一次新的邀请。

电影开映不久，借着银幕的反光，我看到站着的老师都没了，哪去了？被学生拉到自己的座位去了。学生呢，也真能想办法，找身材小的同学，两个人挤一块儿坐，问题便解决了。

【案例来源】

李镇西. 花开的声音 [M]. 北京：光明日报出版社，2013：4.

魏书生. 班主任工作漫谈 [M]. 桂林：漓江出版社，2011：87—88.

【案例分析知识点回顾】

学生的本质属性。

1. 学生是自我发展的主体

马克思提出："人的本质不是单个人所固有的抽象物，在其现实性上，它是一切社会关系的总和。"人是自在性与自为性的统一。自在性，是指人作为自然界的一分子，人的发展受一定外界客观条件的制约；自为性，是指作为社会性的存在，人具有主观能动性，是发展的主体。人的主体性，是指人作为主体在与活动的对象客体的相互作用过程中所表现出来的积极主动的特性。教育是培养人的社会实践活动，教育教学的过程是学生主体在教师的引导下主动完成的过程。教师应积极发挥主导作用，调动学生学习的积极性、主动性，尊重学生的主体地位，帮助学生增强主体意识，为主体性活动的开展创造有利条件。

2. 学生是发展着的个体

马克思反对用静止的观点看待人，认为"整个历史也无非是人类本性的不断改变而已"，人的本质是"一切社会关系的总和"，人既然是社会关系决定的，社会关系又是历史的、变化的，那么由社会关系决定的人的本质，也就自然是历史的、变化的。学生作为教育的对象，处在不断发展的过程中，教师应该用发展的观点认识和对待学生，相信每个学生都具有巨大的潜能，看到学生的可能性，给学生创造发展的环境和机会。

3. 学生应当获得全面的发展

根据马克思主义的人的全面发展学说，人的全面发展是指个人的智力和体力尽可能多方面充分、自由、统一地发展。从心理学的角度来看，人的发展包括身体和心理两个方面：身体的发展包括肌体的正常发育和身体素质的健康成长；心理的发展包括知识、技能和能力的发展以及思想品德和审美能力的发展。人的发展是身心的统一发展，是身心领域各个方面的全面发展。教师要全面地关注学生的发展，善于发现每个学生的潜力，全面客观地评价学生，为学生全面发展提供助力。

4. 学生发展应当具有个性化

马克思说过："即使在一定社会关系里，每一个人都能成为出色的画家，但是这绝不排斥每一个人也成为独创的画家的可能性。"马克思主义的个性观强调在人的全面发展的基础上发展人的个性，人的全面发展的真谛就是使每个人的个性都获得丰富全面的发展。可见，人的个性发展与全面发展并不是矛盾的。人是共性和个性的统一，人的全面发展既不是平均发展，也不是平庸发展，其核心恰恰是个性的全面发展。因此，教师必须以培养学生的主动性、创造性，塑造学生充分自由发展的个性为己任。

【案例分析】

从教育动机来看，案例一中李老师罚站任安妮是出于对学生的严格要求，但让李老师痛的不仅是罚站本身，而是这一行为对学生人格尊严的伤害。这案例指出教育不能为了达到教育目的而不考虑方法，不能以伤害学生的尊严或身体为代价换取教学效果。从教育法的角度来看，《中华人民共和国教育法》第四十三条规定，受教育者享有参加教育教学计划安排的各种活动，使用教育教学设施、设备、图书资料的权利；第四十四条规定，学生有遵守学生行为规范，尊敬师长，养成良好的思想品德和行为习惯的义务。教师既要尊重学生应有的权利，也要对学生严格要求；《中小学教师职业道德规范（2008 年修订)》中"关爱学生"条，要求教师做到尊重学生人格，不讽刺、挖苦、歧视学生，不体罚或变相体罚学生；《中华人民共和国未成年人保护法》《中华人民共和国义务教育法》《中小学教育惩戒规则（试行)》等相关教育法律法规中都明确规定，要尊重学生的人格尊严，保护学生应有权利。"师爱"是教师职业道德的灵魂。教师只有真心诚意地去爱每一位学生、平等公正地对待学生、充分尊重信任学生、理解学生的情感、严格要求学生，才能帮助学生实现自我发展。教师的尊重与关爱，是进行教育教学、班级管理的前提，也是学生成长与进步的动力。教师要承认并尊重学生个体之间的差异，尤其是后进生，要用发展的眼光看待学生，树立"学生是发展着的个体"的学生观。作为后进生，他们更渴望得到老师和同学们的尊重和关爱，也会更在意外界对他们的看法，对外界的评价会更敏感。同学与教师的否定态度，侮辱性行为或言语，会使其产生"破罐子破摔"的想法，从而产生厌学的情绪。作为教师要相信学生，让他们在老师的关爱和信任中不断激励自己积极进取。李老师通过罚站任安妮这案例，想到应尊重学生的人格尊严，进而思考教师的职责与义务，这种严于自律、善于自省的精神值得每一位师范生学习。

教师不仅要尊重学生，更要以身示范，让学生学会尊重他人。如案例二中魏老师强调在实验中学得到的最宝贵的东西就是尊重人、理解人、关怀人、帮助人、信任人、原谅人的品质。阐明这些品质是每个人发自心底的需要，而要得到他人的尊重、帮助与理解，就要从我做起，培养自己尊重人的品质。教育教学的过程是学生主体在教师的引导下主动完成的过程。教师要积极发挥主导作用，尊重学生的主体地位，调动学生学习的主动性与积极性，增强学生的主体意识。在讲话结束后的看电影活动中，教师身体力行，表达了对学生的尊重、理解与关怀，而学生也马上将所学的知识运用到实际中来，给教师们让座，这就是学生作为自我发展主体的表现，充分体现了学生是发展中的人，是具有巨大潜能的个体。想要学生成为什么样的人，取决于教师如何去引导与塑造。

【班主任操作建议】

《中华人民共和国未成年人保护法》第四条规定，尊重未成年人人格尊严；保护未成年人隐私权和个人信息；适应未成年人身心健康发展的规律和特点；听取未成年人的意见。

从法律的角度来看，我国的法律保护未成年人的基本权利。因此，教师要懂得尊重学生、保护学生应有的权利。这是教育的底线。

从心理学的角度来看，学生在成长的过程中，动机、信念、世界观等个性意识倾向和个性心理特征正逐步形成。在这个过程中与教师的互动，将会很大程度上影响他们这些倾向的发展。

从教育学的角度来看，尊重学生并非教育本身，只是教育的前提，但剥夺了学生的尊严，就剥夺了教育的全部。如果教育离开了心灵的理解与引导，就失去了教育最根本的意义。教育是有目的、有计划、有组织地促进学生发展，而不是阻碍学生的发展。

从教育观念层面上来看，理解学生是发展着的人，成长的过程中必然会出现这样或那样的问题。出现问题就是教育的契机。时刻将教育的本质——培养人作为全部教育活动的出发点和归宿，依据关于人格发展的规律来处理学生成长的问题，常存敬畏生命之心。

从教育行动层面来看，对待学生出现的问题行为，要从教育促进发展的角度去分析问题。了解出现问题的原因。对应采取支持策略，帮助学生走出困境。坚持以正确的教育观念修正教育活动，行不言之教。在师生互动中陶冶学生的性情，教会他们用正确的观念与人相处。

从专业成长层面来看，注意细节决定成败。人是复杂的，培养人也是复杂的。教师要不断提升自己的教育教学水平。在教育活动中注意用同理心体察学生的态度、情绪，在细节上注意尊重他们的感受，导正他们的错误认识。

第二节　班级管理中的班主任

一、班主任的作用

【案例呈现】

因为懂得，所以慈悲

我时常感慨，上天对我的培养真是用心良苦。我经历过一个学生有可能经历的所有苦痛。

小时候，得了软骨病，医生说我先天不足后天难养，个子矮小，很是自卑。走在路上，一群鹅把我团团围住，它们高高的头颈在我的头顶上方一伸一缩，我无法突围，那一刻我连哭泣都不敢有声音。

我的身高直到高三才有所突破，深深的自卑也一直伴随我考上大学。所以，我特别能理解那些自卑的学生。自卑的理由各种各样，或是身高，或是青春痘，或是一个胎记，或是成绩不好。或肥胖或者瘦弱……甚至有可能是觉得自己的眼睛长得小。

我在虚两岁的时候失母，与父亲和祖母生活。看到别的孩子依偎在母亲怀里撒娇，我总是默默无语。我把祖母当成了自己的母亲一样依恋，甚至和她睡一张床，直到我读大学。读高中的时候有一次学校组织看电影，名字是《妈妈再爱我一次》，我没去看，选择了一个人默默地待在教室里。而每次听《世上只有妈妈好》，我的心中总是五味杂陈，这样的状态一直持续到我自己做了母亲，我才有勇气搂着我的儿子唱《世上只有妈妈好》。

那些因为家庭原因失去母亲或者父亲的学生，他们的心情我全都明白。所以做他们的班主任时，我知道如何闭口不谈又悄悄爱护。我在班级里组织包馄饨的亲子活动，规定一个学生只能带一个家长来，一起包一起吃，完了再包好一些馄饨带回家，给没来的爹或妈或者老人吃。我这样的规定，就是不动声色地照顾了班级里的单亲家庭的孩子。……

11 岁的时候我有了继母，她和父亲时常吵架打架，后来我又有了与我同父异母的弟弟，我和祖母成了继母的眼中钉。父亲懦弱，除了委屈我和祖母，别无他法，我被继母骂得狗血喷头是常有的事情。

这样的经历让我知道有些家庭无奈的状况，有些学生深受其害，成绩差，行为习惯差。我知道对一些怨妇或者暴父懒父赌父无法指望，我不会以此为借口面对学生不闻不问，我关心他们的吃喝，告诉他们人生是一个人的事情，无人可以阻挡他们前进的脚步。我以一个亲人的身份出现在单亲家庭学生的身边，让他们在我这里能够得到些许宁静与安慰。

我自己在读书的时候曾经文理全优，也曾经偏爱理科，后来又偏爱文科，多次发生因为喜欢一个老师而喜欢这门功课，因为讨厌一个老师就讨厌这门功课的情况。所以我深深明白，在未成年的时候，一切的变化都有可能，有些原因当事人自己也不一定明白。一个孩子的内心世界有时候就像写诗，跳跃性极大。有些原因，外人觉得不可思议，可是自己却觉得理所当然。

所以，我理解那些把头发弄得像鸡窝一样的男孩，理解那些小小年纪就开始谈情说爱的女孩，理解那些片刻不停，四处惹祸的学生。一切都不是错，是他们的痛无处表达。

所以，当我做班主任的时候，对待这样的学生，我保持了耐心与沉默，我知道这不是人品问题。这是一种无处宣泄的表达。我静静地等待着时机的出现。

……

19 岁的时候，我失去了最爱我的祖母，在很长的一段时间里，我像个游魂飘来荡去，无所依托。

我理解那些失去亲人的学生，定会有一段时间，精神上四处寻找停歇的港湾，也许是网络，也许是恋人，也许是某个陌生人，也许对世界充满了恐慌与不确定。

每当这个时候，我都会第一时间站出来，给他们一个不大坚实的肩膀去依靠一下。

我的继母50多岁时因病离开人世，去世的那天，和我说了很多话，愧悔自己这些年来对我的所作所为……

人之将死，其言也善，她咽气以后是我为她擦身更衣。那一天，我原谅了她对我所作的种种恶行。

经历了这么多，我已经比同龄人具备了更宽阔的胸襟，这样一个伤害了我20多年的人我尚且能够原谅，何况对那些未成年人？

……

我所经历的种种，都让我对世界和人性有了更深的体味，也让我能够站到学生的立场去感受他们内心的酸楚。

共情，是一个班主任的最大智慧。……

记得一个年轻班主任对我说："真是不可思议，做数学难题是多么有趣的事情啊，我有时候一个题目怎么也做不出来，半夜突然有灵感，爬起来就写，那种兴奋哦，恨不得高呼万岁。可是我的学生们为什么连做简单的题目都有气没力？"我默默无语，我知道，一个从小到大的尖子生，是无法理解那些所谓的差生的。

【案例来源】

于洁．我就想做班主任 [M]．武汉：长江文艺出版社，2018：8—11.

【案例分析知识点回顾】

班主任的角色与作用。

1. 班主任是学生健康、和谐成长的主要责任者

中小学生作为发展中的个体，其身心发展具有不成熟性的特征，正处于世界观、人生观、价值观形成的关键时期，由于班主任工作的特殊性——负责学生成长的各个方面的工作，德、智、体、美、劳，以及对学生的其他方面的教育工作都要由班主任参与实施，因此，教师要在日常的班级管理与教育教学过程中，让学生明辨是非、善恶、美丑、真假，促进学生的健康成长。

2. 班主任是学生日常生活的管理者

作为一个组织，班级的正常运行需要一套教师和学生认可的，并且能够对学生起到约束、规范和引导作用的制度规范，如出勤、课堂学习、自习、课间操、清洁卫生、集会活动等，都需要有清晰的制度规范。班主任需要征求学生的意见与建议，与学生一起制订班级相关制度规范，并引导、督促班级各种制度规范的执行与落实。在学生遇到困难和问题时，班主任要做到及时掌握实际情况，并及时解决，在学生出现不良行为，甚至严重不良行为时，及时地以合适的方式、方法进行引导和批评教育，促进学生的健康成长。

3. 学生健康成长的引导者

学生的健康成长事关国家和民族的未来。班主任对每一个孩子的成长和发展都负有不可推卸的神圣的责任，要自觉成为学生健康成长的指导者和引路人。在班级建设中，班主任要创设良好的环境，给予学生无微不至的关怀，理解、关心学生，优化班级环境布置，接纳新生事物，拉近师生距离，建立良好的师生关系，让学生在愉快的环境中成长，实现身心的全面发展。

4. 学校文化的建设者

校园文化的建设、发展、繁荣，离不开一支强有力的班主任队伍。班主任工作是校园文化建设的主要阵地，在校园文化建设中扮演了非常重要的角色。班主任是学校各项工作的具体实施者，是学校教育教学工作的得力助手，是学生全面发展的引导者。有高尚品德、先进教育理念、丰富教育智慧、充沛教育情感的班主任，能够把班级建设成充满爱、充满活力、充满教育意义的班集体；这样的班集体是学校宝贵的文化资源。班主任工作的好坏直接影响着校园文化建设的发展和繁荣。

【案例分析】

因为自己淋过雨，所以想要给学生撑伞。案例中的班主任因为儿时经历了各种不幸的遭遇，因此在自己成为一名班主任时，对学生的境遇更能够做到"感同身受"；因为自己个子矮小导致自卑心理，所以能够理解导致自卑的各种各样的理由；因为自己早年丧母，所以更能懂得、理解因为家庭原因失去母亲或父亲的学生的痛苦，并做到"闭口不谈，悄悄爱护"；因为自己也曾因为对教师个人的喜恶而偏爱或讨厌一门学科，所以懂得学生的一切变化都有情可原，懂得问题行为背后的成因是学生痛的无处表达与宣泄。若是教师没有足够的耐心，很快给学生"贴标签""定性"，多半孩子也真的会向老师的猜想去成长和发展。正如皮格马利翁效应所示，人的情感、观念会在不同程度上，受到他人下意识言行或暗示作用的影响。尤其会不自觉地接受自己喜欢、钦佩、信任和崇拜的人的影响和暗示。因此，教师潜意识对学生的看法与期望，会直接引导、塑造学生成为什么样的人。

共情，是一个班主任最大的智慧。班主任若能够在面对教育问题时，做到切身体会，对学生的遭遇感同身受，想学生之所想，急学生之所急，设身处地去感受学生的情绪与行为，一则面对学生的各种问题行为时就能做到更加有耐心、爱心与恒心，更加不易动怒；二则站在学生立场感受他们内心的酸楚，赢得学生的喜爱、信任，能够拉近师生之间距离，建立良好师生关系，有助于帮助学生走出困境，发挥班主任个体在学生成长中的教育作用。正如案例中的班主任那样，正是因为儿时的种种遭遇，才让她在步入工作岗位之前就能够做到感同身受，理解青春期的学生自卑的原因可以是多种多样的，理解无奈的家庭背景对孩子产生的影响，理解学生会因个人喜好而导致成绩不断变化,理解学生出现的种种行为。

【班主任操作建议】

班主任是学生健康成长的主要指导者与引导者。正如杜威所言"学校即社会"，学生在学校、班级的学习过程中，在与他人的交往过程中规范自身行为，习得社会规范。班主任作为班集体的组织者与引导者，应在日常的班级管理、教育教学、学生的日常生活中，通过潜移默化的教育行为去触动学生心灵，影响学生，通过自身行为的示范性引领学生。

从教育学的角度来看，教师职业具有示范性，教师对待学生的方式、处理问题的态度、价值观都会影响学生处理事情的方式与态度。作为教师若没有平等意识，过分强调自己教师的身份，进而用教师权威去指责学生，用不尊重的方式进行教育一定是无效的。

从心理学的角度来看，教师要考虑学生的年龄特征。关注此时学生的自我认同感的发展。自我认同感是一种对于自己是什么样的人，将要去向何方，以及在社会中处于何处的稳固且连贯的知觉。埃里克森用认同感危机来描述当这些青春期个体思考现在的自己是谁，决定我能（该）做怎样的自我时体会到的那种混乱，甚至焦虑的感受。处于叛逆期的学生可根据学生的气质特点因材施教。

（1）教师要控制自身的情绪，用平和而坚定的态度对待学生成长中的问题行为。

（2）教师可在控制课堂秩序的前提下，安排学生课下单独指导；指出学生在课堂的不当行为对自身成长的影响；引导学生认识自己的年龄特征可能出现的问题，并提出改进方案建议。

（3）引导学生思考尊重与自尊的关系。建议学生在认识自己的错误后，在全班同学面前为自己的不当行为道歉。培养学生负责的态度，同时为可能发生的类似事件处理提供范例。

（4）教师需要在日后的班级管理中，与学生一起建立日常规范，帮助学生了解社会化所需的相应知识、价值观，特别是尊重。在班级形成一个正确的舆论氛围。

二、班主任的职责

【案例呈现】

案例一　班主任工作是度人度己（节选）

我清晰地记得那个小龙，我的第一届学生，个子虽小能量却大。产生种种劣迹后学校政教处通知我要处分他，我转告了他和他的父亲。那个夜晚，他老实巴交的父亲和垂头丧气的他一起给我送来一袋新米，我很坚定地回绝了他们。白天的时候政教处领导已经很严肃地告诉我处分决定不可更改，学校管理需要杀鸡儆猴。那个夜晚，看着父子两个黯淡的背影，我的心中千般滋味涌起，"你从此改了吧，再不要像从前那样。"我心里默默地说。

更清晰地记得处分布告下来后，办公室一位即将退休的老班主任随口说了一声："这小孩以后不能当兵了。"这淡淡轻微的一声，我却如晴天霹雳。什么？年轻的我涉世未深的我稀里糊涂的我，被惊得目瞪口呆。20世纪90年代初期，学校处分学生是司空见惯的事情。处分了要记入学生档案也是铁板钉钉的事情，新兵入伍要从初中阶段开始政审却是我完全没有概念的事情。

一年后，班级里一个男生小松因为偷窃放在教师办公室里的奖品（软面抄笔记本）再次被学校政教处通知要处分，我用最快的速度通知了孩子的父亲让他想办法赶快转学去别的学校（那时候从市里转学到农村学校还是比较容易的），转学了就不会再处分了，更不会记入档案了，我这个刚工作不久的新教师是无法让学校改变处分决定的，只能让他转学离开。这样做，只因为我在他的作文中看到过一句话：我将来想要当兵。

他后来果然当兵了，在部队里给我寄过一张教师节的贺卡，写的是"春风化雨，润物无声"，因为没有他部队的地址，我没有回信，心中却是百感交集。这八个字，那时候的我是无论如何配不上的。

很多年后，我遇到小龙的表姐，她告诉我小龙因为初中"吃"过处分而政审不合格无法当兵，我心里很难过。如果当年的我能够多懂一些常识，能够替他争取一下不处分，该多好啊！

从前我自己读书的时候是个好学生，总觉得"差生"犯错后被处分是咎由自取，自己种的苦果就该自己尝。但是经历过小龙和小松的事情后，原本稚气未脱的我（刚工作时，我只比班级里的几个多次留级的学生大三四岁）变得有些成熟起来，最大的改变是心胸和气度变大了，不再因为学生犯错而耿耿于怀，有一种越来越清晰的意识呈现在脑海中：他们都还是孩子，还有长长的人生路要走，一切都还在可塑造阶段，不要急着一棍子打死，不要急着太早就判断他们未来的人生，更不要用无可逆转的惩罚来对待还在变化中的学生们。

吃一堑，长一智。班主任工作是什么？是在和学生相处的过程中，慢慢让自己拥有一颗柔软慈善悲悯大气的心。"不是锤的打击，而是水的载歌载舞，才使鹅卵石臻于完美。"水载歌载舞的过程中，一次次被尖锐石头划得遍体鳞伤，你却看不出它的痛苦与伤痕，只看到它坚定地执着地耐心地包围着冲刷着石头，直到圆润呈现。这是石头变化的过程，又何尝不是水修炼自身的过程？

从山顶气势豪迈地飞流而下自然好，但是仅凭蛮力却无法削去尖石的棱棱角角，莫不如变为细水长流，在持之以恒中完成流水与石头共舞的美好。

案例二　"道听途说"的连锁反应

"啪啪啪"，伴随着一阵脚步声，一个急促、慌乱的声音从楼道深处传来，"老师快来呀，佳佳的眼睛流血了！"这句话把正在教室里判作业的我惊得跳起来，我马上跑出教室，随着前来报信的孩子来到了操场上。此时的佳佳正被两个同学搀扶着站起来，脸上一道像泪水一样的血印从眼中流出，甚是吓人，四周围了很多孩子。

"怎么回事？"还没等她回答，边上围观的孩子七嘴八舌地争着说："老师，是小岐弄的！""老师，小岐绊的！"我的眼睛一下子盯住了正扶着佳佳的小岐，小岐也正用眼睛看着我，胆怯地说："老师……嗯……不是我。"我来不及继续追问，赶紧拿出卫生纸帮佳佳擦，还好眼睛没大碍，只是眼睑擦破了点皮，流了血，我稍微松了口气，刚想问清楚具体情况，可孩子却说："老师，我……我胳膊疼！"看着她痛苦的样子，我知道不好，肯定是胳膊受的伤更严重，弄不好骨折了，赶紧找车直奔医院。

在去医院的路上，看到佳佳痛苦的样子，我心里着急。为了分散佳佳的注意力，也为了一会儿好跟家长交代，我问她当时的具体情况。她说是小岐绊的，我又追问是怎么绊的，她说是几个孩子玩捉迷藏，她跑去捉人，途中小岐伸出的腿绊到了她。后来经过医生拍片确诊，果然是骨折了。我怕家长看到孩子的状况担心，所以一直等到佳佳打石膏才给家长打电话。家长马上赶到医院，看到孩子既心疼又着急，"怎么回事？"佳佳说是玩捉迷藏时同学小岐绊的。

我怕家长埋怨学校有责任，引起不必要的麻烦，赶快接过话说，孩子玩游戏不小心，谁也不是故意的，只是意外，赶上了。医生说没大碍，先治疗，有什么情况以后再说。还好，家长也比较通情达理，没有找麻烦。我想事情既然已经发生了就要积极、尽快地解决，更想把事情解决得圆满些，于是就给小岐的妈妈打了电话，简单说了一下情况，表达出对方家长也很通情达理，毕竟人家孩子受伤了，希望咱们从物质和精神上给予一些补偿和安慰。小岐妈妈也明白了我的意思，来接孩子放学时，带了一大堆好吃的，正赶上佳佳妈妈跟我来取书包，双方家长坐下来谈了谈，谈得不错，而且孩子也上了保险，不牵扯钱的问题，我以为这事就算解决了。

我送走双方家长后，没一会儿小岐妈妈又悄悄回来，对我说了一些话，我的头嗡地一下。感觉自己操之过急，可能带来了不必要的麻烦。小岐妈妈说刚才在校门口问了孩子，孩子说不是他绊的，是佳佳自己摔的，又问了几个别的孩子，他们也说不是，刚刚当着那孩子的父母没好意思说，希望我把事情弄清楚……

小岐妈妈很诚恳，听她这么一说，我突然意识到，我根本就没有把事情问清楚，就主观地认为这事必定与小岐有关，因为小岐平常就是一个比较淘气的孩子，绊到佳佳很有可能。更糟糕的是，事情没查清楚，我就动员小岐妈妈花钱买了东西去向人家道歉……

回想整个事件，到底怎么回事？我一直都是在听不同的人说，到底说的人是看见的还是听说的，我根本没有去调查、去考证。只是片面地听别人说、听孩子自己说，本以为处理得妥当、圆满的事，难道出了岔子？回家后，小岐妈妈又给我发了好几条短信，我安慰她，答应明天一早调查清楚一定给她答复。

我半宿没睡，第二天一早来到学校，就把昨天能想起来的那几个说是小岐的同学分别叫到办公室，问情况……结果可想而知，谁都没有亲眼看见，都是听别人说的，我"顺藤摸瓜"，追出说这话的源头——原来他们都是听佳佳本人说的。想到小岐妈妈曾提到朱静，我赶快向她了解情况，原来佳佳是被她前面的树坑绊倒的。听了她的描述，我们又到事发地看了一下，果真像她说的一样，看来我真的错了。"你当时为什么不说？"我生气地问朱静，孩子战战兢兢地说："当时……当时您没问我！"

回到班里，我让所有说是小岐的孩子站起来。结果一共34个人，除去两名当事人，有25个人站起来，而这些同学没有一个是亲眼看到的，都是听别人说，又跟着别人说的。我给大家讲了事情的严重性，大家也很后悔，并向小岐表示了歉意，也得到了他的原谅。处理完后，我马上拨通了小岐妈妈的电话，向她说明了情况，并对自己的工作不到位，表示了歉意。同时我向她保证一定告知对方家长。

我挂了电话，马上拨通了佳佳父亲的电话，简单慰问了一下，就把早上的事情说了一遍。谁知对方一听就急了，说什么我们推卸责任，怕承担后果，本来没想怎样现在要讨个说法，难道怀疑孩子说谎、冤枉别人……砰！电话被挂断了！我的心更不安了，事情不但没解决，反而越弄越糟。我懊悔自己怎么那么不冷静，弄巧成拙。试想家长就算再通情达理，毕竟孩子受了伤，现在正在痛苦之中，我一大清早就算后账，放谁身上不生气才怪。于是，我骑上自行车并去超市买了些营养品直奔佳佳家，就刚才的电话解释了半天，她妈妈也和我聊了很多。

以我平常的观察，我觉得佳佳可能是怕担责任。曾经几次考试签字，都是在她妈妈不知道的情况下自己签的。还有几次和同学发生矛盾，把自己"摘"得很"干净"，都赖别人，与自己无关似的……难道这次也是这样？我没敢把自己的想法告诉家长，更没有再说什么。我感觉到佳佳是个心重的孩子……。

其实，每个人心中或多或少都有那么点自私，都怕担责任，就像我处理事情的想法一样，更何况是这么小的孩子？我并不能过高地要求她什么。但事情已然这样，说什么也没用，出了事不是找谁的责任，首先要解决问题，平息矛盾。

下午回去后，孩子们听了我的叙述都很同情，想去看看佳佳。我一想也对，正好是一次爱心教育，于是就组织全班下午去她家。同学们画了画，买了吃的，写了祝福……我能感觉到佳佳的感动。临走时，我轻轻地在她耳边说了一句话："把心放轻松，别给自己太大负担！"再后来的日子里，我只打电话慰问孩子的情况，责任的事没再提。三周后，孩子顺利地参加了考试。

事情就这样过去了，但我一直在为自己办事不冷静而愧恼。作为班主任，特别是低年级的班主任，应该明白孩子的个性，他们有很强的从众心理，道听途说的事，从他们嘴里说出来的就跟亲眼看见的一样。作为老师一定不能失去自己的判断力,一定要用事实说话,不能用主观的想法去评判任何一个人、一件事。操之过急更不是处理事情之道,做事力求完美并没有错,但遇事一定要冷静,学会思考,要在调查事实的基础上化解矛盾。

俗话说:"三思而后行。"班主任在处理各种大事、小事上就更应记住这句话。特别是与家长的沟通,一定要互相信任,和谐处理矛盾,更应站在对方角度,周全考虑整个事情,想尽办法解决问题,千万不能激化矛盾,使之升级,给班级、学校乃至社会带来不必要的麻烦,生出更多不必要的事端。出事并不可怕,关键看如何去解决,使之尽可能完满。有时我也在想,如果那天早上我不给佳佳父母打那个电话,而是由我分别给双方家长一个说法,这"善意的谎言"所带来的结果会不会更好?

总之,事情还是在我的努力以及双方家长的理解、支持下解决了,没有向更麻烦的事态发展。我在反思自己的处理方式时,也在思考一个问题,不,应该说是担心一个问题:像这样为了减少自己的过错,而推卸责任甚至说谎的孩子,永远背着包袱生活,他们会有朋友吗?长大以后又怎么办?我们老师又该怎么更好地教育他们呢?

【案例来源】

于洁.我就想做班主任［M］.武汉:长江文艺出版社,2018:27—33.

李秀萍.班主任工作的30个典型案例(小学篇)［M］.上海:华东师范大学出版社,2014:212—217.

【案例分析知识点回顾】

班主任的任务与职责。

1. 深入了解学生

班主任不仅要对班级发展的总体状况了如指掌,更要对每个学生的成长动态与变化予以充分重视,面向全体学生,坚持因材施教的教学理念,对每个学生的优点、特长、缺点都一一了解,深入挖掘每个学生的潜能,创造出一个丰富多彩的教学情境,从而推动学生的全面且有个性的发展。教师可以采用一些方法来对学生进行深入了解,比如,对学生进行仔细观察,以了解其在课堂上的表现;定期与学生进行对话交流,把握其思想动态,及时了解学生学习上、生活中出现的各种问题;从学生的作业、往年学习表现以及行为评价，可以看出学生的成长历程等。教师要想提高学生的素质，就必须从不同的角度去认识每个学生。

2. 做好班级的管理工作

在班级管理中，要加强班级的建设，如制定科学的、民主的班级管理制度，建设有组织的、有凝聚力的班级管理队伍，要形成一个积极的班级文化氛围。在班主任的领导下，学生干部要做好班级的日常管理工作，要对班级中的良好秩序进行维护，要对全体同学的规则意识、责任意识和集体荣誉感进行培养，营造出一个民主和谐、团结互助、健康向上的集体氛围。

3. 做好学生发展的引导工作

班主任要经常走进课堂，跟学生相处，在与学生的互动过程中，缩短自己与学生之间的距离，从而获得学生的喜爱和信任，建立起一种和谐的师生关系，为学生的发展创造一个良好的人际环境。班主任要对学生的生活进行仔细的观察，对他们的心理世界有所洞悉，要及时地发现他们在学习和生活中存在的困难和问题，用行之有效的方法来消除他们心理上的困惑，帮助解决他们在学习和生活中遇到的困难和问题，从而指导他们向健康的方向发展。

4. 组织好班集体活动

班集体活动是学生的第二课堂，在培养和提高学生的素质方面起着重要的作用。班主任要组织并指导班会、班队会（日）、文体娱乐活动、社会实践活动、春（秋）游等丰富多彩的班级活动，要充分发挥同学们的主动性，同时要做好安全防范工作。

5. 做好学生综合素质评价

综合素质评估是"以'生'为中心"的教育理念的具体表现，是推进素质教育、促进学生全面发展的必然选择。班主任要做好学生的综合素质评价工作，并引导学生认真做好他们的成长记录，客观地对学生的操行进行实事求是的评估，并向学校提出奖罚的建议，为学生的发展提供有效的建议。

6. 有效应对学生教育工作的新问题

班主任要及时了解学生成长过程中出现的新问题。如学生的故意伤害行为、校园暴力、离家出走等校园突发事件，学习压力重、抑郁和孤独等心理问题，吸烟、饮酒、网络成瘾等不良行为问题。班主任要树立与时俱进的工作理念，及时、有效地处理学生教育过程中出现的问题，不断创新班主任工作的思路和方法，适应新形势下班主任工作的要求，促进学生健康、全面地发展。

7. 做好校内校外的沟通工作

班主任要及时做好校内校外的沟通工作。要经常与科任教师沟通，了解学生课堂表现、学习情况与班级纪律状况；要积极主动与学生家长进行沟通，了解学生的家庭状况与学习环境，并向家长反馈学生在校表现及成长状况，建立和谐、信任的家校关系，形成家校教育合力。

【案例分析】

深入了解学生是班主任工作的首要职责，也是进行班级管理、促进学生成长、组织各类班级活动的前提条件。班主任要熟悉班级发展的整体情况，也要给予每个学生足够关注，通过观察、家访、学生作业、往年学业成绩及评语等多种途径了解学生，如案例一中的班主任，之所以在小松偷窃了教师办公室奖品要被处分时，及时告知其父亲让其想办法办理转学，就是因为他在小松的作文中看到过一句话"我将来想要当兵"，也正是班主任对小松的全面了解，知道小松的梦想是当兵，才尽自己所能，想办法让小松的处分没有记入档案，使后来小松成功地成为一名军人，改变了小松的一生。"春风化雨，润物无声"这是小松对班主任的感恩之情的表达。班主任只有通过多种方式深入了解每位学生，才能更好地促进学生健康、全面而有个性的成长。

班主任要做好学生发展的引导工作是班主任的职责。要求班主任要时常深入班级，与学生打成一片，拉近与学生的交往距离，为教育、引导学生发展塑造良好的人际环境。班主任要勤于观察学生日常表现，了解学生内心世界，及时发现学生学习与生活中存在的困难与问题，并通过有效方式化解学生思想上的困惑，解决学习与生活中的困难和问题，引导学生健康发展。如案例二中，班主任能够通过平常对学生的观察，推断出佳佳说谎的原因可能是怕担责任。由于佳佳心思重，成熟比较早，想法比较多，所以在后面对佳佳的教育中，班主任并没有进行直接质问与责怪，而是带领班级同学去看她，让她体会班集体的温暖，为班集体塑造了良好的人际环境。在临走时对她说："把心放轻松，别给自己太大负担。"从而让佳佳放下压力，三周后顺利参加考试，及时解决了佳佳学习与生活上的困扰。

班主任要做好学生的综合素质评价。对学生的评价要树立以"生"为本的教育理念，体现育人为本的教育观，用发展的眼光去公正、客观地评价每一个学生。如案例一中的班主任并没有因为小龙、小松的劣迹行为而全盘否定学生的发展；案例二中的班主任也没有因为佳佳说谎导致事情复杂化而责备佳佳。两位班主任实事求是、用发展的眼光评定学生的操行，值得每一位教师学习。

班主任要及时了解学生成长过程中出现的新问题。对新问题的有效处理，一是需要班主任具有丰富的管理经验，可以通过日常的班级管理活动、教育经历积累经验，对于新班主任而言，可以通过阅读相关班级管理方面的书籍、参与班主任培训、与有丰富经验的班主任进行沟通、交流与请教等方式积累经验。积累的经验教训越多，教师就越具有教育智慧，对待学生成长过程中出现的新问题，处理起来就越得心应手。如案例一中的班主任第一次面对教务处给予小龙处分时，由于缺乏对处分记入档案中的重要性的清晰认识，导致事情发生时并没有采取有效措施，致使小龙无法参军。这也成了班主任心中永远的痛。但第二次面对小松即将面临当年小龙同样的处罚时，却能够及时联系小松家长，做出对学生最有利的选择，这就是班主任在工作历练中积累的教育智慧；二是需要班主任具备科学的思维方式。同一问题，不同班主任解决处理的方式不同，产生的教育效果也有所不同，究其根源，在于班主任不同的思维方式。班主任要树立与时俱进的工作理念，树立正确的教育观、教师观、学生观，懂得教师的"教"，是为了学生的"学"，学生的"学"，最终将服务学生的全面而健康的成长，因此，教育的出发点与落脚点应放在促进学生的成长上。教师要不断创新班主任工作的思路和方法，适应新形势下班主任工作的要求，促进学生健康、全面发展。

班主任要及时做好校内校外的沟通工作。一是要经常与科任教师沟通；二是要积极主动与学生家长进行沟通，形成教育合力。如案例一中当面对教务处要给予小松处分时，班主任能够及时与小松家长沟通，及时转学，从而避免了处分记入档案的严重后果。案例二中面对佳佳骨折，班主任能够及时与家长取得联系，一是消除家长的担忧，获得家长信任与谅解；二是当以为事故是学生玩游戏导致时，能够及时与佳佳、小岐的父母进行沟通，避免了矛盾升级。作为班主任，遇到此类事件时，有技巧地与家长沟通尤为重要。班主任与家长的沟通要渗透在日常的教育教学中，只有平日与家长沟通顺畅、获得家长的尊敬和信任，才能在事件突发时，获得学生家长的尊重、信任、宽容与谅解。《荀子·劝学》中讲："不积跬步，无以至千里；不积小流，无以成江海。"教师只有在日常的工作中与家长多联系、交流与沟通，让家长准确地了解自己的孩子在校的真实表现，才能做到防患于未然，避免家长因不了解而产生误解。从案例二中我们能够感受到班主任对佳佳日常行为的了解，也能感到班主任与家长之间融洽的家校关系，即便是后来家长出现异议时，班主任也能及时反思自己，诚恳地道歉，这都表现出班主任良好的职业素养。

班主任在应对学生随时可能出现的新问题时，首先应查明原因，认真倾听，如案例一中，要先明确东西是否为小松所偷在进行下一步沟通；案例二中班主任的解决策略，为我们处理类似问题提供了可资借鉴的经验教训。如案例二中事件发生时，班主任应及时联系学校相关负责领导和校医，上报事件，寻求专业帮助，第一时间带学生到医院就诊，并立即联系其他任课教师负责安顿班级的学生，将意外伤害带来的负面影响降到最低。并用最短的时间询问受伤学生佳佳发生事故时的详细情况，掌握第一手资料。然后打电话通知佳佳的家长，说明事情的原因及学生目前受伤的情况，征求家长的意见，确定是去离学校最近的医院就诊，还是去家长选定的医院就诊。与家长交谈时，不主观臆断、道听途说，真诚地与家长沟通，表明态度，回到学校马上进行再次调查并仔细核实情况，一定把事情调查清楚，把问题解决好。让佳佳及其家长感到学校和老师对事件的重视、对学生的关心。不责怪、不埋怨，在全班同学的共同努力下，调查事情原委，既还小岐一个公道，又从佳佳的角度让每一个学生懂得关爱和互助，通过血的教训对更多学生进行教育、引导和帮助。用爱化解矛盾，用真诚温暖人心。总之，处理意外伤害事件时，及时上报、冷静处理、及时就医、关心安慰、调查解决，后续教育是必不可少的。

整个事件中，班主任能够主动承认失误、责任，为培养学生们的责任意识树立了良好榜样，也更有利于获得家长的信任；班主任能够换位思考理解佳佳说谎的原因，并进行反思，理解双方家长及学生的感受，是一位优秀班主任的表现，也是最终能够顺利解决问题的重要因素；事件过后采取及时的补救措施，也从心理和情感上给受伤的学生予以安慰，同时对其他学生进行了相应的教育。

【班主任操作建议】

在处理类似事件时，我们每位老师都要注意以下几点：

（1）班主任要遇事沉着、冷静、不慌张，要处变不惊。保持清醒的头脑，更有利于问题的解决。

（2）班主任要将事件及时上报，寻求专业的帮助。

（3）立即联系其他教师，寻求帮助，负责安顿班级其他学生，将意外伤害带来的负面影响降到最低。

（4）班主任要对事件进行及时调查，了解情况，做到实事求是，还原事情真相。

（5）班主任要主动、及时联系学生家长，沟通协调。情感上要安慰家长，道理上要讲明真相，做到有理、有礼、有节。沟通细节应保存证据，做到留痕。

（6）班主任要利用事件作为教育契机，对班级其他同学进行教育，预防同类事件的再次发生。

三、班主任的素质

【案例呈现】

童心、爱心、责任心（节选）

童心：我们必须会变小孩子，才配做小孩子的先生

过去，人们常常把教书先生称为娃娃头、孩子王，其实，从今天的情况看，班主任才是真正的娃娃头、孩子王，不管这称呼是褒还是贬，它至少说明班主任总是与孩子们联系在一起，我们的心灵总是年轻的。的确，乐于保持一颗童心，善于在某种意义上把自己变成一个儿童，这不但是教师最基本的素质之一，更是班主任（当然不仅仅是班主任）对学生产生真诚情感的心理基础。虽然随着岁月的流逝，我们不可避免地会在年龄上与学生拉开距离，但我们应努力使自己与学生的思想感情保持和谐一致，甚至在某种意义上，尽可能让自己具有儿童般的情感，儿童般的兴趣，儿童般的思维，儿童般的纯真。

儿童般的情感。大教育家裴斯泰洛齐曾这样深情地写道："我决心使我的孩子们在一天中没有一分钟不从我的面部和我的嘴唇，知道我的心是他们的，他们的幸福就是我的幸福，他们的欢乐就是我的欢乐，我们一同哭泣，一同欢笑。"能够自然地与学生"一同哭泣，一同欢笑"的教师，无疑会让学生视为知心朋友。有些在成人看来是不可理解的感情，在儿童看来却是非常自然的。而变"不可理解"为"非常自然"，正是不少优秀老师赢得学生心灵的可贵之处。某校初中班有一位性格开朗、学习成绩很好的女孩子，有几天她在课堂上却神情忧郁、无精打采。班主任一了解，原来不久前这位女孩子家里的一只小花猫死了，她因此而非常难过。班主任没有批评她，而是买了一个精美的瓷器小猫送给她，并温和地对她说："你有一颗善良的心！但在你的生活中，还有比死去的小花猫更重要的内容，那就是你的学习。振作起来吧！"这以后，小女孩逐渐恢复了开朗活泼的性格。如果说这位班主任对这位女生思想开导得很成功，那么，他的秘密就在于，他首先是怀着儿童般的情感去理解儿童的心灵世界，否则，用成人的冷漠去对待孩子的真诚，一切语重心长的教育都无济于事。

儿童般的兴趣。有人认为，教师在学生面前固然应平易近人，但切不可显出过分的孩子气，因为这样会使教育者丧失起码的尊严。但我认为，只要把握学生的情感，并注意环境、场合，教师任何"过分的孩子气"都不会是多余的。作为成人，教师当然不可能在任何方面都与学生有着共同的兴趣爱好，但班主任的职业却要求我们应该保持一点儿童的兴趣，"只要人们没有做到以童年的欢乐吸引住学生，只要在孩子的眼睛里尚未流露出真正的欢心的激情，只要他没有沉醉于孩子气的顽皮活动之中，我们就没有权利谈论什么对孩子的教育影响。"（苏霍姆林斯基：《教育的艺术》）每个班主任都应问问自己：我和学生有共同爱好吗？尽可能保持一些和学生的共同兴趣爱好，这绝不是一味地迁就学生，而是教育的需要：多一种与学生共同的兴趣爱好，你便多了一条通往学生心灵深处的途径。当学生发现老师带他们去郊游，并不仅是为了满足学生们的愿望，而更多的是出于老师自己的兴趣，使他们会不知不觉地把老师当作朋友，在与学生嬉笑游戏时，老师越是忘掉自己的尊严，学生越会对老师油然而生亲切之情——而这正是教育成功的起点。

儿童般的思维。全国优秀少先队辅导员韩凤珍同志在教育中努力发现孩子们身上缺点的可爱性。韩老师曾在《彻底解放那些被冤枉的孩子》一文中举例分析说："一个低年级小学生家住三楼，家里水管坏了，她看到爸爸妈妈常到一楼提水，并很注意节约用水。有一天，她学习刷锅洗碗后，又坐在小板凳上，在锅里洗起脚来。爸爸妈妈一见，全都惊叫起来：'你怎么能在锅里洗脚呢？'那小女孩却回答说：'我洗完了碗，见锅里的水还很清，倒掉多可惜啊，就洗了脚嘛。'……此类事例举不胜举。孩子们总是怀着善良而美好的动机去做事，渴望得到周围人的赞扬、寻求心理满足。但是，他们生理心理发育还不成熟，考虑事情欠周到，常常把好事做成了坏事，这是很自然的。因此，我们把孩子们做的那些动机好效果坏的蠢事，称为'可爱的缺点'。"只有童心才能理解童心，只有学会"儿童思维"，教师才能够发现学生缺点中的可爱之处，甚至智慧之处。

我认为，我们对学生的爱，应该是日常生活中（常态的条件下）所自然而然的情感和行为。

比如，师生之间的互相依恋。我常常对一些年轻班主任说，判断自己是不是真的爱学生，其实有一个很简洁的办法，就是问问自己：我是不是依恋学生？或者说我是不是常常在周末或节假日情不自禁地思念学生？千万别小看这种思念，苏霍姆林斯基说："对孩子的依恋之情——这是教育修养中起决定作用的一种品质。"

要说对学生的爱，在二十多年班主任工作经历中，我并不比其他优秀老师做得更好，更没有什么催人泪下的"爱的奉献"，但我认为我是真心爱学生的，为什么呢？因为我觉得我对学生有着依恋之情，或者说我和学生之间互相依恋着。

80 年代我刚参加工作的头几年，我全身心地投入工作中，投入学生中，一到周末，学生向我说"再见"，我真是怅然若失，于是，我常常在星期天下午把学生约出来玩儿。在我还是单身汉的时候，几乎每年春节我都是和学生一起度过的，几乎每个暑假都和学生一起游山玩水：近的如峨眉山，远的如重庆歌乐山、云南石林、贵州黄果树瀑布……后来结婚了，我和爱人暑期外出旅游每天我都要给一个学生写信并寄出。这封信其实就是当天的游记，我通过这种方式向学生表达我对他们的惦记。在外旅游五十多天，每个学生都会收到我的一封信。并没有谁要求我这样做，完全是情不自禁地思念驱使我拿起笔，让远方的学生分享我旅途的快乐。

那年，从教科所回到学校，要求当班主任，不少人纷纷赞美我有"高尚的奉献精神"，我说不是，我不过是对学生有依恋之情而已，因为学生也很依恋我。

责任心：为共和国培养公民

我们常说的责任心，当然是指对学生要有负责的精神。那么，什么叫"对学生负责"呢？这个问题似乎不应该有争议，其实不然。

比如，有两类班主任，一类是整天都守着学生——早操、早读、课间操、午休、做清洁卫生、晚自习，一直到寝室灯熄灭，班主任都辛辛苦苦地陪伴着（同时也监视着）学生。这样的班主任是不是负责任的老师？还有一类班主任，并不时时刻刻守候着学生，而是着力培养学生的自律和自理的能力，他并不时时出现在教室里或操场上，但班上的纪律却很不错，这样的班主任又是不是负责任的老师呢？

表面上看，这两类班主任都是对学生负责，其实，我认为，第一类老师只能说是工作态度端正，却很难说是对学生真正负责，因为学生离不开他的守候，一旦没有了老师，学生就乱成一团糟，毫无自律意识和自我管理的能力，当着老师一套背着老师又是一套，渐渐形成双重人格，长大之后他将如何对待他人、对待社会，他是否真的会有出息，令人担忧。培养出这样永远离不开别人督促的学生，这样的老师能说是负责任吗？

第二类老师，虽然没有随时守着学生，无论是自习课纪律还是清洁卫生，或者说参加学校运动会呀、文艺表演等各种活动，学生能够做到老师在与不在一个样，并且为班级争光。这样的班主任，并不事必躬亲，甚至似乎还比较轻松（其实是潇洒），但我认为他们是真正负责任的老师，因为他们培养了学生自我教育和管理自己的能力，这种能力将让学生终身受用。当然，在班级刚刚建立的初期，班主任对学生必要的细致训练、亲自监督也是必不可少的，但最终的目的是让学生自律、自理和自治。（也不排除还有这样的老师，以培养学生自觉性为名而放任不管，结果班风糟糕。这样的班主任连表面上的负责都谈不上！）

因此，我这里所说的责任心，既是班主任在日常点点滴滴的工作中，认真细致和绝不敷衍地做好每一件事，更是着眼于未来培养学生良好的人格品质和行为习惯。一般来说，绝大多数班主任并不缺乏前者，而对于后者，则不是所有班主任都能做到的。

【案例来源】

李镇西. 做最好的班主任 ［M］. 桂林：漓江出版社，2008：31—40.

【案例分析知识点回顾】

班主任应具备的专业素养如下。

1. 良好的思想道德素养

班主任良好的思想道德品质是做好班主任工作，培养学生树立正确的世界观、人生观、价值观的必要条件。首先，班主任应坚持以习近平新时代中国特色社会主义思想为指导，做到热爱祖国、热爱人民，拥护社会主义，认真执行党和国家的教育路线、方针和政策，遵纪守法，做社会主义精神文明的建设者和传播者。在思想政治领域与国家保持高度一致，积极参加政治理论学习，不断提高政治修养，自觉践行社会主义核心价值观，不做违背党和国家方针政策的事情。其次，教师要忠诚于党的教育事业，树立正确的人生观和价值观，发扬无私的精神，乐于奉献。做好人类灵魂的工程师，塑造好学生的心灵，做学生成长成才的引路人。要爱岗敬业、热爱学生。最后，教师还要加强职业道德修养，依法行教，不从事有偿家教，不利用职权向学生或者学生家长索要礼物、钱财或让学生家长为自己提供个人服务，不接受学生家长的宴请及其他类似要求，时刻树立教师的良好形象。

2. 扎实的科学知识素养

习近平总书记在同北京师范大学师生座谈时指出，做好教师要有扎实的学识，这为提升教师素质、加强教师队伍建设指明了发展方向。韩愈在《师说》中言："师者，所以传道授业解惑也。"教师的使命是教书育人，而要做好教书育人这一本职工作，要求教师一定要有扎实的学识。"水之积也不厚，则其负大舟也无力。"扎实、丰富的学识是教师的基本素质。丰富的科学知识素养是指一名合格的班主任，首先应具备广博的文化基础知识，只有具备广博的文化知识与开阔的眼界，才能发现新问题、解决新问题。其次，掌握精深的学科专业知识，系统、深刻、准确理解所教学科知识，是教师"传道"的基本前提。最后，具备扎实的现代教育专业科学知识、心理学知识，教师不仅是知识的传授者，更是学生学习的指导者，教育基础知识与心理学知识有助于教师把握、理解学生身心发展的特点，以及知识的内在逻辑，对本学科知识有整体把握，从而选择合适的教育方法与手段，促进学生更好、更快地学习。重视组建完整的知识体系及了解其在工作中的重要作用，帮助学生建立良好的认知结构。班主任对其他科学领域的知识也应有所了解。

3. 灵活的社交能力

班主任的社交能力具体包括两方面内容：一是深刻敏锐的观察力。敏锐的观察力是了解学生各方面情况最基本的素质，而了解学生又是做好班主任工作、与学生进行良好沟通的前提条件，所以班主任必须具备敏锐的观察能力；二是广泛灵活的沟通协调能力。班主任在工作中需要与学校领导、科任教师、学生及学生家保持良好的沟通，协调处理好各种问题。首先，教师对于管理者要尊重和理解，服从安排，积极配合，协助管理者圆满完成任务，提升自身的素养。教师还要以"主人公"的精神积极参与班级管理事务。《中华人民共和国教师法》第七条规定：教师可以通过教代会等渠道参与学校管理和运营，对学校工作提出合理建议，这是教师的权利，班主任与管理者之间要超越以往职场中的上下级关系，形成良性的合作关系。其次，班主任与同事之间要保持协同、向上的合作关系，互相尊重、互相学习、取长补短、乐于助人。教师要把学生的成长作为教育教学工作的核心目标，通过课题研究、教学实践等活动共同研讨教育教学中的各种问题，携手攻关，解决难题。杜绝为了名誉、职称或者成绩排名而相互对立和损坏学生利益的现象。再次，班主任对待学生要永远保持爱心和耐心，尊重学生、关心学生，也要严格要求、耐心辅导，不急不躁、不偏不倚，与学生建立和谐、民主的师生关系，守护学生健康、快乐地成长。最后，班主任与学生家长之间要保持良好的合作关系。教师要尊重和理解家长，重视家长的请求和诉愿，听取家长的建议，与家长保持经常性的联络与沟通，切勿对家长态度敷衍、生硬，或者将责任推到家长一方，埋怨家长，要学会与家长形成教育合力，推进家校联合育人工作的开展，努力通过家校合作达到提高教育教学效果、教育学生的目的。

4. 生动、艺术的表达能力

生动、艺术的表达能力包括口头语言表达能力、书面语言表达能力，以及体态语言表达能力三个方面。其中，班主任在与学生的交往中，语言组织表达能力尤为重要。语言的组织依赖于思维的条理性和逻辑性，这是师生在课内外进行交流的前提条件。班主任在运用表扬用语时，首先，应注意分寸感，实事求是，恰如其分。其次，要有个性化，要因人而异地选择一些表扬词。最后，要有情绪波动，饱满的情绪，富有感染力。班主任在运用批评用语时，首先，应以"规劝和提醒"为主。其次，应控制情绪，不可讲"气话""重话"，不能将学生的错误夸大化，甚至全盘否定学生。再次，要选择适当的、不伤害学生尊严的方法，或替学生分析错误的利弊引导学生自己思考错误所在。最后，批评不可缺少情感，要让学生感受到教师的关爱与良苦用心。总之，批评不是目的，目的是帮助学生改正问题，促进学生的健康成长。

5. 缜密有方的组织管理能力

在班级管理上，安排各项工作能够做到考虑周密、统筹兼顾，使班级管理工作井然有序。要善于把学校教育要求与本班的实际结合起来，制订明确具体、切实可行的管理目标。要善于培养学生自主、自治、自理的能力和精神，发挥其班级"主人翁"的作用。

6. 灵活机敏的教育应变能力

应变能力是班主任应当具备的一种教育能力，具体是指班主任善于因势利导，随机应变处理各种意料之外问题的能力。要求班主任在教育方法的选择上，必须准确、及时、适度，根据具体情况灵活运用，因材、因时、因人施教。

7. 勤于反思的分析研究能力

勤于反思的分析研究能力，就是班主任能够运用自己所学习的教育理论知识，对在班级管理中、教育教学实践中发现的教育问题、教育现象进行抽丝剥茧的深入分析，并将管理经验上升到一定高度的理论研究能力。

8. 终身学习的能力

终身学习就是要求教师做终身学习的表率，不断开拓创新，不断提高自身的业务水平。专业知识更新周期日益缩短，需要班主任树立终身学习理念，拓宽知识视野，加强对教材、教法的驾驭能力，更新知识结构，潜心钻研业务，勇于探索创新，不断提高专业素养和教育教学水平，有源源不断的源头活水，才能在学生心中树立较高的权威，实现因材施教。

9. 健康的身心素质

健康的体魄是班主任生活与工作的基本保障，良好的心理素质是处理各种突发事件、应对工作压力的内驱力。一位具备优良而稳定心理品质的班主任，更能够从容应对班主任工作中的各项事务，快速适应变化发展的社会。

【案例分析】

案例中，李老师强调一位好的班主任，最起码要有三颗心，即一颗童心，一颗爱心，一颗责任心。

在第一部分，李老师探讨了保持童心的重要性，以及如何在实际教学中应用。首先，他提出了保持童心的重要性，并举例分析了一位班主任如何用儿童般的情感去理解学生，同时给出了一些建议，例如保持与学生共同的兴趣爱好，注意环境、场合等。其次，他还强调了儿童般的思维和纯真的重要性，儿童般的思维则指教师要学会"儿童思维"，以发现学生缺点中的可爱之处，并给出了一些案例并加以说明。作为社会人和教师，我们应该始终保持童心，发现学生缺点中的可爱性之处，并给予真诚的帮助和支持；同时应该以一颗纯真之心去对待学生和自己，这样才能更好地将爱心、责任心和儿童般的思维有机结合起来为学生服务。作为一个老师，要善于从学生的视角来看问题。如果能如李老师所言，"以儿童之眼来看，以儿童之耳来听，以儿童之脑来想，以儿童之情来爱"，设身处地替他们着想，他们为何要这样做？他们所希望获得的是什么？那么，或许会让师生之间的关系更加和谐，也会让孩子更加乐意接受教师的教学。正如陶行知曾不止一次警告他的学生："我们要成为一个孩子，才有资格成为一个孩子的老师。"所谓"会变成小孩子"，指的是老师要尽可能地让自己拥有孩子的心灵——用孩子的脑袋来思考问题，用孩子的眼睛来看待问题，用孩子的感情来体验问题，用孩子的兴趣来爱好问题！学会换位思考多给人忠告，少骂人。这与李老师的教育理念不谋而合。教育的过程不仅是技能的运用，而且应当是人性化的；教育的各个方面都要以"人"为本，要有"人"的观念。在谈心的时候，我们可以跟学生一起去分析，去讨论，去解决他遇到的问题，这样他就会在潜意识里，把我们当成他的朋友，从而对我们产生更多的信任。所以，作为一名教师，拥有一颗童心是非常重要的，教师的工作，第一要务就是要有一颗童心。

在第二部分，李老师提出爱学生的重要性。爱学生应该是常态条件下的自然情感和行为，比如师生之间的互相依恋。他以自己的经历为例，分享了他如何通过日常生活中自然而然的情感和行为来表达对学生的爱。这种爱不仅体现在师生之间，也体现在家长和子女之间。正如李老师所说，这种爱会影响人们的成长和生活，是一种真正的爱心。在当今社会，班主任表达关心爱护学生的主要途径就是自身的言行举止，这要求教师具备灵活的社会能力和生动的艺术表达能力。在班主任工作中，很多问题都可以用言语来解决。只有在一次又一次的谈话中，我们的心才能真正地贴近他们。所以，教师在与学生沟通时，应注意言语上的艺术。

在第三部分，李老师强调责任心的重要性。首先探讨了责任心的概念，以及如何在实际教学中应用。李老师认为，责任心指的是老师对学生负责的精神，不同类型的班主任对学生负责的方式不同，有些老师只是守护学生，但并不是真正负责；而有些老师则着力培养学生的自我教育和管理能力，让学生终身受用。其次，李老师强调了责任心对于学生人格品质和行为习惯的重要性，要求教师在日常工作中要认真细致、绝不敷衍地做好每一件事，着眼于未来培养学生良好的人格品质和行为习惯。

【班主任操作建议】

提高班主任专业素养，主要应从以下几个方面着手。

1. 多看书

班主任工作涉及的内容非常广泛，要做好班主任工作，必须要有扎实的专业理论基础和实践能力。建议班主任读一些与教育教学相关的书籍，比如《班主任工作手册》《班级管理案例精选》《中小学生心理健康教育》等。在读完这些书籍后，可以不断地进行总结和反思，提高自己的专业素养。

2. 多听课

建议班主任听一些与教育教学相关的讲座，比如《新课程教学设计》《中小学心理健康教育》等。同时，还可以多听一些名师的公开课，学习他们的教学技巧和课堂管理能力。

3. 多参加培训和交流

建议班主任参加一些专业培训和交流活动，比如有关班主任工作的研讨会、教师培训课程等，跟同行们一起分享自己的经验和教训。同时，还可以通过与同行们交流经验来提高自己的专业素养。

4. 多反思和总结

班主任工作是一个长期且烦琐、细致的过程，需要不断地总结和反思。建议班主任多反思自己的工作，总结成功或失败的经验和教训，以便在未来更好地从事班主任工作。同时，还可以定期写教育日记、教学案例、教育反思等来记录自己的工作经历和思考。

5. 多与学生交流和沟通

建议班主任多与学生交流和沟通，了解学生的学习、生活和心理等情况。这样可以更好地与学生沟通、交流、引导他们健康成长、提高学习成绩。

6. 积极参加实践活动

实践活动是提高班主任专业素养的重要途径之一。建议班主任积极参加学校或班级组织的实践活动，比如班级管理、心理健康教育等方面的工作，通过参与这些实践活动来提高自己的专业素养。

四、班主任的专业成长

【案例呈现】

蝶变——我的班主任专业成长之路

一、初为人师：管理班级

初登讲台，我就做了班主任。

和所有初登讲台的老师一样，那时我只知道自己是老师，是班主任，必须把班级管理得井井有条，把学生管理得"水波不兴"。于是，我认真研究"管理"的内涵和方式，认为管理的前提是管，是形成班级的管理制度和构建班级的管理班子。查阅了很多资料之后，我在《中学生日常行为规范》的基础上，结合班级实际制定了班级管理常规56条，对学生可能犯的错误进行了估计，并规定了详细的惩罚措施。然后在班会上宣读、解释，让每个学生把班规贴在自己的课桌上，并记住每一条内容，以便被惩罚时心服口服。

我还建立了由班长、副班长、小组长组成的一套班级管理体系，并且设立了不记名秘密成员，让他们详细记录班上不好的现象，并秘密地交给我。我根据反映的情况，找到当事人进行处理。

一个学期下来，我的班级真的风平浪静，我也因为严格管理成了学校"优秀班主任"。第一次做班主任，就取得了"引人注目"的成就，我真的有些自豪。

可问题还是出现了，就在第二个学期开学不久。

梦辉是我班的体育委员，学校组织的长跑比赛，他竟然不参加。我非常生气地厉声对他说："你是班里的体育委员，你不参加谁还愿意参加？"

"谁愿意参加谁参加，反正我不参加！"他的语气有些阴阳怪气。

这时，我真的火了，还没有学生敢这么跟我说话："你什么破班干部，不愿意干给我滚蛋！"

"滚蛋就滚蛋！谁愿意做这个破班干部呢，得罪人还讨不得半点儿好处！"他嘟囔着，大模大样地走开了。

正在我怒不可遏之际，一个宽大的手掌抚在了我的肩头上："小伙子，恩威并用才是管理之道啊！"

瞬间，我"恍然大悟"。

于是，在接下来的日子里，我总是对班干部施加一点儿小恩小惠。果然，他们很"卖命"地为我工作着。学期末，我班被学校评为"五星班级"，我也再次被评为优秀班主任。

可是，在"五星"和"优秀"的背后，我发现班干部之外的学生对我的冷漠相向……

理智告诉我，我是个失败的班主任。

于是，第二年，当校长让我继续担任班主任的时候，我拒绝了，因为我需要反思。

二、重踏征程：建设班级

经过一年的学习和反思，我明白了学生才是班级的主人，应该把班级建设的权利还给学生。于是，一年后再当班主任时，我开始了班级建设的摸索之路。

首先，我带领学生一起制定班规。为了体现班规的民主性和科学性，我提出了几个基本原则——实用性、民主性、换位性，并要求学生制定班规时要结合班级实际，全员参与，换位思考。在学生制定出60多条班规之后，我又让学生采用举手表决方式选出班规审核小组，成员既包括班委、成绩好的学生，也包括成绩一般甚至较差的学生。审核小组最终确定了28条班规。班规制定后，我让所有学生认真学习，并通告家长。

其次，执行班规。我先让班规成为课桌文化，将班规贴在每个人的书桌上，使学生抬头不见低头见；然后责任到人，把班级中每个学生的工作安排到每星期的某天某时，让每个学生时时刻刻明白自己的职责。为了掌握真实情况，我安排了隐形监督人员，虚实相间，让学生自觉进入自我约束之中。吸取第一年带班的教训，我着力做好总结奖惩工作，采用多渠道、多形式的奖惩措施，让每个学生都既能收获成功的喜悦，也能接受"违规"的惩戒。我把奖惩时间选定在每周五的班队会课上，这样使每个学生都能认真总结反思自己本周的得失，以便下周做得更好。而且，我让每个学生牢记：没有最好，只有更好。

我还开展了班级文化建设，通过班级文化建设丰富学生的心灵。我在教室的墙壁上贴满了名言警句，把每天晚自修前 10 分钟设定为班级的"书香悦读"时间，并带领班级学生一起学习励志故事。

我颇为得意，因为我把班级的制度建设、组织建设和文化建设都还给了学生。教育家不是提倡"教育归根结底就是学生的自主发展"吗？我做到了！

我的细致而民主的工作获得了家长的认可和领导的赞同，年末再次被评为"优秀班主任"。

这种做法延续了四年，送走了两届高三学生。我在获得了许多荣誉之后，成为了学校副校长。有人说"成功是成功之母"，我才 27 岁，就做了成功的班主任，又做了副校长，应该算是成功了吧？

可是，2006 年暑假，郑家斌同学的一封来信，让我的喜悦沉入了谷底。

尊敬的梅老师：

接到了中山大学的录取通知书，我终于可以和您畅谈心情了。

首先，祝贺您做了学校的副校长，也为有您这样的好老师感到自豪，像您这样年轻有为的老师并不多见。可是，您知道吗？您虽然把我们送进了大学的校门，可我们过得并不快乐！在您看似民主的背后，恰恰是让我们自己给自己戴上了一道道枷锁。我们真的无奈，因为枷锁是自己制定的，只能忍气吞声地接受、执行。

您知道吗？我们需要自由地翱翔，而不是被动地管束。我们需要特长的发挥，而不是做纪律和分数的奴隶。我们需要人人平等地成长，而不是在几个班干部的监管中失去锻炼的机会。我们需要切身的成长体会，而不是您对我们的"谆谆教导"。我们需要成长的方向和动力而不是班级规定的条条框框。我们需要成长的快乐，而不是成长的压抑……您让我们读的那些励志故事，其实根本进不到我们的心里。那些干巴巴的故事，是别人的，不是我们的。

……

怎样才能让每个学生都成长，怎样才能让每个学生真正平等，怎样才能让每个学生特长都得到发挥，怎样才能让每个学生都快乐……如果您真的想通了这些，我相信您一定会是个好老师、好校长的。

暑安！

学生：郑家斌

2006 年 7 月 26 日

读完这封信，我知道，我的班级建设失败了。不管有多少人认同过，不管在多少地方宣讲过，只要我的学生不认同，就肯定是失败的。人生最大的悲哀就是自以为是，感谢家斌，为人生最"春风得意"的我敲响了警钟。于是，那年 9 月，我辞去学校副校长的职务，来到了新的学校。不为别的，只为自己能够实实在在地做学问，探求教育的真知。

三、蝶变重生：培育平台

家斌的信让我深深地感觉到，自己还不知道怎样做班主任，于是，2006—2007 学年度，我没有做班主任。有哲人说："在错误的道路上走得越执着，也就越愚蠢。"我明白了我的所谓把班级还给学生是有"请君入瓮"成分的，所谓的"悦读"是"规定"了学生的成长的，所谓的"励志故事"是很难走进学生内心的。

如何回答家斌的问题？我一直苦苦思索。于是，我大量地阅读古今中外的教育、历史、哲学等著作，试图从中寻找答案。

但让我破茧成蝶的源头，不是高人，却是我的妻子。看到我整天愁眉不展地思索，她说："别整天思考这个思考那个了，你以为你是谁啊？人只有明白了自己该做什么，才可能将事情做正确，而不是你能做的就是正确的。"是啊，作为一个班主任，我能做的有很多，我"管理"过，也"建设"过，可是，什么才是该做的呢？这个"该"要比"能"重要得多。

一次，我读到了一个西方调查机构的研究成果：一个成功人士需要具备良好的习惯、良师的引导、良好的自学品质三个基本条件。幼儿教育专家认为，"6 岁决定一生"，也就是说，良好的习惯 90% 是家庭教育的结果。有研究表明，良好的自学品质 97% 是走出校园以后养成的。如果教育的原点在家庭，终点在自学的话，"良师的引导"仅是一个过程。研究还表明，"在一个人的成长过程中，学校教育的功用只占 17%"。那么，一个班主任在这 17% 的比例中又能占多少呢？因此，班主任应该摆正自己的位置，如果学生是一粒粒种子的话，我们只能做一片土地，让学生们在上面生根、发芽、蓬勃生长，而不是告诉学生"你应该这么长"。倘若我们能够为学生的成长搭建一个个平台，那么学生就可以根据自己的个性、特长进行选择，就可以拥有展示自我、发展特长的舞台。于是，我将班主任的本位工作定位为"培育"平台。

在接手新的班级之后，我采取了新的措施。

首先，取消了班干部制度，成立了五个委员会。这五个委员会依据学生自己的个性、特长设立，成为学生发展自我、展示自我的一个个舞台。每个委员会由若干个常委和委员组成，但常委和委员之间不是管理和被管理的关系，常委只是委员会活动的组织者。常委组织不力，委员们拥有随时更换的权利，不必通过班主任处理。同时，各个委员会之间不具备交叉管理关系，而是平等独立的单位。由于平台的搭建是基于学生个性、特长的，因此能确保最大限度地发展每个学生。为了使构建的平台有序持续地运行，我给每个委员会设置了一种美好的愿景，用理想来吸引人；还和委员们一起商量活动的时间和内容，用丰富的活动吸引人。为了使活动持续开展，我安排了集中的班级展示时间，后来发展到公开展示、广场演讲、幸福班级等形式，让成就感来促使活动的持续开展。

其次，我取消了班级管理制度。该举措源于这样一个故事。一位哲学家把弟子们带到旷野之中上最后一堂课。哲学家问道："这旷野上长满了杂草，你们认为如何除掉这些杂草呢？"弟子中有的说用火烧，有的说用铲子铲……等弟子们都讲完了，哲学家说："课上到这里。你们回去后，按照各自的方法除去一片杂草，一年后再来这里相聚。"一年中，弟子们各自用自己的方法除去了地里的杂草，可过不了几天草又长出来了。一年后，弟子们再次相聚？发现原来的地方不再杂草丛生，而变成了一片长满谷子的庄稼地。弟子们这才明白了老师的教诲：要想除掉旷野里的杂草，只有一种方法，就是在上面种上庄稼。

倘若我能让每个学生时时刻刻都动起来，快快乐乐地、持续地动起来，学生们还有时间惹是生非吗？平台的搭建是个前提，最后我又采用了编写具有激励性的手册《班级励志教程》，丰富委员会的活动内容等方式，让每个学生都感受到心灵张扬的幸福、生命蓬勃的动力、成长收获的喜悦……真的在学生的心灵上种满了庄稼，班级充满了生机和活力，每个学生都得到充分的发展。如此，班级还需要制度吗？

2009年下半年我接手的高二某班是一个"超级班"，数学平均分只有26分（满分160分）。但由于我积极培育平台，实施班级委员会制度，让每个学生获得了自信，焕发了生机，拥有了前行的动力，他们在2011年高考中以100%考上本科的成绩创造了辉煌。

历经11年的摸索，我终于破茧成蝶，找到了一条班主任工作的成功之路。

诚然，美丽没有极限，我这只新生的蝶儿，愿意在更广阔的教育天空，翩然飞翔……

【案例来源】

赵福江. 从平凡到卓越：25位优秀班主任的故事 [M]. 北京：中国人民大学出版社，2016：179—184.

【案例分析知识点回顾】

1. 班主任专业成长的内涵

班主任专业成长是指班主任在由新手型班主任成长为专家型班主任的过程中，不断掌握德育与班主任工作的理论知识，形成班级德育和班集体建设与管理的能力和技巧，全面有效地履行班主任职责，在职业理念、专业知识与能力等方面不断发展的过程。班主任的成长，从本质上说，是一个不断学习、持续变化、发展的过程，是指班主任在外部条件（包括教育制度、教师教育制度、教师管理和评价制度、教师文化和社会环境等）的支持下，通过不断的专业学习，更新教育观念，改进教育实践，提高班级管理能力，促使自身专业水平和专业表现不断发展和完善，强调班主任专业的自主成长。

2. 班主任专业成长的内容

班主任专业成长包括专业理念、专业精神、专业知识、专业能力和专业自主五个方面。

（1）专业理念是指班主任在职前职后的学习与工作中，形成正确的教育观、教师观与学生观等。

（2）专业精神是指班主任能够按照教育法律法规及教师职业道德对教师行为进行严格的要求，严格规范自身的教育言行。做到遵纪守法、爱岗敬业、关爱学生、求真进取等。

（3）专业知识与专业能力是指班主任在学习、工作、生活中，能够不断丰富自身知识结构体系，既包括教育教学知识结构，也包括班级管理所需的知识结构，从而不断提高教育教学技能，班级管理水平的能力。

（4）专业自主是指班主任能够在正确的教育理念指导下，在社会认可的教育目的的引导下，根据特定的教育环境开展教育教学活动，以及班级管理活动的空间与能力，是新时代、新阶段，我国班主任专业成长重视程度不够，但又是班主任专业成长非常重要的一个维度。

3. 班主任的专业特性

（1）班主任具有专业复杂性。

（2）班主任具有专业创造性。

（3）班主任具有专业自主性。

（4）班主任具有专业形象性。

（5）班主任专业发展具有渐进性。

4. 助推班主任成长的动力

（1）国家从政策层面对教师专业水平的要求，如出台教师专业标准及进行相应的国培、省培等培训活动。

（2）从教师主体性的角度所开展的培训、叙事研究和行动研究。

这两种动力相互补充、相互促进，对教师专业发展具有重要的意义与价值。

【案例分析】

案例中梅老师的专业成长经历了初为人师—重踏征程—蝶变重生三段历程。与之对应的是班级管理形式的改变，经历了管理班级—建设班级—培育平台三个探索阶段。班级管理形式的变化实质是班主任教育理念、教师观与学生观的转变，如学生观经历了学生是管理的对象—学生主体"形式化"—班级管理真正做到以"生"为本的转变；教师观从管理的主导者转变为学生成长的引路人，学生自我管理的引导者、组织者等。梅老师教育理念的转变，专业知识与能力的不断丰富与发展，体现了一位新手班主任是如何一步步成为专家型班主任的过程。

从班主任专业成长的角度来看，在初为人师阶段，新手班主任在教育活动中还没建立基本的安全感，觉得自己还不能胜任班级管理的活动，于是采取了以"自己价值为先"的班级管理方式，而不是以"促进学生的发展为先"的班级管理方式，对学生进行教育、引导。如案例中梅老师由于刚步入工作，缺少班级管理经验，通过查阅资料，研究管理的内涵与方式，认为管理的前提与核心在于管，所以在班级管理中采取了专制式的管理方式，制定了详细的班级常规，并规定了详细的惩罚措施。因为严格的管理，甚至取得了还不错的成就，成为学校的优秀班主任。直到体育委员罢工事件的发生，促使梅老师反思自己的班级管理方式。

在建设班级阶段，班主任经过一段时间的实践，专业理念、专业知识、专业能力等方面都有所提升。如案例中梅老师通过学习与反思，懂得了学生是班级管理的主人，要把建设班级的权利还给学生。所以在此阶段，梅老师带领学生结合班级实际，全员参与，换位思考，一起制定班规，以体现班规的民主性和科学性。安排隐形监督人员，虚实相间，让学生自觉进入自我约束之中。从这里我们可以看到梅老师教育理念的转变，即由教师主导开始转向为学生主体，管理形式上凸显了学生的主体地位，但尚未从根本上做到以生为本，如学生郑家斌所言，形式化的民主管理并不能做到让每个学生都成长，让每个学生真正平等，让每个学生特长都得到发挥，让每个学生都快乐……

郑家斌的信件，促使梅老师进入了班主任自我成长的第三阶段。促使新手教师快速成长的一个办法就是读好书，即通过阅读优秀班主任的相关书籍，增加自己的教育智慧，为新手班主任更好、更快地适应班主任工作提供可资借鉴的经验与教训。如案例中梅老师充分听取郑家斌的意见与建议，大量阅读古今中外的教育、历史、哲学等著作，终于有一天懂得班主任的本位工作应是构建培育平台。在接手新班级后，梅老师采取了一系列新举措，如取消了班干部制度，依据学生自己的个性、特长成立了五个委员会，成为学生发展自我、展示自我的一个个舞台，确保最大限度地发展每个学生；取消了班级管理制度，编写具有激励性的手册《班级励志教程》，丰富委员会的活动内容等方式，让每位学生都感受到心灵张扬的幸福、生命蓬勃的动力、成长收获的喜悦……经过十一年的探索，梅老师终于由一个新手班主任成长为一名专家型班主任，找到了一条班主任工作的成功之路。

案例中梅老师对自己所从事的班主任工作发自内心地热爱与专研，表明其对班主任工作的敬业乐业精神。他在工作的每一阶段都在大量阅读书籍，勤奋上进，把学习作为自己工作成长中不可或缺的一部分，表明其具有勤学进取精神。

从本质上说，班主任专业成长是一个不断学习的过程。有效的班主任专业成长应该基于班主任有效的专业学习，如案例中的梅老师，在成长的每一阶段都通过大量的阅读来丰富自己的专业知识能力，促进自身的专业成长。这种学习应该是班主任以实际中的实践教育问题为中心，自我导向的、持续发生的。如促使梅老师每一步成长的驱动力均来自其在实践教学管理中所遇到的问题。今天的班主任要从要我成长转变为我要成长，明确发展目标与发展方向，从自我学习体验出发，不断找寻自己在教育实践中存在的问题和不足，并注重在日常教育教学活动中解决问题，班主任通过不断地主动学习，实现专业的自主成长。

【班主任操作建议】

作为一名班主任，促进自己的专业成长，可以从以下几方面做起。

1. 制订个人成长计划

教师职业生涯规划的制订，既能引导和监督教师职业生涯的成长，又能促进教师职业生涯的持续发展。一个好的成长计划，可以精确地反映出一位班主任的人生发展思路、期望和努力的方向，还可以反映出一个班主任在教育、教学和科研等领域的成长轨迹。每个班级的教师若能留下这样的轨迹，那将是班主任专业化成长中不可多得的财富。

个体成长计划是对班主任专业成长的各个方面和各个阶段进行的设想和规划。其内容主要有对职业目标与预期成就的设想、对各专业素养的具体目标的设计、对成长阶段的设计，以及所采取的措施等。实践表明，在专业成长上有所建树的班主任都会有自己的职业生涯规划。这种成长计划不仅能够促使教师认真地思考与分析自身的问题，还可以使自己有专业成长的紧迫感，促使自己始终能找到自己在班主任群体中的位置，不断激励自己。更重要的是，规划对班主任的发展起到了具体的指导和监督作用。阅读哪些书籍，参与哪些活动，从事哪些科研工作，在计划中都应有所安排，这样可以最大限度地减少行动的盲目性与随意性。

2. 参加专业理论学习活动

班级管理是一项完善人的内心世界、规范人的外在行为、培养创新人才的系统工程，尤其需要科学的、先进的教育思想的指导。学习知识的过程永无止境，并可通过各种经历得到进一步的充实。从这个意义上说，随着工作性质和内容一成不变的情况日益减少，学习过程与工作经历的结合就越来越紧密。如果最初的教育提供了工作之中和之外学习的动力和基础，那么就可以认为这种教育是成功的。班主任的学习主要包括向书本学习、向实践学习、向同行学习三个方面。苏霍姆林斯基曾说，"读书应是教师重要的生活状态"，班主任要多读名家大师有关班主任管理工作的理论书籍，向身边优秀的班主任学习并将班主任工作最终落实到实践中去，在实践中提高。

3. 参与专业合作交流

在整个班级的运作中，班主任都是以合作为主的。班级发展需要班主任集体努力，如果一个班主任"单打独斗"，游离于集体之外，无论如何都不能达到优秀班级的境界。班主任是一个学习共同体，这种隐喻强调班主任需要在合作中成长。班主任共同体实质上可划分为两类：一是合作的共同体；二是自由的共同体。在合作的共同体中，班主任深信他们需要铸造共同的班级观：在自由的共同体中，班主任期望通过自己的意志构建个性化的班级。

4. 进行教育实践反思

教师专业成长的简短公式可以用"经验＋反思＝成长"来表达，而班主任的专业成长也是要在个人的实践和反思中得到提升。班主任要学会进行理性的反思，分析并总结自己及学生的思想行为特征，把握具有普遍性、规律性的东西，从而不断提升自己的业务水平。班主任进行教育反思，可以通过以下方式。

（1）班级管理叙事。班主任可以将班级管理中发生的某些学生的生活事件叙述出来，使之成为一份有教育意义的班级管理叙事。如果班主任针对某个教育事件进行跟踪式分析，会使班级管理叙事具有更大的意义与价值。通过对个人故事与集体故事的叙述，使班级管理理念与管理实践之间的关系更加清晰，并以叙述方式为载体，不断更新自己的职业知识与技能，丰富自身的班级管理经验，增长有关教育的才干和智慧。

（2）教育札记。撰写教育札记，既能使教师养成反思的习惯，又能使教师在实践中积累更多的教育经验，使之上升到理论的高度。如果学校在班主任自己写札记的基础上，组织班主任进行教育札记的教育与分享活动，效果会更好，因为一位班主任的教育心得可以促进其他班主任的进步。

（3）教育档案袋。班主任可以构建自己的教育档案袋，既包括班主任个人优秀教育活动计划、小结和札记、课题研究的论文、教育案例等，也包括学生的照片、家长的信件等。班主任要充分发挥教育档案袋的功能，要经常有目的地研究档案袋里存放的档案，在对以往教育的成就和失败进行总结的同时，提高认识，转变观念，使其作为促进自身成长的工具。

5. 从事班级课题研究

当前，越来越多的教师，特别是班主任对教育研究给予了高度关注，他们迫切希望通过教育科研为自己充电，以提升自己的课堂教学水平与班级管理的能力。可以说，班级是实验室，班主任则是实验的研究者。从事班级课题研究是班主任专业成长的主要方式与手段，所以，班主任都应该从事课题研究，将某些特定的、典型的工作提高到了理论的层面，并以此来指导自己的实际工作，从而让自己从忙碌中解脱出来，提高自己的能力和水平。班主任课题研究的步骤应包括确定课题、收集课题的资料、制订课题研究计划、进行课题研究活动等几个环节。

第三节　了解和研究学生

【案例呈现】

中途接班，我该如何是好

【背景】

2012 年 8 月，我来到曙光小学，成为四年级（1）班的语文老师兼班主任，开始了我与他们之间的故事。四年级（1）班共53人，男生32人，女生21人，男女人数相差较大，男生大多调皮捣蛋。学生们集体意识不强，较为自由散漫。这个班已经换了5位语文教师，学生们对于换老师已经习以为常，家长们对于换老师则是一肚子火，对于新老师满怀不信任，甚至还有人来学校找校长。中途接班，我陷入了从未有过的困境。

【过程】

中途接班，我必须做更多的准备工作。首先，我向原班主任李老师了解班级情况：学生的姓名、特点、家庭情况；班干部的设置、管理；特殊学生的具体情况一一了解。

接着，我领着个别孩子打扫教室，边劳动边了解学生对班级的印象。最后，我将教室布置一新，在黑板上画上漂亮的图画，写下工整、潇洒的迎生语。我暗暗下决心：只要我用心了，你们一定会信服于我。

正式亮相的日子到了，是板起面孔用老师的身份给孩子们"当头棒喝"，还是放下架子友善地与他们交流？略加思考，我选择了后者。于是，我先给孩子们讲了绘本故事《犟龟》，这个故事浅显易懂，语言幽默诙谐，他们非常喜欢，也能从中感受到"犟龟"的坚韧不拔，知道"犟龟"能为自己的将来做好充分准备。但当我问道："你愿意为自己的未来做哪些准备"时，孩子们没有我如想象的那样静心思考，也没有展开热烈的讨论，似乎我什么也没问，他们该怎么样，还是怎么样。一副"听故事我愿意，让我思考，没门"的样子。

我心中一凉，这个班级不好教，孩子们不爱动脑筋也听不进老师的话。既然谈理想你们不愿意，那就来谈谈你们感兴趣的吧。于是，我调整心态，对着学生们一抱拳，说道："鄙人姓缪，人称妙妙老师，勤于读闲书，精于玩游戏，乐于吃美食，从小立志当老师，如今成为孩子王，孩儿们，你们可有什么想跟我切磋的？"话音刚落，一个学生举起手来："请问老师精于什么游戏？我愿与你切磋。"乖乖，这就下战书了，我眼一挑："抓子、跳绳、踢毽子样样精通，象棋、跳棋、魔方不在话下，当然网络小游戏也是能玩一些的。"话匣子一打开，学生们争先恐后地与我交流、讨论，分享自己的爱好、特点，他们的眼神渐渐亮起来了。在融洽的交流中，我直接叫出了很多学生的姓名，此时，他们的惊喜溢于言表，有个学生激动地说："缪老师，确实妙！"这一刻，我知道，孩子们真心接受我了。最后，我推心置腹地说："你们的过去已是昨天，昨天的你们是优秀，还是捣蛋，我不在意，因为昨天已经不会再来，但今天和明天我们将一同前行，你们就是那一张张干净的白纸。从今天起，你要在这张白纸上绘出美丽的图案还是留下斑斑污迹，完全取决于你们自己。我很在意从现在开始，你们每一刻的表现。"听了我给他们的鼓励，孩子们的小脸上似乎多了些坚定和希望。第一次亮相还算亲密而成功。

【结果】

古人云："亲其师，信其道"，有了良好的开端，接下来的班主任工作就顺手多了。我带着孩子们讨论班级事务，民主竞选出班干部，积极参加学校的各项活动，班级也从一盘散沙变得越来越有凝聚力。期末学生自主排演的经典诵读节目还获得了校一等奖的好成绩。

【案例来源】

李继秀，陈小勤. 班级管理案例精选［M］. 北京：北京师范大学出版社，2017：22—26.

【案例分析知识点回顾】

1. 班主任了解研究学生的意义

（1）了解和研究学生，是做好班级工作的先决条件。

（2）了解和研究学生，有利于密切师生关系。

（3）了解和研究学生，有利于向学生学习。

（4）了解和研究学生，有利于促进学生全面发展。

2. 了解研究学生的内容

（1）家庭情况。父母的文化水平、职业状况、兴趣爱好、对孩子的影响、家庭类型、经济状况、居住条件、教育方法类型，以及父母与邻居的关系，在家中爱听谁的话，心目中最敬重谁，和哪些人交朋友，每月零用钱多少，怎样使用等。

（2）生活习惯、作息及课余时间的安排。

（3）基本的学习态度和方法。对各科的认识、态度和学习成绩，有哪些好的或不好的学习习惯，有无偏科和精力不集中的现象，有无自学、自检的能力，是否需要家长陪读等。

（4）思想品德状况。对社会主义制度的认识，对理想、前途、个人抱负的看法，能否自觉遵守组织纪律，有无良好的文明行为习惯；是否关心集体，积极参加集体活动，自觉维护集体荣誉；经常与哪些同学交往；能否主动关心、帮助有困难的同学、乐意为大家服务。

（5）身体健康状况。身体的生长发育及体质的情况，有无近视眼和慢性病症等。

（6）气质类型和性格特点。只有了解学生不同的气质类型和性格特点，才能确定相应的教育方式和方法。

（7）兴趣、需要、能力等方面的特点和发展水平。

（8）对教师、班级的希望和要求等。

【案例分析】

了解和研究学生，既有利于建立良好的师生关系，也是做好班级工作的先决条件。案例中班主任来到曙光小学中途接班并兼任班主任所做的第一件事，就是通过谈话法、调查法，向原班主任李老师了解班级一系列情况，对班级整体情况及每个学生的个体情况进行全方位的调查。紧接着通过观察法，在带领个别学生打扫教室时，边劳动边了解学生对班级的印象，掌握学生的思想动态。

只有在充分了解学生的基础上，因生而异、因时而异、因课而异地做到因材施教，班主任的教育教学活动、班级管理活动才能真正激发学生的学习兴趣与积极性。如案例中班主任讲了犟龟的故事，想要以此作为切入点，引发学生讨论，思考"你愿意为自己的未来做哪些准备？"以唤起学生的主体意识，对学生进行理想教育，拉近师生关系。但很明显，学生对此并不买账。班主任机智地根据学生的兴趣爱好，切入感兴趣的话题，改变了聊天内容，通过"孩儿们，你们可有什么想跟我切磋的？"这一话题，成功打开了学生的话匣子，学生们开始与班主任交流、讨论，并分享自己的爱好、特点，成功拉近，师生关系，为后面班主任带领学生们讨论班级事务、竞选班干部、进行班级管理、开展教育教学工作奠定了良好基础。

【班主任操作建议】

班主任了解研究学生的途径与方法。

1. 在班级工作中了解和研究学生

第一，在班级活动中了解和研究学生可以采取观察法。对学生的观察要有目的、有计划、随时随地、反复进行。通过教育教学活动、班级管理活动、开展的丰富多样的班集体活动、日常的学习生活和工作实践中对学生进行观察。

观察法的策略有四个：一是观察前要有明确的计划；二是观察中要保持常态；三是观察后要做好观察记录；四是要长期不懈地综合考察、深入研究，透过现象看本质。

第二，在班级活动中了解和研究学生可以采取调查访谈法。通过有目的、有计划的对话交流，获得学生的基本信息与动态。

运用调查访谈法的策略有四个：一是访谈前做好充分准备；二是态度友好，注意启发；三是根据访谈对象灵活运用访谈方式；四是及时整理，多方论证，去伪存真，把握实质。

2. 在师生交往中了解和研究学生

在师生交往中了解和研究学生的最好办法就是谈话法。通过师生间正式、非正式的交流和沟通，及时了解学生的动态与状况。

第一，运用谈话法的策略，从七点入手：一是树立平等的师生观；二是谈话前应做好充分准备。如准确把握谈话的时机，选择谈话的场合，尽可能地创造条件，使学生能够畅所欲言，从而提高谈话的效率；三是注重个别差异，要根据谈话对象的不同特点，选择不同的谈话方式。与自尊心和逆反心理比较强的学生谈话宜选择商讨式的谈话方式。与自我防范性比较强的学生谈话宜采用突击式的谈话方式；四是讲究谈话的语言艺术。班主任在谈话时，还要善于借助副语言的功能，即语言声音的高低、长短、快慢、间隔、轻重、起伏等来提高语言的感染力和影响力；五是善于运用非言语交流（如肢体语言、面部表情等），即用面部的表情、眼睛的神情、嘴角的牵动、脑袋的偏向、举手投足、上肢的倾斜方向等来表达自己的态度和情感；六是谈话中应边听边思考；七是做好记录整理工作。

第二，在师生交往中了解和研究学生，班主任还可以运用资料分析法。资料分析法是认识班级群体和学生个体的最简易的一种方法。这里的有关资料包括学生的入学登记表、体检表、成绩单、学生的日记、周记、班级日志、奖惩记录、学生的作业、答卷，以及班级相关情况的统计记载等。班主任分析运用资料时，要有全面的观点，切忌以偏概全。

运用资料分析法的策略有四个：一是用发展的观点看待材料；二是注意分析材料的真实性；三是结合观察、谈话等方法使用；四是要长期积累材料，妥善保管，及时整理、分析和研究。

3. 在学习生活中了解和研究学生

第一，在学习生活中了解和研究学生可以运用问卷法。通过封闭式与开放式问卷，引导学生或用自己的语言自由回答问题，或让学生在规定的时间内，按问卷要求进行填写。

运用问卷法的策略有四个：一是问卷设计要科学新颖；二是问卷内容要简明扼要，数量适当；三是为了提高问卷法的信度和效度，必须注意选择恰当的问卷形式；四是确保问卷的真实性。

第二，在学习生活中了解和研究学生还可以运用测量法。

运用测量法的策略有四个：一是在实施测量前要做好充分准备；二是要请专业人员参加；三是深入分析测量结果；四是结合其他方法。

第四节　建构良好师生人际关系

【案例呈现】

格格不入的雯

一年级下半学期班上转来了一个女生——雯。

刚开始上课时并没有多留意她，感觉是个很清秀、文静的女孩。真正注意到她是在翻开了她以前的作业本时——那是一本怎样的补充习题集啊，满页的题目，那么多触目惊心的大叉，看着格外刺眼。字迹马虎潦草，擦痕深深浅浅，等级基本都是"良""及格"之类。直觉告诉我这个孩子会很麻烦。

　　果然，第一天的练习她就给我颜色看了。随意的书写、成堆的错题，印证了我的担心。我有点儿无从下手，或许是因为自己历来比较"苛刻"。凡是我任教带起的孩子都手把手教他们写好每个数字，每行格式严格要求，由不得半点儿潦草。学生的错题都用一个小符号给予提醒、改正，版面保持一致整洁。可眼前的本子没一处令人满意的，怎么办？

　　我迟疑着，忍不住质问："这就是你交的作业？"

　　她不语，连头都不抬，闷半天怯怯地瞄了我一眼，然后就在那不断地扯衣角。

　　"好吧，你既然进了我的班，就要严格学习了。今天开始，我们重新学写每个数字。"我先拿出班上优秀学生的作业本给她看，告诉她应该写成这样才行。第一天，我们就从手把手教写数字开始。

　　课后很是纳闷儿，我很好奇雯的来由。通常，学校对插班生的要求比较高，没有过硬的成绩是进不了校门的。我与家长交流后才知道，原来雯是地地道道的昆山人，父母关系一直很紧张，幼儿时跟随妈妈一人去另一个城市生活，请别人的阿婆帮带，缺少被人关爱的她从小就性格内向。自从上学后从不说学校里的事，变得更加自闭。现在转回本地读书，作为学区生学校接收了她。对于这样一个家庭温暖、学习氛围都欠缺的孩子，我纠结、郁闷到极点。静下心来，我思索着如何让她走出自闭，跟上大家。

　　可是雯在班上是那么格格不入，极少说话，连走路都是轻手轻脚的，看着周围的同学玩耍，嘴角偶尔会微微泛起一个浅浅的笑。上课时雯会坐得很端正，于是，我就夸"你们看雯坐得多端正"。但让她站起来回答问题往往一问三不知。时间久了，大家看她的眼神就不对了，看来这招不合适。几天后，她的书写略微端正点了，可跟班上其他学生比还是有差距。我不知道她的小脑袋里整天在想啥，课堂效率差得很，作业的错误率一直降不下来。

　　有一次正上着课，令人难堪的一幕发生了。旁边一男生尖叫"老师，她尿尿了！"我一看雯的脚下一滩水迹。学生们哄笑起来。雯整个人都在发抖。憋红了脸，恨不得钻桌子底下去。这时候的她犹如寒风中摇晃的露珠，微微颤颤，随时都会落地摔得粉碎。

　　这件事之后，雯经常尿急。有时候才上课就要上厕所，有时候做着作业就急得直跺脚。思前想后，我觉得她以前就是因为不断地被人嘲笑，所以见谁都自卑，感觉抬不起头，后来就慢慢自闭不肯跟人交流了。

下午的活动课上，我让小班长邀请她一起跳绳。看她渐入状态，我自己也上去跳了几个。不过，我实在笨拙得很，没几下就累得气喘吁吁。这回我自己的窘样倒是把雯吸引住了，我见机行事，边跳边吆喝："来吧，跟老师一起跳！"她一开始迟疑着，看见小班长先跳进来了，她终于也加入了行列。我累瘫了，倒在草地上，放柔了声音说："雯，老师能猜到你的心里装着什么。"她一阵慌乱，终于吐出自己的心声："谁都不喜欢我，一上课我就紧张、害怕。"看到她委屈地流泪，我的眼眶忽然酸涩起来，心里涌起一股莫名的疼惜。本是无忧童年，造成这样的结果是谁的错？父母不和对孩子缺少关爱，阿婆暴躁没有耐心，同学童言无忌只会胡闹耻笑……搂着孩子的肩，轻轻拍了几下，我肯定地说："老师喜欢你啊！以后我帮你一起努力！记得哦！拉钩上吊，一百年不变。"

在接下来的日子里，我跟带班的老师商量，帮她特意调换了个后面靠门的座位，给予她特殊照顾。达成约定，上课时一有情况彼此一个眼神的示意，她就可以悄悄去上厕所，这样的默契解除了雯的尴尬，避免在课堂上再次陷入窘境。渐渐地，雯上课的时候神情不再紧绷，能专心听课，跟上每个老师的讲解节奏了。

最欣慰的是，经过多次面谈沟通，雯的父母认识到了问题的严重性，对自己给孩子造成的伤害很是内疚，他们开始关注雯的健康和学习，让她体验到家的温暖和关爱。一段时间后，雯在不知不觉中蜕变，从不说话到肯举手发言，从游离、发呆到专心听讲，从满页的错题到答题正确率提升。文静的她正努力走出自闭，缓缓打开自己的心门。

学期末，雯已经在同学中结交了几个好朋友，在她们嬉戏时，我第一次听到了她清脆的笑声。

【案例来源】

齐学红. 优秀班主任都是沟通高手 [M]. 北京：中国人民大学出版社，2014：132—134.

【案例分析知识点回顾】

1. 师生关系的特点

（1）教师与学生在人格上是平等关系。在人格上，教师与学生是平等的。教师作为长者应尊重、爱护学生；学生作为小辈，要做到尊敬、热爱教师。首先，教师要尊重学生人格，不讽刺、挖苦、歧视学生，不体罚或变相体罚学生。其次，尊重学生个体差异性，教育要面向全体学生，面对素质各异的学生，要做到平等公正，不偏不倚，一视同仁。最后，尊重学生的学习主体地位，在师生交往中凸显学生的主体地位。教育应是师生之间的平等对话，以互相尊重、互相理解、互相信任和平等交往为导向。

（2）教师与学生在教育教学活动中是主导与主体关系。教师是教学实践活动与学生成长的引导者、组织者，学生是学习活动的主体。教师的主导地位并不影响学生在学习过程中的主体地位，学生的主体地位也不否定教师的主导作用。教师只有有意识地、主动地发挥主导作用，引导和促进学生发展，将学生个体的自主性、能动性、创造性激发出来，才能更有效地促进学生发展。学生定位为教师主导下的、特殊认识活动的主体，倡导的是让学生调动自身的各种能量积极参与学习活动。学生主体地位的真正实践需要教师有效而良好的引导，更需要学生自身的努力。教师主导作用与学生主体地位的有机统一是良好师生关系的重要保障。

（3）教师与学生在社会道德和心理层面是相互影响关系。在教育教学过程中，不能忽视教师的价值引领作用，也不能忽视学生的自主建构地位。教师与学生在社会道德和心理层面是相互影响的关系，这种相互影响体现在知识、思想、人格等方面。教师与学生在交往中平等协作、相互影响、相互促进、共同成长。

2. 良好师生关系的标准

（1）尊师爱生，相互配合。良好的师生关系需要教师真诚地关爱学生，教师的关爱能使学生对自我形成积极的、肯定的评价，对自我发展抱有积极向上的态度。同时，良好的师生关系需要学生尊重教师，尊重不是无条件地服从，而是学生从心底产生对教师的信任和爱戴。只有教师爱护学生、学生尊敬教师，教师与学生相互配合，才能建立良好的师生关系。

（2）民主平等，和谐融洽。在教育教学过程中，教师和学生是平等的关系。师生之间的民主、平等，不仅指师生双方在民主的氛围中平等地参与教育教学活动，还意味着师生双方均以主体人格的身份进行平等的对话、交流和沟通，充分发挥各自的积极性、主动性、创造性，从而形成融洽、和谐的师生关系。

（3）合作共享，共同成长。在教育过程中，教师的教引导学生的学，学生的学促进教师的教，双方存在着相互促进、彼此推动、共同提高的关系。合作共享的师生关系体现了教育教学的民主精神，体现了师生间的相互尊重、彼此信任、团结协作。合作、共享的教育教学关系，能够有效实现教学相长，促进教师与学生的共同成长。

【案例分析】

《学记》中说："亲其师，而信其道。"表明良好的师生关系是进行教育教学的一个非常重要的前提；是促进学生全面健康发展的需要。由于师生在人格上是平等的，营造良好师生关系，要求教师作为师生关系的主导者，在工作中要主动与学生进行沟通，多关注他们的课堂情况和课间活动，多和他们聊天，了解他们的内心世界，努力做学生的知心朋友，走进学生的生活中去，走进学生的心灵中去，采取多种方法，了解学生的家庭背景、性格特点、兴趣爱好，以便于有针对性地展开心理健康活动。如案例中的班主任面对格格不入的雯，班主任课后通过走访，了解雯的家庭背景，发现雯格格不入行为背后的成因有两个：一是从小缺少家庭的关爱导致雯性格内向；二是由于生理疾病，雯上课尿裤子，同学童言无忌，对她的胡闹耻笑，让她形成了"大家都不喜欢我"的刻板印象，自尊心深受打击，产生心理阴影，一上课就紧张、害怕尿裤子，害怕尿裤子又进一步导致其精神紧张，最终形成恶性循环。病因找到了，班主任需要做的就是对症下药。如，利用下午的活动课，见机行事，和雯进行沟通交流，让孩子吐露心声，并肯定地告诉她："老师喜欢你啊！以后我帮你一起努力！"以此拉近师生之间的距离，构建了和谐融洽的师生关系，为引导雯养成良好的学习习惯，减轻精神压力奠定了夯实的基础。针对雯的生理疾病，帮雯调换了后面靠门的座位，让她随时可以悄悄地去上厕所，这样的默契解除了雯的尴尬，将其注意力由上厕所转到了对课程知识的学习上。针对雯缺少父母关爱，班主任经过多次沟通，让父母意识到了对雯的伤害，开始关注雯的健康与学习，让雯感受到了家的温暖与关爱。病因已解决，雯也渐入佳境，能够跟上每个老师的讲解节奏。

诺丁斯认为，关怀是一种关系行为。作为班主任，要关心爱护班级的每一个学生，尊重学生人格，平等、公正地对待每一个学生。不对学生进行划分，避免给学生贴标签的污名化做法。如案例中班主任的做法，并没有因为雯的怪异行为而对其区别对待，不讽刺、挖苦、歧视学生，做到了尊重学生人格，公平、公正地对待每一个学生。这是构建良好师生关系的重要前提。

班主任要善于发现学生身上的闪光点，通过每一个小的闪光点，挖掘、扩大孩子心底的善意与优点。要学会"用放大镜看学生的优点，用缩小镜看学生的缺点"的做法。当学生有了一点儿进步，教师要及时给予强化，及时给予表扬和肯定，帮他们树立自信心，从而促使学生在良好的发展轨道上迈进。如案例中班主任面对格格不入的雯，虽然其作业没有一处让人满意，但当雯坐姿端正时，也会及时给予鼓励"你们看，雯坐得多端正"。避免了学生"破罐子破摔"行为的出现。

关爱学生，要求教师具备热爱学生、诲人不倦的爱心、耐心与恒心。"捧着一颗心来，不带半根草去"是教师爱的真实写照。教师只有全心全意地对学生付出，对学生无私奉献，拉近和学生之间的距离，才会和学生之间产生情感上的共鸣，让学生在爱中接受教育，在快乐中努力学习，良好的师生关系胜过千言万语的教育。

【班主任操作建议】

建立良好师生关系的方法如下。

1. 了解和研究学生

学生作为教育活动中具有独立思想的个体，有其自身的特点。了解学生是教育的前提和基础。教师应积极主动与学生进行及时沟通，主动亲近学生，通过师生之间的交流、沟通，缩短师生之间的距离，进而建立真诚、和谐的师生关系。只有深入、细致地了解学生的性格、志趣、爱好、个性，以学生身心发展的特点和规律作为教育教学的出发点，充分调动学生发展的积极性、主动性，才能更好地引导学生实现全面、个性、自主的发展。

2. 树立正确的学生观

教师在了解和研究学生的基础上，要树立以"生"为本的学生观。在教育教学过程中，教师要充分发挥学生的主动性、自主性和创造性，尊重学生的差异性与独特性。树立正确的学生观有利于学生创新精神和创新能力的培养，有利于学生健全人格的形成和学生个性的发展。

3. 尊重、关爱学生，平等对待学生

没有爱，就没有教育。教师对学生的爱是构建良好师生关系的感情基础。教师对学生的肯定、接纳、理解与关爱，对学生发展具有重要的作用。关爱学生一方面体现为教师无私的爱，要求教师必须关心、爱护全体学生，尊重学生人格，平等、公正对待每一个学生；另一方面要求教师严格要求学生，对学生严慈相济，爱学生不是迁就、妥协和溺爱，而是发现学生的问题、错误要及时指出、耐心说服，做到关爱与严格要求双管齐下，做学生的良师益友，保护学生安全，关爱学生健康，维护学生利益，一视同仁。教师在处理问题时必须公正无私，使学生心悦诚服。要严格要求学生，严而有理，以理服人，严而有方，方法可行，严而有恒，贯彻始终。

4. 不断提高自我修养，健全人格

教师要明确意识到自己所肩负的国家使命和社会责任，热爱教育事业，关心爱护学生，刻苦钻研业务，善于团结协作，自觉为人师表。教师只有提高自身素养，以正确的教育观念、高尚的道德品质、渊博的知识影响学生，才能赢得学生的尊重和爱戴。

5. 扮演好教师角色

随着时代的进步，对教师的要求越来越高，教师不仅要成为经师，更要成为人师。教师角色不仅是知识的传授者，更是学生成长道路上的引导者、参与者和合作者。要给予他们在问题中恰当的建议和引导。教书育人是教师的本职，只有明确自己所扮演的角色，才能真正建立起和谐、融洽的师生关系。

第二章　班集体建设

第一节　班级与班集体

【案例呈现】

我班学生自愿捐款买了一个开水保温桶。学生捐钱与否、捐多捐少均出于自愿（结果有的捐了五角，有的捐了五元，全班每人都捐了）。教室里多了一个保温桶，表面上看是解决了学生喝水的困难，但在我看来，它会时时刻刻发挥出对学生的集体主义教育效益。每天灌开水、擦保温桶、当水不多时先让别人喝……这些微不足道的小事，无不反映出学生对集体、对他人的爱。

保温桶刚买回来的时候，考虑到学生年龄太小，我便每天为他们挑开水往保温桶里灌。我整整挑了一年，到了初二，我决定把这个任务交给学生自己做。本来我可以按学号排序让学生轮流为大家服务，也可以安排班干部或者小组长来做这件事情。但我认为，班级中应该有一些事情由学生自愿去做，这有利于培养学生自觉为他人奉献、为集体尽责的精神。于是，我在班上强调，每天往保温桶里灌开水的事完全由学生自愿去做。事实也证明了这一点：每天总有一些同学早早来到学校，到开水房去提水来把保温桶灌满。有时为了争着去提水，学生之间还吵架抢桶呢！

于是，我常常借保温桶里的水教育大家："我们因为有了默默无闻为集体服务的同学而感受到了幸福……"

那么，是不是每一个学生都曾为集体提过水呢？凭着对学生的了解，我估计不是，肯定也会有学生"不劳而获""坐享其成"。这样，一部分人的

53

无私，客观上便纵容了另一部分人的自私。但是，怎么解决这个问题呢？我仍然不动声色地发挥"保温桶效应"，我觉得，少数人"不劳而获"正是我教育的契机。在一次班会课上，我对学生们说："请喝过保温桶里水的人举手!"自然是全班同学都举起了手。然后我又接着说："请曾经为保温桶提过水的人举手!"这次便只有大部分同学举手了。"那么，这就说明还有一些同学从来没有为保温桶提过水，却享受着别人提供的服务喽?"我就这么淡淡地问了一句，却让少数学生低下了头。

"请同学们记住卢梭的一句话'任何一个不做事的公民都是贼'。"我没有更多批评某些同学，但这两次举手和我引用的卢梭名言，都自然地使那一部分没有提过水的同学感到惭愧，并受到教育。后来，为班上提水的人越来越多了。有时学校伙房没开水了，学生们还争着自己掏钱到街上茶馆去提回开水。更有意思的是，还有一些同学常常从家里带来菊花晶、果珍之类的饮料冲在保温桶里让大伙儿喝。

【案例来源】

李镇西. 教育的智慧［M］. 青岛：青岛出版社，2014.

【案例分析知识点回顾】

（1）班集体是具有明确的、完善的内部组织机构，建立在学生个性、积极性发挥的基础上，以班级共同奋斗目标为明确导向，通过课程、班级文化、集体舆论、班级规范、人际关系与交往等途径，对学生传授社会文化历史经验，教导社会规范，培养社会角色，引导学生进行自我教育的社会群体，具有巨大的教育力量。

（2）学生是班集体管理的主人，班集体是学生自我教育的课堂。约翰·杜威提出"学校即社会"，由于班集体是学生直接生活于其中的微观社会系统，也是学生参与社会生活的主要场所，因而，班集体是学生个体实现社会化十分重要的机构。学生作为个体，受集体纪律、舆论、传统和风气的制约，影响着自己的思想行为。

（3）集体舆论，是指班级中占优势的，为多数人赞同的言论和意见。马卡连柯的集体主义教育理论启示我们，正确的集体舆论，能使班集体更加团结、富有朝气，能帮助每一个成员健康成长。

（4）班风是指班集体中长期形成的情绪上、言论上、行动上的共同倾向，是班级特有的一种风气。优秀的班集体有一种特别的空气，令人振奋，会感染进入其中的每一个人。

（5）库尔特·勒温提出了"群体动力理论"。该理论认为，一个人的行为（B）是个体内在需要（P）和环境外力（E）相互作用的结果。

【案例分析】

该案例充分体现了班级舆论对个体行为的影响，也表明良好的集体舆论、团结力与班风有利于帮助学生掌握社会规范，引导学生健康成长。对于班主任来说，运用班集体的集体舆论 对全班学生进行教育，是一种艺术。集体舆论健康与否，关键在于教师是否善于引导。这里所说的引导，绝非说教而是转化，巧妙地将教师本人对某一学生、某一事件的褒贬转化为集体舆论对其的褒贬。案例中的班主任，决定每天往保温桶里灌开水的事儿完全由学生自愿去做，充分凸显了学生在班集体中的主体地位，有利于培养学生的主人翁意识、集体主义意识；通过保温桶效益与引用卢梭名言，表明该班主任善于运用班级中的集体舆论对学生进行自我教育，学生生活在班集体中，就应尽量使他们感受到集体对自己的关注与监督。群体动力理论启示我们，学生的个体行为既受个体内在需求的影响，又受外部环境外力的作用。有的教师一方面在语言上对学生强调 个人离不开集体，另一方面在行动上却很少把自己的教育意识同学生的集体舆论融合在一起，这样一来，学生无论受到了表扬还是批评，似乎都只是老师个人对他的评价，他感受不到集体舆论的存在，产生不了"同学们这样表扬我，我一定争取更大进步"，我又犯错误了，真对不起集体的思想感情，这样的学生是很难获得集体主义道德体验的，集体主义精神必须在集体中培养。

马克思提出"人是社会关系的总和"，群体生活是个体存在的基本方式，因此，人从心理上有强烈的群体归属要求，希望被群体接纳、认同、尊重，这是人的社会本性。在班集体中，集体舆论是学生个体认识、判别是非对错、评价自己与他人行为的一面镜子，正确的集体舆论、班级规范，良好的班风，一定的班级凝聚力，有利于规范和约束学生的个体行为。因此，在班级管理中，班主任要善于利用班集体的集体舆论、班级规范与班风等群体理论影响学生个体行为，实现个体社会化，进而培养学生的集体主义意识。

詹姆士·威尔逊及乔治·凯林于1982年在《破窗》这篇文章中提出破窗效应，此理论认为环境中的不良现象如果被放任存在，会诱使人们仿效，甚至变本加厉。由于学生个体存在从众心理，因此，班主任要发挥班集体对个体的自我教育作用，首先要营造正确的集体舆论、班级规范与良好的班风，形成集体荣誉感，避免在班级管理中出现破窗效应。苏联教育家马卡连柯认为，"无论怎样的教导与劝说，也抵不过一个拥有正确集体舆论与凝聚力的组织所能够做到的一切。"对于班集体而言，正确的集体舆论是良好班集体形成的重要前提，正确的集体舆论，能使班集体更加团结、富有朝气，能帮助每一个成员健康成长。不良的班风与集体舆论也会将班集体推向混乱的深渊，导致学生世界观、人生观、价值观的偏差，使学生无法顺利实现个体社会化，误入歧途。因此，养成正确的集体舆论与班级规范、营造良好班风与凝聚力，是开展班集体活动的重要前提条件。

【班主任操作建议】

1. 作为班主任，如何充分发挥班集体对个体的自我教育作用呢？

可以从以下几方面入手：学生作为学习、发展、班集体管理的主人，教师要充分尊重学生的主体地位。

（1）树立管理主体多元化思想，特别要注重发挥学生自我管理的功能。

（2）引导学生制订班集体目标，培养学生的自主精神。

（3）管理方式要有利于发挥学生集体的自治与自我教育，班主任要挖掘每个学生身上独特的特性，班级管理上要敢于对学生放手，相信学生自身的能力。

（4）建立班级自我管理机构，培养学生的自我管理能力。

（5）尊重集体意愿，运用对话、合约、集体决议等方式形成集体目标和规范。

2. 作为班主任，要学会利用班集体促进学生的社会化

（1）为学生的社会化提供正确的价值导向，这种导向不掺杂教师个人好恶。

（2）教会学生看待人与人交往应有的信任和互相支持。能理解我为人人，人人为我的处事原则。

（3）教会学生在班集体生活中践行正确的价值观。在与人交往的过程中学会做人，学会做事。

第二节　班集体的发展过程

【案例呈现】

新学期开始了，我接了一个新的班级。8月底的时候，预备年级的新生来报到了。根据安排，他们将要进行三天的军训，在这三天里，同时要进行校规校纪的教育。班主任要全程陪同他们。

暑假里我家访过绝大部分的学生，对他们多少有一些了解。新班级组成的第一天，我在自愿报名的基础上，选择了一男一女两名我感觉有一定能力的学生作为临时的正、副班长。同时向全班宣布：一个月之后正式选举班委。

军训的最后一天是会操，早晨在教室里简单跟学生们讲了几句话之后，就出来排队去操场。兴许是要会操的缘故，孩子们有些兴奋。排队的时候有些吵，往操场走的时候队伍也不够整齐。另外的几个班级则明显比我们班好得多。由于班主任经常提醒的缘故，他们的队伍既安静又整齐。军训带队的老师走在我的旁边，小声地跟我说："你这个班的孩子好像比其他班的调皮。"我笑了笑说："是啊，重任在肩哪。"

军训很快结束了，大家融入了新学期开始的紧张忙碌生活之中，办公室里人进人出。其他几位班主任的办公桌前人来人往，川流不息，独我这里冷冷清清。看着几位还比较年轻的老师，她们认真布置工作，努力管理班级的样子，我的确很欣慰。偶尔我也会帮她们出出主意，她们有时也会问我的班级怎么不烧"三把火"。我说，别急，我一个月后才进行班级选举。

我是有些厉害的名声的。学生已经向上届的学生打听过了，知道我叫"恐怖老师"，所以他们对我很是敬畏。但是这次事情非常蹊跷，他们做好了迎接恐怖老师的准备，恐怖却迟迟没有来临。事实上，我哪里像个恐怖老师啊。我谈笑风生，诙谐幽默。我从不发火，对学生的过失宽容无比。有时候与学生谈话，也是以非常平等亲切的口吻。我的脸上总是带着微笑。随着时间一点点过去，学生的紧张、不适以及戒备也一点点消失了。

学生对环境适应之后，师生之间的关系马上进入第二个阶段。这个阶段我称之为"黔之驴"阶段。此时学生开始试探老师了。这段时间对新的老师是一个极大的考验。黔本无驴，有好事者船载以入。老虎以前从没见过驴，结果初次见到驴的时候疑为庞然大物，驴打个喷嚏，老虎也要没命地逃窜。后来时间长了忍不住要去试探，试来试去发现驴子根本就是废物一个，于是驴子的末日来临。其实倒也不是学生有意要试探老师，班主任和学生整天在一起相处，每天难免会发生一些事情，在一些事情上面师生之间无疑是有交锋的。几个回合下来，一旦学生发现你老师"技止此耳"，那老师就大大地不妙了。

我明显感到了学生的试探。这段时间，在班级的管理上，我基本采取简单应付的做法。一个月的时间是短暂的，我不必担心会出什么大事。因为即使是一些比较调皮的学生，在一个陌生的环境之中，和陌生的同学和老师在一起生活，也不会一下子就暴露其本来面目。

有时候，有学生也会向我反映一些不好的现象，我通常都是全部听进，但没有任何行动。如果实在牵涉其他同学或老师了，我就轻描淡写地做一些处理。大部分时间，我是少做少说。当然，两只眼睛是一刻也没停止过观察。我想有些学生大概是把我当作黔之驴了，我要的就是这个效果。否则，我怎么看清他的本来面目呢？今天这个事情没处理，明天那个事情也没有处理，有几个人就开始得意了。而一得意就忘形，一忘形，就会不加防备地做一些事，就把他的真相全部暴露出来。

我开始听到班级里一部分女生的"微词"了："几个男生好几次犯错误了，老师怎么都不管！""还有什么错误我不知道？"我会很"虚心"地问她们。"有人在背后说你坏话呢！""哦，说什么？""他们说你一点都不恐怖，还有人说你一点都管不住那些男生。"

一个月的时间马上就要到了，对班级学生的初步观察也基本上结束了。而我，对每一名学生的情况也已基本做到心里有数。网撒了那么长的时间，该开始收了。我开始找班级的每一名学生谈话，讲我对他这一个月观察的结果。告诉他这段时间他做了哪些比较好的事情，参与了哪些不好的事情，告诉他我觉得他身上哪些品质是可贵的，还有哪些缺点需要花大力气克服。对不同的学生，我谈话的方式会稍微有点区别。我从比较好的学生开始谈起，对一些有领导和组织能力的学生，我也表达了鼓励他们参与班干部竞选的想法。

那几个调皮捣蛋、"作恶多端"的学生，我把他们留到最后。和他们的谈话，我是非常严肃的。我有一本小本子，上面把这一个月的各个学生的表现记得清清楚楚。与其他学生的谈话，我通常都从谈优点开始。但是对那几名"调皮大王"，我开门见山，单刀直入："某日某时，抄了一次作业；某日某时，骂过某同学"……事无巨细，毫不含糊。每说一件事，都要问属实吗？铁证如山，必要让他点头。等到他像霜打的茄子一样耷拉下脑袋时，我不忘记给他指明一条出路。哪些错误，是必须秋后算账的，太严重了必须要在班级做检查；哪些错误，去向别人道个歉，则不予追究；哪些错误，暂时记着，若是从此改正，便既往不咎，若是再犯，从重处罚。最后问他同意不同意，同意之后再适当给点抚慰。告诉他，他身上有哪些品质老师还是很喜欢的，开学初也做过几件好事等。

我火眼金睛，明察秋毫。数日之内，所有旧账，一并了清。同时，第一任班委的选举也正式展开。在新的强有力的班委选出之后，班级管理走上光明大道。办公室里其他班主任的桌前依然是人来人往，热闹非凡。我的则又恢复了往日的冷清。

【案例来源】

张万祥．给年轻班主任的建议［M］．上海：华东师范大学出版社，2017．

【案例分析知识点回顾】

班级组织建设的一般过程如下。

1. 组建阶段：松散群体阶段

（1）状态。生生之间、师生之间完全陌生，处于新奇而相互观察的状态；班级没有奋斗方向；骨干核心没有出现，学生干部由班主任临时指定；大多数活动由班主任直接参与指挥；成员心思各异，班级松散。

（2）班主任工作。一方面，教师要采用各种途径与手段，全面了解学生实际情况与真实状态，寻找、选择积极分子加以培养；另一方面，提出明确、切实可行的要求，让积极分子响应与支持，指导学生开展活动，提供交往机会。

2. 形成核心阶段：形成稳定班级组织阶段

（1）状态。各种人际关系初步形成；崭露头角的积极分子具有了一定威信，通过民主选举选择班委会；班级凝聚力增强，正确舆论占上风；但奋斗目标尚未完全变成学生自觉的行为动机。

（2）班主任工作。一方面，加强对班干部的教育和指导，让其自己开展班级工作；另一方面，继续发现积极分子，帮助班干部把这些人团结到班委会周围，扩大骨干力量。

3. 成熟阶段：班集体阶段

（1）状态。班集体有了自主管理、自我教育、自己解决集体问题的意识和能力，学生甚至可以自己来设计和变革班级管理方式。

（2）班主任工作。尽量照顾到每一个学生的成长需要，尊重学生的个性发展，发现其长处，为其个性发展提供或创造机会。

【案例分析】

案例中的班主任充分体现了优秀班主任的管理智慧。呈现了班集体是如何由一个松散的群体慢慢发展为一个优秀班集体的，为建立良好班集体提供了行之有效的学习路径。

作为班主任，在带一个新的班级之前，首要做的事情就是全面收集资料，掌握内外信息，做好充分的家访调研，了解每一个学生的真实状态，这是建立良好班集体的第一步，为后面的教学工作与班级管理工作奠定基础，通过一系列的调查研究，班主任对学生的基本情况有了大致的了解，从而"对症下药"，制订班级管理的具体目标，并取得了较为理想的效果。

在接手新班级时，班主任通过家访，对绝大部分学生有了基本了解，在结合自主报名基础上，临时选任两名同学作为临时正副班长，表明此阶段班级组织尚处于松散群体阶段。这一阶段来自不同家庭、情况各异的学生间以及师生间均处于相对陌生阶段，彼此处于试探阶段，彼此都需要了解，需要建立情感联系。班主任并不急于进行班级选举，这一阶段班主任的任务就是在基本了解学生情况的基础上，逐渐发现、选择有潜力的、合适的学生进行培养，临时班干部可由班主任委任，帮助教师协理班级事务，指导学生开展丰富的业余活动，为学生交往提供机会，促进彼此相互了解。

在"黔之驴"阶段，由于学生对环境的适应，学生开始逐渐试探班主任，以期了解班主任的管理风格与工作习惯，学生也会根据班主任的反应与解决方式，来决定如何在后面的班级生活中表现自己的行为。案例中的班主任此时并不急于算账，基本采取简单应付的做法，放长线钓大鱼，坐等调皮的学生自己慢慢暴露本性，此阶段虽然班级组织基本稳定，但师生间仍处于相互试探阶段，尚未形成良好班集体。

通过前面一个月的充分观察与调查，此时班主任已经对班级所有学生有了深入的了解，开始了最后的"收网"工作，找班级的每一名学生谈话，针对不同的学生采取了不同的谈话策略，有理、有力、有据，讲"我"对他这一个月观察的结果。针对调皮学生所犯的不同错误提出不同解决办法，并征求其同意，给予其改正的机会，此时班主任在学生心中树立了教师权威，同时选出新的强有力的班委进行班级管理。此阶段班级组织发生了质的飞跃，形成了成熟的班集体。此阶段班级组织拥有了所有成员共同为之努力的目标，组织规范严明，组织机构领导有方，具有了自我教育、自我管理、自我解决班级问题的意识与能力，班集体甚至可以根据班级的现实情况变化，不断调节班集体的管理方式，使之更好地满足班集体与个体发展的需求。魏书生提出"管是为了不管"，因此，班主任在班级管理中要把握好严格的尺度，做到严中有宽，松弛有度，这样才能既发展了学生又解放了自己。

【班主任操作建议】

（1）班主任要组建良好班集体，首要工作就是通过家访调查、实际观察、谈话沟通等途径，对班级每一个学生形成一个全面、深入的了解，这是构建良好班集体的奠基工作。

（2）班干部是班主任管理班级的得力帮手，团结有责任感的班委会是进行有效班级管理的核心力量。因此，应尽量结合民意选举综合素质较好、工作能力出众、热心集体工作，在学生中有威信的学生担任。

（3）班集体发展不同阶段班主任工作侧重点有所不同，要集中精力解决不同阶段的主要矛盾与问题，循序渐进，切不可凌节而施。

（4）在班集体不同发展水平和阶段中有相适应的目标、规范、方式。

第三节　班集体建设的基本内容

一、目标建设

【案例呈现】

新学期的脚步将我快速地拉进学校的大门，开始了新的教学生活。不久，几位"战友"说我变懒了，学生在作文里也反映出了类似的心声。

的确，本学期我的工作作风与上学期大不相同。上学期，我就像一个全职的保姆，把学生从早到晚都管得严严实实的，在我无微不至的关怀之下，我班取得了优异的成绩：学校各项评比第一，连续6次夺得学校流动红旗，学习成绩也始终处于全校同年级上游。但也导致了一个后果：由于我的全部包揽，以学生为中心轴旋转，把自己搞得疲惫不堪；学生对我的依赖性很大；班干部在我的这种管理下无事可做，形同虚设……

历经整个假期的反思，让我明白了一个道理：管理者必须要用有效的方法促使班级管理顺着有利方向进行，而不是一味地包揽，特别是学校至关重要的班级管理尤为如此。

所以，我对本学期的管理方式、目标等方面做了调整，其工作要点主要从以下几个方面进行转变。

1. 从制定"法律"转变为在广泛征求学生意见的基础上，由班长执笔，其他班干部结合班级实际配合制定了班级规章制度，使学生从内心知道什么是该做的，什么是不该做的。

2. 每天安排革新。在教室醒目处张贴了卫生值日表，并确立首位同学为组长，明确其职责，目的在于真正培养学生的自主管理能力。

3. 定期召开班干部会议，明确了每个班干部的职责，并及时了解班级情况，促使班级形成老师、学生齐抓共管的和谐格局。

4. 推倒老师专权，建立班级德育管理体系。每周实行一次自我反省、自我批评、对照整改的管理模式，对表现不好的班干部、同学要严肃批评、教育，并把他们的表现及时记入班级德育管理手册里，限期整改。通过这些活动，促使学生受到触动，调动他们的主动性和积极性。

现在，我再也不用那么辛劳地整天围着学生转了，我的班级在短时间内快速转轨，随着文明和谐的前奏再次驶入高速发展的道路。所以，我说："我变懒了，但我的学生变勤了。"

【案例来源】

张作岭，姚玉香. 班级管理案例教程［M］. 北京：清华大学出版社，2015：30—31.

【案例分析知识点回顾】

1. 班级管理目标是指通过一定的班级管理模式，使整个班级管理工作所要达到的预期效果与最终目的，它为班级活动指引了方向，是班级活动的归宿。

2. 在强调素质教育的今天，班级管理的模式，由"专制式""放任式"向"民主式"过渡，班级管理过程愈加凸显主体的多元化。

3. 制定班级管理目标的方式包括"自上而下"和"自下而上"两种。

4. 班级管理目标的特点包括社会性、先行性、主观性、教育性、可行性、层次性、阶段性、针对性、弹性。

5. 班级管理目标类型。

（1）按目标时限分。长期目标、中期目标、近期目标。

（2）按目标层次分。总目标、分目标。

（3）按目标对象分。团体目标、个人目标。

（4）按目标形式分。定性目标、定量目标。

6. 科学、明确、具体、合理的班级管理目标既是班级管理的前提，也为个体发展指明了方向，提供了不竭的动力支持。

【案例分析】

案例中班主任上学期"保姆式"的看管方式，是一种以教师为中心的集权专制式的班级管理模式。此种管理方式虽然能在短期内看到明显成绩，但忽视了学生的主观能动性，不给学生管理班级的机会和权利，缺乏民主与自由，表面看似风平浪静，实际危机早已暗藏其中。首先，这种管理的结果就是在学生头脑观念中形成"班级管理是班主任的事情，与我无关"的集体意识，事不关己，高高挂起，降低个体的责任感与班级凝聚力。其次，"大一统"的管理方式，压抑并忽视了学生的个性发展。最后，短期内虽取得一定成绩，但从长远来看，"专制式"的管理效率低下，不仅导致教师疲惫不堪，更缺乏对学生创造性思维的培养。

列夫·托尔斯泰曾说："人活着要有生活的目标：一辈子的目标，一段时间的目标，一个阶段的目标，一年的目标，一个月的目标，一个星期的目标，一天、一小时、一分钟的目标。"目标是灯塔，指引你前进的方向；目标是前进的动力，在你无力的时候给你带来希望；人生如果没有目标就如航船没有航线，无法靠岸，规划目标并实现目标是体现人生价值最直接的方式。班级管理亦是如此，科学、明确、具有可操作性的班级管理目标能够指明班级活动方向，也为个体努力提供了方向与不竭的动力。

案例中班主任对本学期班级管理目标的制定，从以往制定"法律"转变为在广泛征求学生意见后结合班级实际制定，有利于学生对班级目标的理解，增强了目标的激励作用与聚合作用；明确每个岗位的职责，形成教师、学生齐抓共管的和谐格局，每天安排革新，并定期召开班干部会议，及时了解班级情况，有利于根据班级实际情况及时调整班级管理目标，做到了短期目标、中期目标、个体目标与集体目标的结合，体现了班级管理目标的先行性、阶段性与弹性，增强了管理目标的可操作性与驱动性；建立班级德育管理体系，实行自我反省、自我批评、对照整改的管理模式，调动了学生的主动性和积极性，真正实现了学生自我管理。

班主任新学期在管理模式、班级管理目标上的转变，体现了自身管理观念上的变革——班级管理主体应实现多元化，把班级管理目标定位于学生自治。在制定班级管理目标时，班主任采取了"自下而上"的方式，充分听取学生意见，有益于培养学生的主体意识，培养学生的自主管理能力与主人翁意识，提高了管理效率，正如案例中提到的，"我虽然变懒了，但我的学生变勤了"，最终结果是班级管理的效率并未降低，反而大大提高了。

【班主任操作建议】

1. 确定班级管理目标的依据

具体来说，班级管理目标的制定要考虑以下几方面因素：

（1）社会性质。班级作为教育系统的一个构成要素，其管理目标的制订，必须具体贯彻并体现党和国家的教育方针与政策，这样才能起到为社会主义建设服务的作用，也才能保证班级管理目标的正确方向。

（2）班级管理活动的规律。班级管理活动都应该遵循管理规律的要求，管理目标的制订也是如此，无视班级管理规律的管理目标只能是无本之木，其运行必然缺乏必要保障，最终难免成为一纸空文。

（3）学校的教育目标。班级管理目标的制订需要考虑学校的教育目标。学校的教育目标是一所学校根据培养目标的要求，将教育目的转化为具体的育人标准。培养目标是根据教育方针的要求，将教育目的转化为各级学校的受教育者质量和规格的要求，而教育方针又是教育目的的具体的、阶段性的反映。因此，在我国，任何一所学校、任何一个班级的教育目标首先是社会主义教育的高度体现，班级管理目标的制订必须以此为基础，全面考虑社会主义教育的性质、特征和基本要求。

（4）班级的现实状态。班级管理目标的制订，必须考虑班级的现实状态。目标虽指向未来，但要立足于现实基础之上。在制订管理目标时，必须分析班级现实的主客观条件。明确班级现存的优缺点，要对班级的人力、物力、财力、学生、教师等方面的情况进行分析，力求在现实的基础上制订一个符合实际的管理目标。

2. 班级管理目标制定的过程

（1）全面收集资料，掌握内外信息。班级管理目标的制订，必须以班级的客观现实为基础。如何认识班级的现实状况呢？这就要靠收集资料。管理目标的制订，必须对班级的外部环境有充分认识，要收集国家的教育方针、政策，掌握国家对教育发展的要求，还要收集班级所处地区的社会状况，掌握社会、家庭、家长对班级发展的要求与学生的需求。另外，要分析班级内部的现实条件，如人力、物力、财力、师资等条件状况，了解班级成员的需要、对班级发展的期望等方面的信息。

（2）提出目标方案。收集信息资料之后要做的就是要将信息资料进行归类分析，进而提出管理目标的方案。目标方案的制订要明确。首先，明确要达到的目标。其次，要说明达到目标的限制性条件，存在着哪些有利条件，哪些不利条件，以及达到目标所需要的人力、物力、财力资源。再次，要说明实现目标方案的途径、策略和步骤，这是目标方案最为关键的内容。最后，要对影响目标实现的不确定因素进行预估。实现班级的教育目标可以有多种实现途径，这也就意味着可以通过多种管理方式来实现，所以在制订班级管理目标时，要尽可能多地提出多个目标方案。

（3）评估目标方案。确定备选的目标方案后就需要对提出的目标方案进行分析和评估。要从班级的内外部实际情况出发，具体分析目标方案是否具有科学性，并对其科学性程度进行测定说明，还要对目标方案的可行性进行分析和评价。目标方案具有科学性，并不说明就具有可行性，目标制订过低没有意义，过高无法实现。切实可行的目标方案才是最重要的。

（4）比较分析，择优选定。在对目标方案进行分析和评估后，要根据班级的客观情况，从备选方案中选择最优化的目标方案。

3. 班级管理目标设定的原则

（1）发展性原则。

（2）针对性原则。

（3）层次性原则。

（4）方向性原则。

（5）激励性原则。

（6）中心性原则。

4. 确定班级管理目标应注意的问题

（1）要形成一致的目标系统并具有针对性。

（2）目标要包含全面并突出重点。

（3）要有一定的挑战性并切实可行。

（4）要具体明确并易于评价。

二、组织机构建设

（一）班委会

1. 如何选拔班干部

【案例呈现】

选拔和培养学生干部的艺术（节选）

班级要实现管理自动化，先要培养一批热心于班级工作的干部。班委会委员、团支部委员、值周班长，这些干部中最关键的是常务班长。

常务班长的选择确定，是我新接一个班级之后的一件大事。

我们班的常务班长，其实就是一位班主任。班级从纪律、卫生，到出勤、学习、体育、劳动、媒体比赛、社会服务，都由常务班长总负责。

一有组织能力，二心地善良、胸怀开阔，三头脑聪明、思维敏捷。我选择常务班长主要看这三条。

大部分常务班长由我提名，同学通过。有时也由我任命。刚开学，拿不定主意时，可以让八位候选人，轮流当值日班长，每人轮上四五天，一个多月过去，几个人的差异便显露出来了。

倘若开始拿不定主意，也可宣布几个人同时为代理班长，轮流"执政"。过一段时间，征求同学意见，再确定。

1988年入学的那届学生，我采取了竞选的方式来产生常务班长。原因是这届学生相当活跃，愿意当班长的较多。

谁想当班长，便在竞选班长的班会上发表竞选演说。

有一次辽宁电视台记者来采访，恰逢我们班召开竞选班长的演说会。记者在录像过程中不断称赞学生的讲演才能和为治理好班级而想出的闪耀着智慧火花的办法。

本届班长竞选演说由上届班长负责主持。那次参加竞选的有 8 位同学。经过比较，大家觉得王海波同学的措施更切实可行，投票时，王海波的票数遥遥领先。

谁当常务班长，谁便有权确定以自己为核心的班委会成员由谁担任，就像谁当总统，谁提名组织自己的内阁成员一样。

有一次我外出开会半个月回来，发现体育委员被撤了，我问经过竞选新上任的班长郭丽娇："为什么撤他的职？""他工作忽冷忽热，凭自己的情绪，不撤他的职，咱班体育活动的成绩上不去。"

谁当班长谁组阁，这是她职权范围内的事，我尽管有点儿不理解，也不好更改过来。

郭丽娇任命一位女同学范海蓉做体育委员。

初冬的一天下午，寒风凛冽，寒风中班长郭丽娇和另外两名同学立正站着。我从办公室出来，见操场上这三位冻得发抖。调查后才知道，原来这天下午第三节活动课，体育委员规定要练集体舞，以参加学校的集体舞比赛。班长和这两位同学来晚了一分半钟，体育委员为强调纪律的严肃性，惩罚她们在操场站着。

我反对体罚学生，但当时我并没有制止，为了维护班干部的威信。过后我再找那位班干部说明这样做为什么弊大于利，并让全班同学设身处地地理解班干部当时的心情。

同学们看到：范海蓉是郭丽娇亲手提拔的体育委员，对班长尚且如此不讲情面，别的同学就更得服从命令了。郭丽娇甘心情愿地接受体育委员的惩罚，威信反倒更高了。大家觉得她身为班长，深明大义，以身作则。于是更敬重她，她成为竞选中连选连任时间最长的班长。

我发自内心地感谢我的一届又一届毕业班的常务班长，他们不仅帮我做了大量工作，也给我以多方面的启示，我从他们身上不仅汲取到了前进的力量，也学到了许多科学的、符合实际的工作方法。

【案例来源】

魏书生. 班主任工作艺术 [M]. 南京：河海大学出版社，2005：105—106.

【案例分析知识点回顾】

（1）班级组织机构的建设为班级活动的正常运行提供坚实基础，学生通过规范化的组织机构，扮演各种社会角色，规范个体社会行为，养成公民意识。

（2）就班集体而言，常见的组织机构形式包括班委会、团支书（或少先队中队委员会），以及各种常规性活动组织。每一个组织机构中又分别设置不同职位，这些拥有一定职务的学生就是班干部，每一职务具有相应的权利、职责与义务。通常班委会与团支部是同级组织机构，两者相互合作，共同组成了班级组织机构。

（3）班委会是班集体核心，是保障班集体各项工作正常运行的领导形式，是班主任进行班级管理的有力帮手。因此，班主任应根据管理需要，及时组建班委会，班委会干部通常包括班长、副班长、学习委员、纪律委员、生活委员、体育委员、文艺委员等。

（4）班干部的基本条件包括，热心集体工作、群众威望高、工作责任心强、工作能力突出、乐于奉献、思想进步、性格开朗、善于沟通、团结友善、坚持原则、严于律己、能纳善言、勤奋好学、成绩优异、全面发展等。这样的班干部在班级建设、班级日常管理中能起到重要作用。

【案例分析】

培养一批热心班级工作的班干部是实现班级管理自动化的核心。通过案例中班主任选拔常务班长的标准可知，班干部应具备的素质需包括：思想上应具备以身作则、心胸开阔、团结友善、坚持原则、严于律己等品质；业务能力上要头脑聪明、思维敏捷，应具备善于沟通、组织能力强、工作能力突出、勤奋好学、成绩优异等品质；道德素质上应具备心地善良、热心集体工作、责任心强、乐于奉献等品质。体育委员坚持原则、一视同仁的工作作风，班长勇于责己、以身作则的行为示范，既赢得了大家的尊重，提高了威望，也为同学们树立了良好榜样，引导同学们遵守班级规范、社会规范，带动全班同学和集体不断前进。

案例中，在开学初选拔常务班长时，班主任如果无法确定哪一位同学当班长，会同时选任八位候选人，轮流当值日班长，或宣布几个人同时为代理班长，轮流负责。通过代理班长的表现，后面再组织学生进行民主选举，最后确定班干部，或者通过竞选的方式选举班干部。这表明，班干部选举的首要工作是全面、深入地了解学生，为后面"人尽其才，量才任职"做准备。通过轮流执政后民主选举产生的班干部，是真正有能力、有威望的班干部，由于他们由学生推举选出，因此群众基础更好，后面开展班级自我管理工作更易获得同学们的支持与配合。

谁当常务班长谁便有权确定以自己为核心的班委会成员，有利于班委会成员内部的团结与相互协作，更有利于班级管理工作的开展。常务班长拥有淘汰、调整、重选班委会成员的权利。郭丽娇认为上一任体育委员不称职，于是撤了他的职，重新任命范海蓉为新的体育委员。合理的淘汰机制有利于为班级选拔出最优秀的、拥有良好群众基础的班级管理者，更有利于班级整体的发展。

班干部是协助班主任进行班级管理的好帮手，实行民主化的班级管理就要给予班干部充分的信任、尊重与支持。案例中的班主任即使对班长重新任命体育委员有所不理解，但也没有进行干预，虽反对体罚学生，但并未立即制止，而是让全班同学设身处地地理解班干部当时的心情，过后再找那位班干部说明这样做为什么弊大于利，最大限度地维护了班干部的威信，也让体育委员意识到了严酷的管理方法弊大于利。这有利于她此后转变工作方法，为更好地管理班级做出贡献。

【班主任操作建议】

高质量的班干部队伍是协助班主任进行班级管理的重要力量，作为班主任，在班干部的选拔过程中应注意以下几点。

（1）了解学生是选拔班干部的前提。物色班干部人选时，班主任要通过细心观察、谈话等方式，对学生有一个全面、深入的了解。接手新班级时，可以由班主任指定某些素质好的、热心班级事务、组织能力强的学生为临时负责人，班主任在后期的班级生活中，继续进一步观察、了解学生，如发现问题，及时撤换。

（2）民主选举是班级自我管理的核心。经过一段时间的观察、访谈、全面了解情况后，可以在班集体内组织民主选举班干部活动。选举的方式既可以由教师提名，由学生民主选举；也可以由学生自主报名竞选，全班投票表决选举。让学生真正拥有选举权与被选举权，成为班级管理活动的小主人。通过民主选举产生的班干部是班级学生真正的代表，往往是众望所归，在学生中具有较高威信与影响力，在工作过程中更易获得同学的信任、尊重、配合、支持与拥护，拥有良好的群众基础。拥有一支得力的班干部队伍，班主任可以从繁杂的班级管理中解脱，集中精力研究班级的教育教学工作。

（3）发挥特长，量才任职是选拔班干部的重点。班主任要在接下来的班级活动中，对新任的班干部及班级存在的潜在人才进行连续细致的观察与了解。根据学生的个性特质与特长，判断其是否适合担任某一方面的干部，充分发挥因材施教原则，要扬其善而救其失，做到人尽其才，发挥其优势，促进学生的发展。马克思提出要用辩证的、发展的眼光看待问题。这在学生管理中同样适用。学生是发展中的人，是未成熟的个体，因此班主任切忌"一叶障目"，片面、简单地评价学生。

（4）合理淘汰、定期轮换的选举机制是良好班级自我管理的保障。学生作为发展中的个体，每个成员都有渴求进步、当班干部的心理，为使每个学生有锻炼、表现的机会，也为班级选拔出最优秀的管理者，班干部可以施行定期轮换制度。对于班级管理过程中，出现明显失误、工作不合格的班干部，应进行合理淘汰，若后期表现良好，可通过定期的轮换选举，重新竞聘，确保班级自我管理机制的良好运行，也增强学生的竞争意识。

2. 如何培养班干部

【案例呈现】

案例一　两分半钟收好书费（节选）

又一届新生入学了，学生们领了新书：数学、语文、英语、地理、历史、美术、音乐、劳动技术教育、青春期教育、公民，十来种课本再加上数学用表、地理填充图、语文补充教材、书法以及有关部门要求必订的辅导读物、学习指导等，每名学生领到了25本各种各样的书。面对这么多书，他们感到又兴奋又惊讶，又害怕学不好，但更多的还是有一种自豪感：自己长大了，成熟了。

第三天便是交书费。新上任的学习委员得知学校要收书费，便告诉我，意思是让我收。我说："我从开始教书到今天，从来没有自己收过费。这件事，学生完全可以做，老师若做了学生能做应做的工作，那就使学生减少了一个锻炼自己的机会。你说呢？"学生笑了。

自习课，学习委员到同学们的座位去收书费，显然他想一个人一个人全由自己收。这样做，学习委员的出发点肯定是好的，他不惜牺牲自己的时间，热心为大家服务。但在一个人一个人的收费过程中，要说话，要打扰前后左右的人自习。再者，学生刚入学，注意力还不好，不时有几个人在说话，在走动，还可能影响班级大部分同学上自习。

我便跟学习委员讲："以前我们班干部收书费或学费或班费时，我看主管同学站在前面一下就收完了。"

"站在前边怎么收？"学生问。

"用手表收。"

"用手表怎么能收书费？"

"那就要靠你自己想了。"

当学习委员的都是很聪明的同学，一点就通。"啊！我明白了。"他说。

说完，他走上讲台："同学们请注意！各组组长请注意，没有组长的便由你们组第一座右侧同学代替，下面我们开展收书费比赛。昨天讲了本学期书费30元，请大家准备好。各组组长站在前面，我说预备，大家便进入竞赛状态，我说开始，组长便开始收。收完以后，组长要将你们组的钱数一遍，共计多少人、多少钱，写在一张条子上，用绳子把钱扎好，送到我这儿来，看哪个小组速度最快。"

听说比赛，群情激昂，大家很快便做好了准备。有的组四个人还把钱放在一起，以争取加快速度，被别的组发现，告诉主持者，又立即退回去，参加公平竞争。

学习委员站在前面，看着表，喊："各就各位！预备——开始！"

小组长立即进入工作状态。为加快速度，各组同学都积极参与，帮自己的组长数钱、找钱，记名单。

第三组最快，每人30元，16人480元，交到学习委员手里时，只用了1分15秒的时间。最慢的一组，交上来也只用了2分20秒。

全班72名同学，入学后第一次收书费，共2160元，仅用两分半钟，全班同学都为这样高的效率感到自豪。学习委员边从组长那里接收边验收，验收完毕，立即上交给教导处。全班同学两分半钟后便开始上自习了……

在校内，我要求各教学班的班费都由生活委员收支，班主任只指导，不经手。这样做，有利于锻炼学生当家理财的能力。班费收支账由生活委员定期向同学们公布，有利于培养学生的民主意识。

总之，收费这件事也让学生提高效率感，增强集体观念，提高与别人协调一致的能力。

案例二　学生不愿意当"官"怎么办

老革命遇到了新问题。开学初，我接了一个新班——七年级（1）班。凭着多年带班的经验，在报到的第一天，我打算成立临时班委会，和班干部一起带领全班学生做好开学工作。在我满怀信心地站在讲台上讲明我的想法后，让我失望的是学生并没有给我"面子"，没有一个学生主动站出来说自己愿意担任班干部，但工作还得有人干，于是我只好临时指定了几个人担任班干部，要他们做好第一周的工作。

失望之余，带着些许不甘心，我努力寻找解决问题的办法，因为我相信办法总比困难多。

一、全面了解，找准症结

带着问题，我走访了这个年级在六年级时的三个班主任，他们看着我班的学生名单，微微一笑，道出了其中的缘由。原来，我班的43名学生来自三个不同的班级，但巧合的是分到我班的学生都没有当过班干部，他们在这方面的能力相对来说较为欠缺。

以前不愿意或不敢当班干部不等于现在不愿意或不敢当班干部，于是我又开始在学生中展开调查。我把几个我觉得能力还可以的学生叫到办公室，然后就当班干部的问题与他们聊了一会儿。"担任班干部会影响学习。""当班干部会得罪人。""我胆子小，不敢当。""我能力有限，不会当班干部。"……从与学生的谈话中，我了解到学生不是不愿意当"官"，而是他们心中都有自己的"小九九"。

二、对症下药，实行四字方针

1. "诱"。让学生认识到担任班干部的好处，这是让学生主动要求担任班干部的重要一步。在班会课上，我花了二十多分钟向学生讲述自己上学时担任班干部的经历，表明当班干部锻炼了自己，让自己多方面的能力得到了提高，这些经历对我现在的工作很有帮助。我还讲述了自己这些年所教的学生是如何担任班干部的，以及他们在担任班干部的过程中，是如何逐渐成长为优秀学生的。接着，我还从现代社会对人才的要求入手，让学生明白如果一味地死读书、读死书，步入社会后他们很可能无法从容展现自己的才能，社会需要的是有责任心和组织能力的人才，而责任心和组织能力的培养都离不开上学时的锻炼。在大量的事实面前，许多学生都意识到了担任班干部的好处，也有了担任班干部的意向。

2. "激"。古人说："请将不如激将。"通过几天的观察，我发现有两个学生能力较强，而且很有上进心，在同学中的威信也不错，但他们担心当班干部会影响学习、得罪人。在我向他们表达了我想让他们主动参与班干部竞选的意思之后，两个学生都以各种理由推托。"其实，我只是在试探你们，看看，连当班干部的勇气都没有，我敢肯定你们绝对当不好班干部！""老师，你怎么能这样看不起人呀！"学生不服气地回答道。"不服气是吧？那就当当看嘛！""当就当，又不是不敢当！"我发现学生进了我的圈套，于是我又说："那好呀，你们就给我干出个样儿来！"这两个学生在没有搞懂我的心思的情况下，就这样走上了"仕途"。同时，我还让他们明白担任班干部并不一定会得罪人，只要本着一颗公平的心，时时处处为班级的利益着想，按照原则办事，不但不会得罪人，而且会成为同学们佩服的人。

3. "推"。有些学生不愿当班干部，仅仅是因为缺乏自信心，这时候需要有人适当地"推"一把，才能促使他们将蕴藏的能力和潜质发挥出来。有一个学生做事非常认真，有责任心，学习也很刻苦，颇受学生欢迎。按道理，她是有能力担任班干部的，但是她觉得自己缺乏这方面的能力，不愿意担任班干部。我把她找来，提出让她参加班干部竞选，她有一点惶恐急忙应声道："老师，我不行，我干不好！""没干怎么知道干不好呢？有句话是这样说的，要想让足球进球门，你必须去踢。踢了，就有可能进球，不踢，就不可能进球。因此，凡事应敢于尝试，没有尝试过就不要轻易说自己不行。"没等她开口我又接着说道，"老师为什么找你，就是因为我觉得你有能力做好班干部，我对你充满信心，把事情交给你，老师很放心。"谈话结束时，她爽快地回答道："既然老师这么信任我，那我就试试看吧！"对学生有信心，也能让学生愿意担任班干部。

4. "逼"。对于有能力胜任，但由于种种顾虑不肯当班干部的学生，采取"逼"的方法不失为一种较好的选择。有一个学生本来有能力胜任班干部工作，但他不想担任班干部，至于原因他自己也说不出个所以然。针对这种情况，我采用了"暗箱操作"的方法"逼"他担任班干部。我先找来几个学生，引导他们发现这个学生的优点，接着在班会课上采取公选的方式，让同学们推荐候选人，并讨论候选人的优缺点。然后，让全班同学给几个候选人投票，选举自己信任的班干部。我心目中的人选自然会被推荐，而且最后也没有落选。当然，在祝贺他当选为班干部的同时，我也让他认识到他的当选是众望所归，班干部工作关系到班级的利益，他也表示一定要当好班，站好岗。

三、给予适时指导和点拨

在新的班子成立之后，我立即召集新当选的班干部开会，让他们明确各自的职责，并指导他们开展班级工作。于是，一个新的班子在我的指导下逐渐成长起来了，并在班级中发挥出越来越大的作用。同时，我还注重培养"新鲜血液"，不断充实班子力量，增强班子活力。在此基础上，我还逐步推行了"班干部轮换制""竞选制"等管理方法，鼓励班级中每个成员主动来承担班级工作，从而提高自己的能力。看到一项项班级活动在班干部的组织下开展得有声有色，看到一个个孩子勇敢地站出来竞选班干部，我欣慰极了。

每个学生都有独特的一面，如果暂时不愿意担任班干部也属正常。对那些不愿意当"官"，但有能力胜任班干部工作的学生，班主任只要多动动脑子，一定会让学生自觉自愿地走上"仕途"，为自己服务，为同学服务，为班级服务。

【案例来源】

魏书生. 就这样当班主任 [M]. 武汉：长江文艺出版社，2019：143—145.

熊华生. 班级管理智慧案例精选 [M]. 上海：华东师范大学出版社，2011：38—41.

【案例分析知识点回顾】

1. 班干部应具备的能力

班干部要想做好班级管理工作，应具备以下 4 种能力：

（1）综合决策能力。班干部在制订具体活动计划时，应结合学校整体教学工作、班级现实情况、班级成员的兴趣爱好等进行统筹规划；要在班级民主决策的基础上，结合自己判断，对同学们的建议与意见有所取舍。

（2）表达能力。作为班干部，要具有良好的语言表达能力和文字表达能力。在班级组织活动的过程中，能制订出本次活动的书面计划，同时能准确无误地将活动的意图与要求传达给同学。

（3）组织能力。班干部作为班级活动的计划者、组织者与参与者，要有明确的活动目标，合理进行分工，同时要善于调动全班同学的积极性、参与性，要有协调班级各方面的力量开展工作、完成任务的组织能力。

（4）社交能力。作为班干部，要有良好的社交能力，在与同学与老师的交往过程中，要举止文雅，仪表大方，体现当代青年学生良好的精神风貌，善于沟通与表达，性格开朗，能纳善言，这样更有助于在开展工作的过程中赢得同学的信任、尊重、支持与拥护。

2. 班干部的职责

班干部的工作是配合协助班主任及其他任课教师进行班级管理，保证学校、班级的各项规章制度与措施顺利实施，营造良好学习氛围，促进班级成员的全面发展。不同职务的班干部有其具体的工作职责。

（1）班长。负责掌握本班学生的学习、生活和思想动态，按时组织召开班务会，监督并配合其他班干部和工作。

（2）学习委员。负责学生学习和各项研究活动的组织工作，并在学生学习中遇到难题时给予帮助。

（3）生活委员。负责学生的生活管理等有关工作的计划和实施。

（4）宣传委员。负责全班学生的政治学习和各项活动的宣传工作。

（5）文艺委员。负责组织和策划班级的文艺娱乐活动。

（6）体育委员。负责学生课余体育活动的策划和顺利进行，并配合体育老师上好体育课。

【案例分析】

在选拔完班干部，进行任用时，班主任要对其进行有计划、有步骤地培养与指导。由于中小学生身心发展的不成熟性与工作经验的贫乏性，其在班级管理工作的开展过程中，必然缺乏行之有效的管理方法与管理智慧。正如案例一中所示，新上任的学习委员是由学生们推举出来的，其聪明才智、工作能力与态度是毋庸置疑的，但在得知学校要收书费时，却告诉班主任，意思是让其去收，而后当班主任示意他历年收书费的工作都是由学习委员承担时，学习委员才遵从班主任意见，按座收取书费，一方面表明该学习委员工作态度的认真负责与对班级具有无私奉献精神，但另一方面也表明其缺乏工作经验。随着班主任的提点与指导，他很快完成了收书费的工作，此处一则表明选拔头脑聪明、善于表达、工作能力强的高素质班干部的重要性，二则也证实了学生是发展中的人，具有超强的可塑性，班干部的成长，工作能力的提高是离不开班主任的培养与指导的。班主任要对那些担任班干部时间不长、欠缺班级管理工作经验的学生加以指导与培养，在行使班干部权利的过程中有不足的地方，教师要及时给予点评与反馈，只有这样，才能帮助班干部积累经验。班干部必须通过实践来提升工作能力和工作方法的熟练程度，因此，班主任应尽可能地为班干部提供锻炼的机会，并相信学生的聪慧与才能。

案例二表明，在组建班委会的过程中，会遇到各种各样的突发事件，如案例二中的班主任在选拔班干部时，没有一个学生主动站出来说自己愿意担任班干部。针对这一问题的解决，充分凸显了作为班主任的智慧，也为新手教师解决此类问题提供了解决路径。第一步，要全面了解，找准症结。找到同学们不愿意当班干部的缘由。通过走访调查可以把不愿意当班干部的学生分为两类：一类是不敢当，怕自己能力不够的；另一类是不想当，怕得罪人的，影响学习的。针对有潜力的学生，班主任做的第二步就是因人而异，对症下药。首先是"引诱"，从锻炼个人能力，促进个体发展，现代社会对人才要求入手，让学生意识到担任班干部的好处，激发学生担任班干部的兴趣。其次，针对能力较强，有上进心，在同学中有威信，但由于各种原因担心会影响学习、怕得罪人的学生，班主任采用了"激"的策略，和"逼"的方法；针对有能力，有想法，但缺乏自信心的学生，班主任采用"推"的策略，通过谈话增强学生自信心，让学生有信心一试。在此过程，充分凸显了班主任的学生管理智慧，值得新手班主任学习、借鉴。

在成功组建新班子后，班主任通过"班干部轮换制""竞选制"等管理方法，鼓励班级中每个成员主动来承担班级工作，提高自己的能力，并对班干部适时指导与点拨，学生们得到了快速成长，快速适应了自己的岗位工作，促进了学生的全面发展。

【班主任操作建议】

班干部是协助班主任进行班级管理的得力助手。由于中小学生身心发展的不成熟性，工作经验的贫乏性，为了使班干部更好地开展管理，赢得同学们的支持，增强其工作意识，提高工作热情，激发其工作智慧，班主任应对班干部进行有计划、有组织、有步骤地培养与指导。

1. 对于班干部的培养，具体而言可以采取以下策略：

(1) 全面充分了解班干部。全面充分了解班干部是培养班干部的基础。作为班主任，要想做到"知人善任，量才而用，人尽其才"，就要充分了解每个班干部的气质特点、爱好特长、工作能力、思想态度等方面，这样才能因人而异，充分发挥每位班干部的优势特长，最大程度地发挥他们在工作岗位上的才能，提高他们的工作效率，促进个体的个性与全面发展。

(2) 落实岗位责任制。班主任要根据班干部的气质特点、爱好特长与工作能力进行合理分工，并明确各自的岗位职责，使班干部人人有事做，班级事事有人做，激发班干部的主人翁意识，促使班干部更好地利用权利，为班级尽义务。

(3) 遵循"用人不疑，疑人不用"的用人原则。班主任要给予班干部充分信任，支持他们开展班级管理工作，大胆放手让班干部在实践中进行锻炼。中小学生思想进步，反应敏捷，看待与解决问题富有创造性，因此，教师要放心大胆地放权给班干部，坚持在任用中锻炼他们的工作能力，对班干部的正确决定给予支持，并帮助其牢固地树立起威信，为班干部创造开展工作的有利条件。

(4) 加强对班干部工作技能和工作方法的指导。班主任对欠缺班级管理经验、新上任的班干部要加强工作技能与工作方法的指导。班主任要鼓励班干部创造性地完成任务，并及时给予反馈与鼓励。如果在管理过程中存在不足与失误，教师要及时给予指导和点评，分析工作的成败得失，讨论提高管理水平的策略，只有这样，才能帮助班干部积累经验。班主任可以定期组织开展班干部交流会，通过自查与互查相结合的方式，让每个班干部总结自己在这一阶段工作中的经验与不足，并让其他班干部进行指正，每一个班干部提出的问题，其他班干部都要有则改之，无则加勉，做到取长补短，相互学习。如果存在解决不了的问题，也可以邀请其他班干部一同协商。

（5）引入竞争机制。苏霍姆林斯基曾说："让每个学生都抬起头来。"我们认为，也要把机会给每个学生，为每一个学生的发展创造契机。在班干部的选拔和任用过程中，班主任可以根据"自愿、民主"的原则，引入竞争机制，如采取"班干部轮换制""值日班长"等办法激发学生之间的竞争意识，打破班干部"终身制"。在竞选时，班主任要注意体现竞选公平、公正、公开的原则。在任职期间，班干部也要接受同学们的监督与批评。班主任可以采取无记名民主测评等方式把学生对班干部的意见与建议及时收集并反馈给他们，对于评为"优秀称职"的班干部，给予表扬或奖励；对于不合格的班干部，班主任要具体问题具体分析，采取适当的方法予以帮助和教育。对于班干部在工作中的不足和失误，班主任要勇于承担教育责任，帮助学生总结经验教训。

（6）班级实践活动是培养班干部的主要方式。班干部必须通过班级实践活动来提高工作能力、增长工作智慧、丰富工作方法，因此，班主任应尽可能地为班干部提供成长锻炼的实践平台，放手大胆地让学生独立开展工作，如引导班干部策划、组织、主持班级活动或班会等大型活动，班主任充当指导者，让班干部在实践中积累经验，锻炼能力。

2. 组建新班委过程中，学生积极性不高，班主任可以从以下几方面入手：

（1）全面了解学生，寻找有潜力的学生。

（2）全面了解，找准症结。

（3）因人而异，对症下药。

（4）持续关注，给予指导。

（二）全员管理岗位

【案例呈现】

案例一　小鬼当家

【背景】

2009 年 8 月，我来到东流路小学，接手了该校换"妈"最勤的四年级（1）班。前几日校本培训的时候，一位热心肠的老师偷偷告诉我："四年级（1）班的'小魔头'们身上有股使不完的劲儿，还爱显摆，好管闲事。从一年级开始，几乎每学期都换班主任，所以这群孩子们是亲妈不疼，二妈不爱的，全靠自己爱自己，最难管。没有老师愿意接手，这不，谁让你是新来的呢……"听着老师的善意提醒，我着实紧张了起来。只能安慰自己道："也许这正是一个考验自己的机会，我得好好做做文章。"

离学生报到的时间屈指可数了，我得做足"功课"，好让我这个"新人"给同事和孩子们留下好的印象。于是，我整日埋头苦读教育学、心理学著作。当我读到《从教育原点出发——"自育自学"理论与方法》一书时，如获珍宝，其中"设置管理员，让学生做集体的主人"管理模式，令我印象最深……

【过程】

9 月 1 日，我这个新"班妈"在好奇与忐忑中，迎接了那群在老师口中的"小魔头们"。初次见面，他们有些"虎视眈眈"，不停地上下打量我。我开始了简短的自我介绍之后，就让他们拿出笔来写写，"如果你是班主任，你认为班级哪一方面最值得关注，应该做什么，不限定字数，但要写自己的真实想法。"只见他们面面相觑后，开始低头写。他们尽管调皮，但一接触这一话题，还是纷纷献计献策。小刚写道："如果我是班主任，我将多动员班干部，这样，不仅可以减轻我的负担，对他们也是一种锻炼。"小华则写道："如果我是班主任，我首先要抓班级卫生。每天走进教室的第一件事，就是清理讲台及讲台周围，没有打开的窗户就打开；看到地上的碎粉笔纸屑就弯腰去捡；桌子歪了，就替学生拉一拉；见同学的衣服不整齐就帮他整理好……"

大家都写完交上来时，下课铃声也响起了，我在一声温和的"下课"后，随即离开了教室，落下一脸惊诧的他们。但由于他们刚刚动脑筋写完对好班级的构想，所以一些"粗野"的言行也有所收敛。

课后，结合《从教育原点出发——"自育自学"理论与方法》一书在班级设置各种管理员等方法，我先设置了10个诸事管理员岗位，并端端正正地将岗位管理员的大名写在了我自制的聘书上。

上第二节课时，我对同学们说："你们每人写的稿子我都一一看了，写的东西很好，如能跟别人分享一下就更好，不知大家有没有勇气来分享一下?""有!"全班同学竟异口同声地回答。接着学生们逐一走上讲台，声情并茂地读自己的稿子，分享自己对好班级的设想。每位同学都读得很认真，也许他们从未经历过这样的场面。在这期间，我不时地点头微笑，不时地提醒下一位做好准备，直到全部结束。所有同学读完，孩子们安静了很多，眼睛齐刷刷地看着我，期待我的下一步动作。我故作夸张，变魔术似的从包里"变出"聘书，孩子们都蒙了。我开门见山地说出我的用意：班级设置"诸事管理员"，将班级里的常规事务进行岗位设置，并且让每位同学通过岗位认领参与到班级事务管理中，做到"人人有事做，事事有人做"。孩子们明白我的用意后，个个信心满满。

下课铃声响起，我们浑然不觉，我隆重地颁发聘书。这群"小魔头"们顾不上调皮捣蛋，都翘首企盼着能获得一个聘书呢。没有拿到聘书的孩子只能默默地"美慕嫉妒恨"了。我接着鼓励他们："其实班级还需要很多管理员，我等待着你们管好自己后，再颁发聘书哦!"话音刚落，孩子们都欢呼雀跃起来，铆足了劲儿向我宣誓："老师，你就等着瞧吧，我们一定表现好。"呵呵，我暗自窃喜。

当然，"没有规矩，不成方圆"，为了让这些"小鬼们"更好地"当家"，我决定制订班级管理制度，以便同学们有章可循。班规由同学们自己制订，这比起别人制定的班规，更易为他们所接受和认同。学生自己组成的班级干部队伍工作热情会更高，精力会更加集中，工作效率也就会更高。我的工作则在于指导"小鬼们"如何做好工作。在班长的带领下，学生们积极参与讨论制定班规。学生制定的班规操作性很强，如"不能站在桌椅上""按时交作业"等。另外，还确定了奖惩措施。对于表现优秀的同学，岗位负责人进行记录，并在班级公告栏上表扬加星。班规实施初期，少数同学仍有不能自律，违反班级公约的现象。经过认真讨论，又制定了切实可行的"绿色惩戒"：为需要帮助的班级同学服务一周；协助值日班干管理班级；班会课前十分钟讲一个爱集体的故事。

一个多月过去了……

一个大雨后的早晨，我正在整理上课的思路，突然间，小陈敲门进来，"老师，我们室外展板上的作品被风吹烂了，还吹跑了一些，现在破烂不堪，怎么办？""你说怎么办呢？有没有什么好办法？"他提高嗓门儿，说道："其实我想到了一个办法。""哦？说来听听。"我故作好奇地问。他胸有成竹地答道："我准备用胶布把可以修复的地方先贴贴补补，缺少的空处我再在班级征集一些同学的优秀作品补贴上去，你看行吗？"我非常肯定地点头说："办法很好，就这样办吧。"他露出开心的笑容，飞快地跑了。要知道以前的他上课老是打瞌睡，作业马虎，经常不交作业，丢三落四……没少让老师们伤神。自从他任展板美容师一职以来，把这些墙面展板维护得很好，更重要的是现在的他上课再也不像以前那样总打瞌睡了，作业基本上能按时交了，还能积极参与发言讨论，主动参与班级管理。细想，其他岗位负责人也或多或少发生了变化。

小张家中有爸爸、妈妈、妹妹。爸爸在外上班，妈妈为全职妈妈，负责两个孩子的衣食住行。爸爸妈妈对作为男孩子的他很是溺爱，他一直是老师和家长眼中的"淘气包"。我结合他的特点，给他安排了"红领巾监督员"的岗位，让他每天在校门口和大队委同学一道检查班级同学的红领巾、校服穿戴情况。在这个岗位上，我第一次发现他其实很有毅力，不管刮风下雨，他都早早来到学校"站岗"。对于他的工作，我经常给予鼓励，帮助他树立管理班级的信心。半年后他真的有了不小的进步。老师们夸他上课积极发言，也不乱说话了。同学们说他一年级时总是打人，可现在的他经常会帮同学们搬东西……

案例二 做事之中成人，成人之中做事（节选）

身为学生，最渴望的就是被老师和同学关注。如果被老师和同学忽略了，或者没有正常渠道获得自我价值的认同，他们就只有通过一些搞怪手段来刷存在感了。

我总会把班上每个孩子都卷进班级管理中来。我告诉孩子们："班级不是我一个人的，也不是少部分人的，它是大家的，每个人都必须为班级出工出力。所以，我会根据班级事务进行岗位划分，每个同学都要认领一个到两个岗位。每个岗位都有虚拟工资，大家拿着这些工资可以在班级虚拟超市消费。"孩子们听了非常高兴，等到岗位出来的时候，根本不需要我鼓动就抢占一空。有些孩子甚至还主动挖掘了新的岗位。我的岗位设计分为 5 类，如下：

1. 班干团队岗位 12 个。

2. 科代表岗位 22 个（考试学科各 3 个科代表，非考试学科各 1 个科代表）。

3. 组长岗位 56 个（8 个大组长，每个大组里还设 6 个学科小组长）。

4. 班级琐碎岗位若干（如语言清洁员、粉笔管理员、图书管理员、饮水机管理员、多媒体管理员等）。

5. 自创岗位若干（被同学和老师忽略了，但又必须有人管理的事务，学生可以自设岗位，虚拟工资照算）。

这样一来，每个孩子都成了班级管理者，每个人都有自己的岗位要坚守，有自己的活儿要干。他们在班级中找到了存在感，就不需要通过搞怪来吸引他人的注意。

我经常跟孩子们说："你不是我，你成不了我。你也不是他，你成不了他。你是你自己，你只能成为你自己。因此，挖掘自己的长处，知晓自己的短处，然后扬长避短，成为最好的自己才是成长的王道！"

那么，怎么才能让孩子成为最好的自己呢？两个字：做事。那么可以做哪些事呢？

首先，要求家长安排孩子做家务。孩子的责任感其实就是从做家务中培养出来的。我也会在假期布置炒菜、洗衣、拖地、整理房间的作业，要求学生写出做家务的感受，让家长拍照留存并及时向我反馈孩子做家务的情况。做得好的，我会大张旗鼓地表扬；做得不好的，要求家长继续训练，训练到孩子主动做家务为止。

其次，是搞班级活动，要求学生全员参与，从策划到场地落实以及具体开展，全部由学生来完成。我只是负责参观和拍照……

一个班级，只要师生都乐于做事，这个班级就会变得越来越好，不需要刻意去管理，师生就能在这种轻松、和谐的氛围中遇见最好的自己！

【案例来源】

李继秀，陈小勤. 班级管理案例精选 ［M］. 北京：北京师范大学出版社，2017：127—129.

张万祥. 给年轻班主任的建议 ［M］. 上海：华东师范大学出版社，2017：3—5.

【案例分析知识点回顾】

1. 团支部（或少先队中队委员会）

团支部是共青团在班级中的基层组织，它对组织团员、青年奋斗向上，协助班委会搞好班级工作有着重要作用。主要负责班集体学生的思想工作及组织活动的开展。

小学的班级设有少先队中队委员会，成员包括中队长 1 名，副中队长 1 ~ 2 名。

中学班级设有团支书，主要成员有团支部书记、组织委员、宣传委员。作为班主任要注意团支部与班委会的协调与配合。

2. 全员管理岗位的设置

按照科尔伯格的"三水平六阶段"中小学生处于习俗水平阶段，这一阶段的孩子（好孩子阶段）渴望得到他人赞扬与认可。因此，此阶段的学生渴望得到锻炼与表现的机会，班主任应在班级常设岗位以外增设多个岗位，让更多的学生能够参与到班级管理中来，增强学生的集体意识与管理智慧。设置岗位具体如下：

（1）常规管理岗位。班级常规管理岗位设置，可以依据学生气质特征安排相应学生担任，包括纪律检查委员、班级设备管理员、礼仪监督员、眼保健操监督员等，班级常规岗位设置，能够在班级管理中培养学生良好的行为习惯和个性品质。

（2）学习示范岗位。学习示范岗按各学科要求结合学生学习能力与才智设立相应岗位，包括语文课代表、数学课代表、英语课代表、美术课代表、音乐课代表、体育课代表等。课代表要在各科目的学习与表现上为其他同学提供榜样示范，起到带头作用。

（3）活动岗位。可根据各类兴趣团体，增设科技、艺术等活动岗位，尽可能地让更多的学生参与。除设立组长等岗位外，还可以在实践活动中寻找岗位，如小台长、小编导、小摄影师、小美工、小主持、小记者、板报主编等，最大程度地发挥每个学生的特长。

【案例分析】

联合国教科文组织的教育报告《学会生存——教育世界的今天和明天》中指出："未来的学校必须把教育的对象变成自己教育自己的主体。受教育者必须成为教育他自己的人；别人的教育必须成为这个人自己的教育。"可见，培养学生自我导向学习能力、自我管理意识与能力成为今天教育的一个重要问题。杰克·韦尔奇提出著名的"管得少，才能管得好"的管理理论，班主任是学校工作的直接实施者，也是管理班级的第一责任人。在班级管理过程中，要学会"放权"，让学生学会自治，做到"人人有事做，事事有人做"，培养学生的民主意识、自主精神、团队精神等。正如案例一与案例二中班主任所做的那样，让孩子在做事中成人，在成人中做事。当孩子愿意做事时，再教给他做事的方法，能把事情做好，孩子的成就感就出来了。

案例一中的班主任在上课前，先让学生思考"如果你是班主任，你认为班级哪一方面最值得关注，应该做什么？"学生纷纷献言献策，激发了学生主人翁意识。案例一中班主任课后将班级中的常规事务设置了10个诸事岗位；案例二中班主任将班级事务进行岗位划分，每个同学根据自己的兴趣、特长都要认领一个到两个岗位，两位班主任的做法让每一名班级成员通过岗位认领参与班级事务管理，真正做到了班级同学人人有事做，班级工作事事有人做、时时有人做，班级不仅更具凝聚力，更加有效提高了学生参与集体事务的自主性、积极性、创新能力与实践能力，学生的综合素质得到了更好的发展。

班主任在班级管理工作中，应贯彻公平、公正、公开的原则。充分发扬民主，让全体学生积极参与到班级活动的组织与管理中，采用多种途径与方法调动学生的积极性和创造性，激发学生集体意识，培养学生自主管理的能力，实现班级管理的自治。教师在管理中要尽量做到"无为而治"，无为不是不为，而是有所为，有所不为，"教，是为了不教"。教师要逐渐放权，教会学生自己管理自己、自己服务自己，在轻松的氛围中探寻"管是为了不管"的教育真谛，扮演好学生发展路上的引路人。正如魏书生老师说的："普通学生能做的事情，班干部不做；班干部能做的事情，教师不做……"只有三者相互协作、相互帮助、相互监督，才能提高班级管理效率。

教师要善于发现学生的特长，引导学生找到适合自己的岗位，做到知人善任，量才而用，让学生在班级管理实践中锤炼自我，促进个人全面发展，使班级同学人人有事做，班级工作事事有人做，时时有人做，增强学生的主人翁意识与集体主义意识。

【班主任操作建议】

我国著名教育家魏书生在他的班级教育教学管理工作中，十分注重"放权"。在他的班级里，有多少事情就有多少学生来管，每个学生各管一项，负责到底。这样形成了由班主任、班委会、学生组成的三级管理网络，人人参与班级管理活动，同时人人接受他人管理。

对于班级设置诸事管理员岗位，班主任应该注意以下几点：

（1）"放手"不等于"放任自流"。老子在《道德经》中提出"无为而为"，即治国、做人要有所为有所不为。这启示班主任在进行班级管理的过程中，一要有所不为。把学生放在主体地位，充分尊重、发展学生的先天本性与能力。如通过设置诸事管理员岗位让学生自己管理班级，增强学生班级集体意识、主人翁意识、责任意识，通过班级自我管理培养学生各方面能力，促进学生发展；二要有所为。有所为不是教师事事亲力亲为，而是在充分了解学生的基础上，顺学生生长之势而为，做到因才善用。放权不等于教师不作为，相反这种民主式的管理方式对教师提出了更高的要求。既要让学生明确岗位权利与职责义务，也要引领学生紧紧围绕班级目标开展各项管理工作，针对部分同学工作中出现的失误或遇到的问题，教师要及时进行干预与指导。在具体工作中，班主任要当好管理的参谋，辩证地处理好"放"与"收"的关系，绝不能不闻不问，任其发展。

（2）以鼓励为主，批评为辅。根据科尔伯格的"三水平六阶段"理论，中小学生处于"好孩子"定向阶段，渴望得到教师的肯定与表扬。教师的肯定与表扬会激励学生进一步努力发展，而批评和否定会挫伤学生的积极性与进取心。因此，对待学生的管理工作时，班主任要及时给予肯定和反馈。针对学生在班级管理中出现的问题，例如三分钟热度、工作方法不得、意志不坚定、遇到挫折容易灰心、稍不如意就感情用事等问题，班主任要及时给予疏导和指导，要多一份关爱，多一些宽容，多一些肯定。千万不能以成人的要求、僵硬的教条否定他们的努力。要以发展的眼光看待每一个学生的成长。

第四节　课堂管理

一、课堂气氛管理

【案例呈现】

案例一　要"解惑"不要"解气"（节选）

初一（1）班教室里静悄悄，在上自习课。翟老师坐在讲桌后面批阅作业。忽然，她脸色变得十分难看，用圆珠笔使劲地戳了几下本子，又在上面画了一个大大的叉号。

"李平！过来！"她怒气冲冲地一喊，把正在写作业的学生吓了一跳。李平从座位上站起来，脸色顿时煞白。翟老师对走到跟前的李平展开他的作业本："你看看，你都是乱写的什么？这字还有法看吗，和一堆乱草一样！"

李平瞟了本子一眼，低下头没说话。

"你说，我说过你几回了？你就不能认真写一次作业？你看你写的这些字谁认识！你懂不懂尊重老师！都像你这样写作业，老师还不得累死！"翟老师气得站起来，把本子撕成两半，又将撕坏的本子重重甩在讲桌上，"回

87

去重写！再乱写乱画，我还撕！"似乎这样才觉得解气。李平拿过撕坏的本子，回到座位上哭了起来。

案例二　威严不等于尊严，敬畏不一定敬重（节选）

"小明是某中学初中三年级一班的学生。他总是坐立不安，不是东倒西歪，就是惹是生非。是典型的差生和问题学生。"老师如是说。"我做梦也没有想到初中会是这个样子，我讨厌上课，讨厌上学。"小明如是说。

在小学时，小明曾是最为优秀的那一类学生，获得过全国奥林匹克数学竞赛一等奖，全市小学生绘画比赛第一名，全省航模竞赛一等奖。先后担任过学习委员、大队长，还是《小学生》杂志的特邀记者。无论是学校老师，还是家长无不夸耀他是一个聪明的好苗子。刚进初中时，他在陌生而充满好奇的集体中仍然领受了灿烂的阳光，他的初中生活也是在一片赞美声中开始的。然而就在他进入初一不久，他的学习和生活发生了戏剧性的变化。

一次上语文课，老师发现小明没精打采，总是开小差，便问他为什么。他说，昨天晚上到一朋友家帮他做航模，几乎一夜没睡。老师很生气："你现在是读初中，不是小学。现在是要想办法考进重点高中。做航模顶什么用？""我只是帮他。"小明反驳。"帮他能保证你上高中？笑话。不要以为你现在成绩好，就可以帮别人，刚上初一就骄傲自满，那还了得。你父母会准你去做航模吗？""他们知道的，他们从来不反对。""知道，知道你要考重点高中吗？知道你违反课堂纪律吗？连这点都不懂，简直没文化。"老师更生气。"我爸妈都是研究生。"小明不甘示弱。"研究生又怎样，有娘养无娘教，回去叫你父母来。"老师的权威受到了挑战，抑制不住内心的愤怒，把小明赶出了教室，并当堂宣布，以后任何人不把精力放在学习上，就会有如此下场。

小明被迫去叫了他的母亲。老师首先数落了一番小明在课堂中不认真听课的违纪行为及其对老师的反抗态度，并要求这位母亲好好地管教她的孩子，不要因为目前成绩好就可以放松警惕。母亲尽管非常感谢老师的"教诲"，但同时表现出了不满，"这个孩子生来好动，从小就迷航模。""我是为他将来好，这种事你们家长不管，我们当老师的也没办法。"

　　第二天上课时，老师让小明在全班作了检查。上课时，小明把一张《初中生报》放在桌上，老师走过去，一把夺过报纸，撕成粉碎。小明说："我没有看，只是放在桌子上。"老师说："还想狡辩，不想读书就滚回去，省得在这里碍事。"过些时候，老师问全班学生郭沫若是什么人，小明抢着回答："是郭富城他爸。"课堂内哄堂大笑。老师无法容忍小明的公然对抗，走过去一把将小明拉起来，推出了教室。余下的时间便是老师向全班学生进行"生动"的教育，大意是，老师是课堂的主人，拥有绝对的权威，老师的所作所为都是为学生将来着想，学生必须服从老师。此后很长一段时间，小明不得不接受教导主任和校长的训话。小明从此成为学校有名的"调皮捣蛋"的学生，学习成绩也一落千丈。毫无疑问，老师的关于小明是否能够考入重点中学的忠告"先知"也必将应验。

案例三　将计就计，因势利导（节选）

　　上课铃响了，我走进初三（1）班教室，"起立——""坐下！"我目视全班同学，准备将教科书和教案放在讲桌上，可低头一看，水已浸湿了大半个讲桌，教案和教科书根本无法放，只好放在第一排同学的桌上。"这是谁干的？"我本能地问了一句，教室里鸦雀无声。怎么办？要是追问下去，会影响本节课的教学任务完成；要是不再追问，不了了之，又觉得面子上过不去。可冷静一想，我何不就此导入新课呢？于是拿起粉笔在黑板上写道：请看命题，讲桌上的水不是从楼顶上漏下的，是否是真命题？有几个同学举手回答："是。""你怎么知道是真命题？"同学们你看看我，我看看你。

　　"老师知道你们想什么，这节课我们不追究水是谁弄的，只探究水是不是从楼顶上漏下的。"由于我的态度温和，教室里的紧张气氛立即缓和下来，同学们也积极进入思考状态。我提示大家一起来分析，此命题的题设是什么？结论又是什么？一个同学答道："题设是'讲桌上的水'，结论是'不是从楼顶上漏下的'。"很好，大家想一想，假设是从楼顶上漏下的，那么楼房顶部会有什么现象？我接着启示。"楼顶是湿的""有小洞""有裂缝"。显然，这已经激发了学生的思维，课堂气氛也随之活跃起来。最后我总结，这种不是直接从题设推出结论，而是从命题结论的反面出发，经过推理论证与正确的事实相矛盾的证明问题的方法就是这节课我们要学习的一种新的证明方法——反证法。

导入新课后，我和同学们一起分析了两个例题，接下来让学生阅读反证法的定义，并完成课文分析及课堂练习。最后，强调运用反证法证明的三个步骤。本节课的教学任务完成得很轻松。下课后，有个学生走进我的办公室，"老师，桌上的水——""好了，认真完成作业就是最好的认错。"学生走出了办公室。

【案例来源】

金小芳．教师的课堂管理艺术［M］．长春：吉林大学出版社，2010：32，37—38，106—107．

【案例分析知识点回顾】

1. 课堂气氛含义

课堂气氛是班集体在课堂上所表现出来的心理气氛，是班级中所有成员的共同心理特质或倾向。它借由同学之间、师生之间的价值、态度期望与行为交互作用，围绕教学目标，经过一段时间之后，自然形成一种独特的、稳定的气氛。课堂气氛制约和影响着师生关系与生生关系，影响着学生的思想、观念或行为模式，同时塑造着学生的态度与价值观，影响学生在教室中的学习活动，对学生学习行为会产生深远的影响。

2. 课堂气氛划分为三种主要类型

（1）积极的课堂气氛。

（2）消极的课堂气氛。

（3）对抗的课堂气氛。

3. 影响班级气氛的因素

（1）教师的教风。

（2）学生的学风。

（3）教室中的环境作用。

【案例分析】

良好的课堂气氛有利于良好的师生关系建构，反过来课堂气氛又影响制约着师生关系的建构，进而又影响着学生在课堂中的表现，并制约着教学过程与教学效果。专制的课堂气氛，容易导致师生关系的紧张冲突与学生的内在焦虑；放养式的课堂氛围，虽师生关系相对缓和，但容易导致学生失去归属感，失去自我价值感与奋斗目标，进而导致班级管理与教学效果的下降；而民主的课堂氛围，有利于激发学生的积极性、主动性与创造性，教师的民主行为对于学生的内在信念、成就动机和人格适应都有重要的积极作用。营造良好的课堂气氛，需要师生间、生生间友爱和睦、相互帮助，努力在班级中建立起互助友爱、坦诚相待的气氛。这一切都需要老师与学生付出艰辛的努力才能获得。

韩愈在《师说》中讲："师者，传道、授业、解惑也"。但在今天的教育教学中，有些教师的言行并非"解惑"而是"解气"。如案例一中所示，翟教师在处理学生字迹潦草这一学习问题时的表现显然过于偏激。教师撕毁本子这一动作发生时，既是对学生人格尊严的践踏，也是良好师生关系破裂的瞬间。学生是发展中的人，是尚不成熟的个体。学生的身心发展特征，决定了孩子的错误行为出现不足为怪，教师要用发展的眼光看待孩子，公正、平等地看待每一个学生，要用宽容的心态克制自己，要用爱去感化学生，做到心平气和、因势利导，营造一个人人平等的民主的课堂氛围。如案例三中教师的教育行为充分地体现了教师的教育机智与专业功底。用课堂中的突发事件"讲桌上的水"作为本课的导入，因地制宜，就地取材，既化解了课堂上师生间的紧张气氛，消除了学生对教师"兴师问罪"的畏惧心理，又增加了教学内容与生活的联系，激发了学生的学习积极性与主动性，提高了教学效率。课后，有关学生主动到办公室向老师承认了过错，教师再度给予了谅解与宽容，也达到了良好的班级管理效果。

案例二中的教师也足够"威严"，实现了学生对他的"敬"与"畏"。但专制式的班级管理真的有利于学生的成长吗？教育的终极目标是促进人的健康、全面成长，其社会作用也是通过"人"来实现的。但案例二中的班主任通过语言讥讽、责骂、行为打压等行为，将小明的尊严践踏在脚下，在师生之间形成紧张、对立的关系。唯成绩论，禁止学生与学习无关的任何行为，压抑了孩子的想象力与创造力，这样压抑、沉闷的课堂气氛，真的有利于班级的管理、学生的成长吗？洛克在《教育漫话》中提出著名的白板说，认为我们想让学生成为怎样的人，就该用怎样的方法去教育他，他就会成为什么样的人。教师可以把学生变好，也可以把学生变坏，正如案例二所示，通过班主任的一系列打压式操作，老师关于小明是否能够考入重点中学的忠告"先知"确实应验了，小明由一个全方面优秀的学生变成了一个成绩一落千丈的、学校有名的"调皮捣蛋"的学生。

要真正维护"师道尊严"，真正管理好课堂，我们要做的第一件事应该是，尊重学生、关爱学生。教师与学生在人格上是平等的，这就决定教师不能歧视任何学生。如果老师能与学生建立平等、相互理解、信任的真挚情感和友谊，那么老师的思想、品德、学识、言行举止都会对学生产生直接的影响。如果老师时时给学生以热情关怀，让学生切实感受到老师的爱，那么学生就会心悦诚服地接受老师的教育和对他们所提出的要求。因此，教师应为学生营造一个师生平等、民主法治的课堂氛围，让学生在和谐、友善的氛围中学习、生活。

【班主任操作建议】

课堂气氛管理是课堂管理的一个重要内容。课堂气氛对学生学习会产生深远的影响。那么，如何营造良好班级氛围？可以从以下几方面着手。

（1）要发挥教师的主导作用。创造和谐的师生关系，营造良好的课堂氛围，关键在于教师。中小学生处于科尔伯格的"好孩子"定向阶段，此阶段学生渴望得到教师的认可与赞赏。教师可以依据学生这一阶段的特点，在学生行为出现偏差或出现反社会行为时，首先充分了解学生偏差行为出现的主要原因与问题症结，通过师生平等友好的沟通，先对其平时在班级中的表现的优点与长处进行赞扬，再通过负强化对其偏差行为予以纠正。教师要注意投入必要的情感、真诚地关注学生、真心地关心学生、真挚地关爱学生，在对待学生的偏差行为时，要有足够的爱心、耐心与恒心，这样有利于营造友善的师生关系，维持和谐的班级课堂气氛。

（2）班主任要相信学生。班主任要充分相信学生，"相信"是一种神奇的力量，它能创造奇迹，能使人的潜能得到充分发挥。一个不相信学生的班主任，必然不会受到学生的信任，更谈不上对班级有凝聚力和影响力。要想营造良好的班级气氛，就必须相信学生，充分相信学生是班主任在管理班级过程中必须做到的事情。

（3）班主任要学会宽容，多与学生沟通。教师的宽容，是指教师能正确地对待学生的过错，不能对学生进行讽刺、挖苦、歧视和体罚。这就要求老师在平时的工作中要学会宽容学生，与学生多沟通。在平时的工作中，可以采取多种方式与学生进行交流，如谈心、家访、电话联系等，了解学生的思想动态，从而更好地教育和管理学生。

（4）班主任要以身作则。班主任要想营造良好的班级气氛，班主任就必须以身作则，用自己的言行举止来影响和感染学生。班主任是学生的榜样，班主任对学生的影响是深刻的、巨大的。

二、课堂问题行为管理

【案例呈现】

面对"刺儿头"学生我这样做

我班女生欣欣高一时酗酒、打架、旷课、彻夜不归，搅得班主任和家长一天到晚不得安宁。她一进我班，就不来上课。

我找她谈话。她直愣愣地盯着我，翻了个白眼，蹦出一句话："不想来就不来，没理由。"很干脆，也很不耐烦。

"你不来，不怕覃老师担心？我是担心你生病，担心你在路上出了安全问题。人啊，生命最重要，你说呢？"我道出我的善意。

她的戒备情绪有所缓解："我以后不旷课，我旷课你就请家长。""你是重情重义的女生，我相信你不会让我为你担惊受怕的。何况上学是你的责任，你的事情，我们俩解决，为什么要请父母？"我笑着说道。

"你们当老师的，只要我犯错，不都是喜欢叫家长来吗？"

"你不喜欢叫家长，是吗？"

"那当然，我讨厌叫家长来。"

"对，我也讨厌。如果请家长来，是你、是我、是我们俩的无能，我们可以解决的事情，为什么要他们操心和代劳呢。"

从那以后，我发现这位女生远没有高一时那么"刺儿头"了。

小伟作业没有上交，我说给我一个不交作业的合理的理由。小伟说话很冲："不会做，不喜欢你上课，你去问问班上有几个喜欢你的课。"这话一出，噎死人。

我冷静了一下，柔声问道："哦，这很意外，你能告诉我是哪些人不喜欢，我该怎么改进吗？"他支吾了两下，很犹豫地说出了两个同学的名字，还不忘强调一下："他们都说你的课听不懂。不是我一个人听不懂，也不是我一个人不喜欢你的上课方式。"

"是哪些课文听不懂？第一单元还是第二单元？"我很耐心地追问。

"诗歌单元听不懂。"

"哪些课你听得懂？"我继续问道。见我态度较好，他说话的冲劲也渐渐削减："说明文单元，文言文也还凑合。"

"我明白了，"我笑道，"你们几位同学，都擅长理科思考，对于诗歌意象意境这些需要揣摩的感悟不出来，是吗？"他恍然大悟："是的。你上课，就那些叽叽喳喳、头脑简单的女生喜欢！"

哦，他那醋意十足的样子，让我明白了问题的症结所在。我这一届带的是理科班，理科男生对文学性的东西反应迟钝，他们长于理性思考，浅于感性表达，看到女孩子们在我面前风光，心里不是滋味。

挑货的人其实是想买货的人，既然如此，我就上课方式、效果等继续追问，并且万分感激他，是他告诉了我问题所在。聊完之后，小伟居然表扬我："覃老师，您是我遇到的最平易近人的老师。"

我赶紧跟进："老师想请你帮个忙，去班上征集建议和点子，好吗？"他爽快地答应了。后来他收集了不少意见，让我们的课堂参与探讨高效不少。

自从高三以来，慕楠时不时请假，理由是拉肚子。这不，昨晚慕楠作业不会做，干脆抱着手机通宵看电视剧，妈妈好劝歹劝劝不住，抢了她手机，结果慕楠大发脾气闹跳楼。

我知道后，打电话给慕楠。"我肚子疼，请假。"她说道。

"不行，今天必须来！"慕楠一向认为我好说话，今天被我这强硬的态度着实吓住了，15分钟后她到校。"老师，我还是拉肚子不舒服，我想请假在家复习……"她鼓起勇气说道。

我笑嘻嘻地望着她："准备当逃兵了？""没有！"慕楠涨红着脸辩解道。

"那为什么要请假在家里复习呢？""老闹肚子，学不进去……"

"我也有很严重的肠炎，要不，我们一起请假？""同学们需要你，你有责任，你怎么可以请假？"慕精情急之下劝导我。

"哦？我有责任！"我重重地咬着说出"责任"二字。慕楠听出了我的话外音，不好意思地低下了头。

"慕楠，我们做人都要对自己负责，对亲人负责！你作为女儿，怎么能用伤害身体的方式来威胁母亲？"慕楠瞬时眼泪簌簌地流了下来，我让她哭了一会儿。

我继续说道："今天覃老师就霸道一回，不准假！""遇到问题，我们不是逃避而是需要勇敢面对。学习有困难，我们克服；身体不舒服，我们学会悦纳"。

慕楠如释重负地叹了一口气，下定决心说："老师，我想明白了，我克服。"

慕楠终于不再请假了。望着笑盈盈的慕楠，我知道她已经克服了心理障碍，已经学会面对困难和逆境！

慕楠妈妈也是心情大好："覃老师，现在慕楠不再把拉肚子当借口，在家也不玩手机了。您在我们父母都打算放弃的时候还没有放弃，让慕楠重新振作起来，我们千万句感谢也道不尽对您的感激之情！"

经常站讲台，哪里会风平浪静哦！学生上百，形形色色，见招拆招，见难解难，当然最好的办法就是攻心在前，尽量不做事后诸葛。

【案例来源】

张万祥．给年轻班主任的建议［M］．上海：华东师范大学出版社，2017：39—41.

【案例分析知识点回顾】

1. 课堂问题行为分类

据学生的行为倾向，可将课堂问题行为分为两类：

一是外倾性问题行为。主要表现为相互争吵、挑衅、推撞、打骂他人等。此类行为会直接干扰正常教学秩序，影响教学活动的进行，要求教师对此类行为迅速、果断加以制止。

二是内倾性问题行为。主要表现为沉默寡言、上课心不在焉、注意力不集中、胡思乱想、胆怯退缩、孤僻离群等。此类行为虽不会直接干扰影响教学活动的开展，但对学生个人的学习会产生持久的消极影响，由于其具有隐匿性，因此，要求教师要善于观察，防患于未然，及时矫正。

奎伊等人把课堂问题行为分为三类：

一是人格型问题行为。主要表现为忧心忡忡、缺乏信心和兴趣、心神不安等退缩行为。

二是行为型问题行为。主要表现为怪叫、起哄、动手动脚等具有对抗性、攻击性和破坏性行为。

三是情绪型问题行为。主要表现为心事重重等学生过度焦虑、紧张行为。

根据问题行为程度还可将课题问题行为分为三类：

一是行为不足（良性）。

二是行为过度（不良）。

三是行为不适（受环境影响）。

2. 课堂问题行为产生原因

（1）学生自身原因。马斯洛的需要层次理论表明，需求是人行为的内在驱动力。德雷克斯、格伦渥德（1982）认为，大量课堂问题行为的产生是由于学生试图满足自己的需要的结果。他们做出不良行为是为了满足想引起他人注意、想显示自己的力量、寻求报复和想要逃避失败等四种基本需要。

（2）教师原因。课堂上的问题行为不仅是学生为了满足自己的需要，事实上，教师权威的降低、管理智慧的欠缺、教师教育观、学生观的偏差、教师对问题行为的解决不当等，也会导致课堂问题行为的产生与继续发生。

（3）外界环境。课堂问题行为的产生，除了取决于学生和教师方面的因素，还与外界环境有关，具体包括家庭、学校、大众媒体和课堂内部环境等因素的影响。

【案例分析】

课堂问题行为是指不能遵守道德标准与行为规范，干扰并妨碍正常教学秩序，影响教学效果的行为。课堂问题行为处理不当，会损害师生关系、破坏课堂气氛、影响教学效率。当课堂问题行为初露矛头时，如果教师能够运用教育智慧及时巧妙地妥当处理，就会将事端消灭在萌芽状态，这是课堂管理的一个重要组成部分。

案例中这样的"刺儿头"分布在各个教学阶段。学生的不适当行为可能是为了获得教师关注，或是惹是生非，想要令人刮目相看，或是同教师分庭抗礼，对教师权威的挑战与抗争，抑或是由于成长过程中出现的失误，导致学生自暴自弃、破罐子破摔，在学习上产生破窗效应。行为出于何种动机，难以从表面进行判断，需要具体问题具体分析。

当出现课堂问题行为时，教师首先要分析此行为产生的动机，做到不同问题用不同的解决办法，具体问题具体对待。在这个案例中，我们可以看到，欣欣同学的课堂不当行为的出现，是由于以往教学经历中教师的不当处理，导致其产生逆反心理、自暴自弃，从行为程度来判断，属于不适当问题行为。针对这类问题，教师要注意说话的艺术性，做到晓之以理，动之以情，应特别注重感情的教育作用，以情化人。在这个案例中，当欣欣没来上课时，覃老师找其谈话并没有进行责骂，相反，通过善意的关心，温柔的话语，让欣欣放下重重戒备，在管理方法上，表明立场，两个人的问题两个人解决，不叫家长，从而感化了欣欣，让她有机会从以往的消极经历中走出来，迎接新的学习生活。

小伟的不适当行为是为了获得老师的关注，这类学生认为，这种关注即使是消极的，也比忽视了自己存在的结果要强。针对小伟噎死人的回答，覃教师并没有生气、发怒，而是冷静、柔声进一步问其原因，并就上课方式、效果等继续追问，寻求解决办法。由于在过程中，覃老师给予了小伟充分的认可与关注，满足了他对渴求教师关注的需要，因而小伟的问题行为也得到了妥善的解决。

慕楠由于对学习产生畏难情绪，所以其行为是一种退缩性行为。对班级其他学生不会产生消极影响，但久而久之，会对学生自身产生不可逆的负面效应。由于其成因的隐匿性，要求教师对学生有充足的了解，并针对其问题成因，进行及时的纾解。

通过覃老师的做法我们可以看到，无论面对何种问题行为，教师都要保持一颗平常心，注意说话的语调、让学生感受到教师对他的关爱，是与他站在一起的，而不是站在学生的对立面，避免产生师生间的对抗。为解决问题行为，营造良好的交流氛围与师生人际关系。

【班主任操作建议】

课堂问题行为处理策略如下：

（1）人际沟通策略。人际沟通旨在消除师生间由于沟通不足、沟通不畅而产生的对彼此言语、行为的误读，使师生真诚地理解彼此行为的真实理由，并达成对彼此行为的谅解与共识。课堂管理的人际沟通策略主要包括倾听和诉说、信任和责任等环节。人际沟通的关键在于积极地倾听，了解课堂问题行为发生的真实原因；信任学生有改进自己行为的能力，并让其承担起行为改进的真实责任。

（2）强化策略。斯金纳提出强化理论，认为人或动物为了达到某种目的，会采取一定的行为作用于环境，当某种行为后果对他有利时，这种行为会在以后反复出现，反之，则这种行为就会减弱甚至消失。这启示班主任可以通过对强化的操纵实现对课堂行为的维持或矫正。主要是正强化和负强化的相互转化。因为学生良好的行为一旦得到鼓励或赞扬，就会得到强化，并逐步巩固下来，这是正强化。同时，通过鼓励和强化良好行为，有意忽视课堂问题行为可以抑制或终止其他问题行为，这是负强化。通过正强化与负强化的相互转化，实现对课堂问题行为的管理。

如学生践行良好行为时，教师及时、适时地通过口头表扬、身体接触（如摸摸头、拍拍肩膀等）、提供较好条件或更多机会等方式鼓励和强化学生；当学生出现问题行为时，教师可采用有意忽视、信号暗示、使用幽默等方法及时终止问题行为。对于一些较严重而又难以制止的问题行为，可适当采用一些惩罚措施。

总之，对于学生的问题行为，教师应根据具体行为分析其产生的原因及后果，选择适宜的方法、策略，并在实践中创造性地运用。

三、突发事件管理

【案例呈现】

蛮横与宽容——高明的故事（节选）

"高明一拳把小齐的眼睛给打肿了！"

12月25日下午快5点了，南京的冬天天黑得很早，这个时候天色已经开始暗了下来。按惯例，值班班委小结一下班级一天的情况，就可以放学了，同学们看我很辛苦，就让我先回办公室休息，他们自己可以管理好自己的，看着他们可爱的脸庞，听着他们乖巧的话语，我心里感到很温暖，于是迈着疲惫的脚步走回班办公室，舒展一下忙碌了一天的身体，也想喝口水休息一下。

刚举起水杯。一阵急促的脚步声带来了值班班委小夏，她一脸焦急地对我说："郭老师，高明一拳把小齐的眼睛给打肿了！"

听到这话，我心里并不以为然，一个小个子的男生高明能够一拳就把人家的眼睛给打肿吗？再说他最近正在努力改进，怎么可能呢？一定是孩子的话，有些夸张吧，于是我不动声色地说："是吗？现在怎么样了呢？"

"现在不打了，但是大家都在劝他们，教室里挺乱的，小齐还在哭呢。"我心想，这个高明真是不省心，成天惹是生非，怪不得以前的老师都说最讨厌的人就是他呢，老师也是不敢轻易得罪他，生怕他一不留神走了个极端，现在好不容易快一个学期，没有什么大事件发生，这不江山易改，本性难移，狐狸尾巴还是要露出来的。没有办法，今天下班又不能准时了。于是没好气地对小夏说："把他俩都请到办公室来吧。"

很快，小齐一阵风似的跑了进来。

一进门。我就吓了一跳。天哪，原来刚才小夏的描述一点也不过分！小齐的右眼下方紧贴着眼眶的地方果真是青了一片，而且明显鼓起了一块，现在虽然没有在哭，但是还能看出泪痕在上面，我的心里涌起一阵后悔和害怕：这一拳要是再往上一点点，打在眼睛上，可怎么得了呀？唉，早知道我就待在教室里面好了，就这么两分钟不到的时间啊，真是的，紧接着就是一阵气愤涌上心头，这个高明，为了教育、帮助你，我找你谈过多少次话，为你补过多少次课，还想着法子为你创造各种机会，让你感受到班级的温暖，为你我动了多少心思。可你呢？才一转身，就给我捅出这么大的娄子来，真是白费了我对你的一番心血啊！

我是又气又恨，恨不得立刻对着这家伙吼一气。此刻，什么话也顾不上说，眼瞅着小齐身后，就想等着那一个人进来，就马上"开火"。可是等了半天，他就是迟迟不到。我又将目光转向了小齐，一手搂着她，一手轻轻地抚摸着她的脸，轻声问道："小齐，刚才是怎么回事呢？""刚才班委总结的时候，我后排的张丹告诉我，她的同桌高明一直在骂她，于是她就坐到了我们的座位上想躲开他，没有想到高明还是没完没了地在后面叨叨咕咕，我就忍不住回头对他大声地说了一句：'你不要再说脏话骂人了！'谁知道他就一拳打在我的脸上了……"

一边安慰着受伤的小齐，我们一边等待高明的到来。

过了很久，办公室门外终于传来"报告"二字，随即门就被用力推开。只见高明挺着胸，直着腿，仰着脖子，大口喘着粗气，表情很激动，谁也不看地走了进来，带着他那一贯的"大无畏"的神情，直愣愣地来到我们的面前。从进门那刻起，大睁着发红的双眼始终盯着他的右前方，根本没有看我们一眼。

"请坐。"我还是觉得要有应有的程序。

"不坐！"冲头冲脑的两个字就这么蹦了出来，连眼皮都没有动一下，脑袋依然是冲向右上方。

看到他似乎一触即发的表情，我反而冷静了一些。他现在这副抵触的模样，如果再来上一顿"狂风暴雨"对处理好今天的事件恐怕是没有任何用处的，还可能让他再次暴发，再说他以前又有过走极端的事例。育人还是要先育心啊，只有走进他的心里才有可能真正解决问题。

想到这里，我调整了一下自己的心绪。用手轻轻地拉了他一下，好像是想让他站得离我稍微近一点，其实我是想通过这个举动给他一个暗示，现在你依然是可以和我亲近的。

果然，他的脚步虽然很不情愿似的，但还是往我面前挪了一些，眼睛也快速地瞥了我一下。我尽量用最平静的声音问道："高明，怎么来这么晚啊，刚才路上摔了吗?"这么问的目的也是告诉他，我还是很关心他的，并不是他想象的，我一准是要狠狠处理他的。我还是希望能消除一些他的抵触防御情绪的。只有这样才有可能解决问题。

"没有。"虽然还是简洁的两个字，但是语气很明显已经缓和多了，而且，眼睛已经不再那么直勾勾地看着上面了。

"哦，那刚才在教室里和小齐是怎么回事呢?"我指着小齐单刀直入。

"嗯，是这样的。昨天……"这下可是让他"委屈"有倾吐的地方。他一口气把想说的话都倒了出来。

听了半天，我总算是听明白了，就是昨天下午打扫卫生的时候，他认为同座的张丹应该和他各扫半组地，而班委却安排张丹去擦黑板，安排他扫整组地，高明心里就不乐意，觉得自己亏了，于是今天怎么看人家都不顺眼，一整天也没有找到一个碴儿，眼看着今天就要结束，还是忍不住要暴发，没有想到张丹没有理睬他，而是躲到了前排去，于是更加气愤，就在这时，小齐刚好回头大声呵斥他，他的这股子怨气就这么都奔小齐的脸上撒过去了。

听着他那似乎很理直气壮的话语，看着他那副越来越委屈的表情，我真是哭笑不得又很气愤。

虽然我很不高兴，但还是决定先从善良、同情入手，引导他慢慢学会替别人着想。

"孩子，前面的事情咱们先放一放。先来看看小齐这张脸，好吗?"我想让这张瘀青的脸唤醒他心中的良知。"你看看，你这一拳怎么能下得去手呢? 她是你的同学呀，每天和你朝夕相处。今天上午，她还在教你订正作业，给你讲解不懂的题目，要不是她们的帮忙，你能那么快就完成任务吗?"继续引导他，希望帮他回忆起纯洁的同学情谊，想到别人对他的帮助，从感恩的角度出发，进而感到自己确实做得不对。

没有想到，他的一声轻蔑的回答一下子把我的思绪给打得个粉碎。"没有她们，我一样可以订正完作业!"没有半点感恩之心。

被他抵挡回来的我看从这个角度来谈不行，就决定换一个视角再谈: "你是男生啊，怎么能对女生下手呢?"我缓缓地说着，试图从绅士的气质上引导他认识自己。

"我爸在家也打我妈!"他不假思索冒出这么个理由,简直让我目瞪口呆!

碰了一鼻子灰的我决定再接再厉,仍然耐着性子开导他:"你看你这一拳就把同学的脸给打青了,你有什么想法吗?"我想从做人的底线,从人的良知上唤醒他对伤者的同情心。

"没有,因为我经常也被爸爸妈妈打得鼻青脸肿的。"

依然是那个逻辑,而且照样是答得那样斩钉截铁,理直气壮。天哪,我真是无话可说了!从来没有见过这样振振有词回答的孩子,从来没有见过这般不讲道理的逻辑,我感到很茫然和无助,下面我该怎么办?一时间,我真的不晓得可以再从什么方面入手,他那副刀枪不入的模样,让我不知道还能再说些什么。这都是什么样的教育给他种下的种子啊?我们的孩子究竟在什么时候,居然连最起码的对人的同情都丧失了呢?一边半晌没有作声的小齐还在等着老师能给她一个说法,还她一个公道。可是,我该怎么给?又怎么还呢?

沉默中,我急速地换位思考,若仔细替他想想,这个孩子其实也是很可怜、很悲哀的,因为顽皮不停地遭受父母的斥责和打骂,因为成绩不理想饱受嘲讽和轻视,感觉一切都是在和他作对一般,只要能找到别人的一点不是,他就会立即像找到委屈的源头一样感到郁闷和不解:为什么别人错了,就没有人像说他那样去说呢?这太不公平啦!所以他要发泄,要发狂。记得有一次,也因为他考得实在太糟糕,语文老师便给了他一张满分试卷让他回家照着订正,他在订正的过程中偶然发现那张试卷上居然有一个错误没有批出来,就在家里又哭又闹到很晚,哭着嚷着说老师不公平之类的话,然后就是坚决不肯再写一个字。

就这么个才十一岁的孩子就有这样不健康的心态,如果不加以引导和改善,将会影响他一生的幸福呀!今天受伤的看上去是小齐,但是我觉得高明也是一个受伤者,一个心灵饱受摧残的孩子,这种摧残已经让他的心理受到扭曲以至于已经严重变形,从这个意义上讲,他受伤的严重程度并不亚于小齐。

想到这里,我的心也变得柔软了许多。拉着高明,我轻声地对小齐说:"小齐,你看,其实高明也是个挺可怜的孩子。他在没有爱的世界里长大,所以他也就没学会去爱护别人同情别人是不是?"我这么说,主要是想让高明能够感受到我对他的理解和关心，感受到我对他的宽容和谅解，让他能够真正从内心深处不排斥我，从而接纳我。如果不能做到这个，恐怕是不可能真正解决他的问题的。同时，我还想用这种谅解来影响身边的小齐，进而将这一次的偶然伤害事故妥善、圆满地解决。

我这番话完全就是为了能够解决当时的现状，就是为了能够快速解决问题，我是在完全没有办法的情况下才开始换位思考的。然而，没想到的是，身边的小齐竟然放声大哭，眼泪像止不住似的潸潸而下，一边哭一边哑咽着，但又大声而坚决地对我说："郭老师，我不要高明道歉了，我原谅他了，因为他实在是太可怜了！"边说边擦眼泪伏在了我的肩上。一刹那，这突如其来的状况让我来不及思考，那一声声的呐喊深深撞击、震撼着我的心，我的眼眶也情不自禁地湿润起来，这孩子真是太善良啦！善良得出人意料，善良得感人肺腑。扪心自问，在这样境况下，我能够这样做吗？孩子的纯真童心正在洗涤我的灵魂。我真为有这样的学生而骄傲！

送走了小齐，天已经完全黑了下来，我就陪着高明一起回教室收拾书包，我想今天事情的处理应该随着小齐的宽容而变得简单了，高明也会因为受到感染而变得理智一些的，我们一边聊着一边来到教室。

嘿！还真是没有想到，情绪刚刚有所平稳的高明一走进教室，忽然又像发了狂的狮子一样吼了起来："我要杀人！我要杀了那个多嘴的人！"

他一边说着，一边使劲地敲打着同学冯亦的座椅，眼神又开始发直，嘴里骂骂咧咧地说个不休，主要意思是一定不能饶了冯亦，还说："老师，你自己回吧，我今天是不能回家的了，我就住在教室里不走了！"我一下子又被他闹糊涂了。这个孩子，到底是怎么回事呢？耐着性子仔细地询问了半天，总算明白个大概：原来啊，一回到班上，他忽然又想起了隔着一组坐的冯亦同学临走前讥笑的眼神，冯亦和他是邻居，他知道快嘴的冯亦一准会将今天的事情告诉他的家长，那他回家还能有好日子过吗？以前就吃过冯亦的亏，想想自己以前就是因为他的多嘴挨了爸妈多少打呀！越想越气，又不敢回家，所有的怨气都撒到这儿了，越说他还越来劲，又哭，又闹，又吼地折腾个没完。

我是怎么劝都没有用，包括我当场给他的妈妈打电话，请她不要听信同学的话，有什么事情我会亲自告诉她的。这样还是不行，高明还是不依不饶地叫嚣要杀人、打人。直把我气得不行，实在没有见过这种莫名其妙的脾气的，冯亦也不在这里，你闹个什么劲呀？再说你刚把小齐打成那样，人家又是怎么对待你的呀，你怎么这样啊？

一气之下，我也顾不得什么方法了。"你再这样不听劝，我真的要觉得你的思维有点不正常啦！"脱口而出说出了这一句话。没有想到，人家回答得更干脆、更利索："你最好就这样想我！"

"嗯？"我一下愣住了。

"这样的话，我就可以尽情地发泄啦，这样我就可以痛快地报复别人啦！反正我思维不正常嘛！"眼睛红红的，直勾勾地看着一个地方。

天哪，我又一次被惊呆了，随即我更加同情他、可怜他、心疼他了。

而对这样一个心灵受伤的孩子，我为什么就不能再多一分宽容和等待呢？

我的心一下子平静了下来，好像也不再那么着急和生气了，我决定好好和他谈谈。我告诉他今天亲自送他回家，保证他绝对不会被爸妈再"混合双打"，他这才同意和我一起回家。我一边轻轻拉着他陪他往家走去，一边给他讲过去班级里最顽皮的学生之一聪的故事，我给他讲了很多很多，讲了聪曾经大闹英语课堂，讲到聪脸上时常出现的"五指山"痕迹，讲了聪后来的改变，还讲到聪最后毕业时数学考到了95分……

不知什么时候开始，高明眼里的焦躁和暴戾，变成了温和与平静，甚至还出现了很向往的神情，偶尔还会问一声，后来呢？我说，后来聪顺利地进入了一所很好的中学。

在他家小区的门前，见到了前来寻找他的妈妈，而我也正好结束了聪的故事。

短暂简洁的"移交"之后，高明冲我深深地一鞠躬，表情严肃地对我说："谢谢郭老师！老师再见。"

这一鞠躬让我心头又是一震，对于这个根本不会道歉，从来也不知道认错的孩子来说，这是多么难得呀，我心中一阵安慰。

今天的事情好像是圆满结束了，但其实我心里明白，这不过才是个开头。之所以今天要瞒住高明的家长，只是暂时为了缓和高明紧张、扭曲的心理，因为他也是个严重的受伤者，只不过他的伤是在心里，而且，这个伤还不是轻而易举就能治好的，心病还需心药治，他的父母那里恐怕也是需要了解和沟通的。另外，小齐家长那儿我怎么交代？看见自己宝贝女儿脸上的瘀青，人家能理解我的苦心，能够理解、原谅、宽容点高明吗？

一到家，我就赶紧给小齐家去电话，急切地想和小齐父母沟通今天的情况。

电话是小齐奶奶接的。听完奶奶介绍了小齐的情况，我更感到阵阵心痛和心酸，原先我只知道小齐的父母离异，却不知道现在她每天都只是和奶奶生活在一起，父母都不在身边。好可怜的孩子啊，自己的生活境遇并不是很温馨美满，却还能那么细心地替别人着想，还能为伤害自己的孩子痛心不已，多么善良的孩子啊，我的心里一阵阵地感慨着。

心里惦记着要赶紧向老人致歉，因为今天我没有看护好小齐，让她受伤了。

可我刚表达了一点这个意思，奶奶却主动抢过了话头，转而向我表示感谢，说是感谢我对她孙女的平日里的教导和关爱，感谢我对今天事情的处理方法，让孩子学会了理解、宽容别人。奶奶还特别说："虽然小齐今天被打了，但是高明也是个很可怜的孩子。知道错了就行了，一定不要再处罚他啦！"

早会的时候，征得高明、小齐、小夏等同学的同意，我把昨天发生的事情在全班叙述了一遍，还把小夏和小齐写的日记片段也读了一遍，重点讲了小齐那为高明的境况而痛苦得不能自抑的哭声，以及她在记事本里面对自我的检讨，还有小齐奶奶电话里面对高明的担忧和问候，还表扬了张丹面对高明的挑衅一忍再忍的大度，等等。

这是一个同学们非常熟悉的身边的人演绎的身边的事情，这是一个偶然发生的事故中的教育资源。我觉得不能仅仅是我知道，而应该把这个个别事件，变成一个集体都关注的群体事件，让小齐的宽容来教育、影响大家，激发起每一个孩子心底的良知，让大家知道，其实感动随时都会在我们身边流淌，宽容有时候就是这么简单，遇到事情要互相换位思考一下，只要我们能够真正考虑到对方的感受，对方的处境，对方的心情，一切问题都会得到很好的解决。我还如实地给孩子们说了我的感动……

我觉得大家对高明应该理解和宽容，但是高明对自己也应该有起码的反思和觉悟，他打人这件事情肯定是不对的，应该认错道歉的。可是，这个孩子到现在连声对不起都还没有说呢。

"对不起！"期待已久的三个字终于说了出来，真是高明的一小步，文明的一大步啊！

"男子汉，大声点！"我一旁煽动着，"改正错误的第一步就是真诚地认错。"

"小齐，对不起，我错啦！请你原谅我。"伴随着高明大声道歉，全班孩子和我的掌声热烈地响起，为高明，也为这温暖的集体，更为孩子心中圣洁的美德之花的绽放而长久地响着！

【案例来源】

郭文红. 发现班主任智慧——追求充满人性的教育［M］. 济南：山东文艺出版社，2011：37—54.

【案例分析知识点回顾】

1. 突发事件类型

（1）班级成员交往中的矛盾冲突：师生间矛盾、学生间矛盾。

（2）家庭变故引发学生身心变化。

（3）打架斗殴等校园暴力冲突。

（4）财产丢失。

（5）学生早恋等情感事件。

（6）校园安全事故。

（7）厌学、辍学。

（8）学生自杀。

2. 突发事件形成的原因

（1）学生原因：生理原因、心理原因。

（2）教师原因：教育观、学生观错误、管理失范、教学的偏差。

（3）环境因素：家庭教育不当、社会诱因的侵蚀、学校因素、不可抗力。

3. 处理突发事件的原则

（1）教育性原则。

（2）针对性原则。

（3）因材施教原则。

（4）公平公正原则。

（5）启发性原则。

（6）有效性原则。

（7）协调一致原则。

（8）依法处理原则。

（9）发展性原则。

（10）主体人格性原则。

【案例分析】

在这个案例中，我们可以感受到突发事件发生的突发性和紧迫性，如果教师处理不当有可能会引发更为惨烈的校园事故。针对突发事件，要以预防为主，妥善对其进行处理与善后。

孩子处于心理极具动荡的时期，具有做事冲动、易受周围环境影响等心理特征，有时一点儿小矛盾纷争没有及时处理，或处理不当，就会致使矛盾升级。如案例中高明打小齐事件的初始原因，是前一天下午打扫卫生时，分工不当导致高明认为自己吃亏，在找碴儿未果后更加气愤，恰巧小齐回头呵斥了他，他便将怒火直接撒在了小齐身上。如果在前一天劳动分工问题得到妥善解决，后来的事情便可以避免。

由于学生的家庭状况、生活环境等客观因素不同，所以班级里的每个学生在性格、人生观、价值观、兴趣爱好等方面都存在很大差异，这些差异往往会产生意见上的分歧。而此阶段学生不能够像成年人那样成熟地接纳别人的不同观点，容易将意见上的分歧演变成生活中的矛盾。为了照顾学生的心理特点，班主任要注意语言的艺术与技巧，教育为主，批评为辅，根据不同孩子的个性气质，有针对性地施以教育。

首先，家庭是孩子的第一所学校，家长的一言一行都在潜移默化中影响着孩子世界观、人生观、价值观的形成。孩子也会在生活中无意识地模仿父母的行为，学习父母为人处世的方式方法。如案例中由于高明在家看到爸爸经常动手打妈妈，所以在他的认知中，男人动手打女人并没有任何不妥。在缺乏正确指导的情况下，误入歧途。其次，小学阶段儿童心理尚不成熟，做事感性，案例中高明心理较敏感、偏激，认知上的特点使他更易走向固执与极端，由于家庭教育原因，对生命缺乏敬畏，因此，当他认为冯亦会找他父母打小报告时，会表现得异常激动。这表明家庭教育不当会阻碍学生的健康发展，引发种种问题，间接导致班级突发事件的发生。最后，教师要及时与家长进行沟通，如案例中所言"心病还需心药治，高明父母那里需要进一步了解和沟通"。只有家长积极配合教师工作，形成教育合力，建成和谐的家校关系，才能促进学生健康的成长。

心理失衡是导致学生之间产生矛盾的一个重要原因。心理失衡是指个体在对待社会、集体、他人和自己的态度上，所表现出的种种非正常的或不平衡的心理趋向，主要包括无端猜疑、忌妒、虚荣心强等不良心理。如高明因为顽皮，常遭受父母的斥责和打骂，因为成绩不理想饱受嘲讽和轻视，所以当语文老师让他按照满分试卷订正错误时，他发现试卷上有一个错误没有批出来，就觉得遭到了歧视与不公正的对待。班主任应该将这些"错误"都看成学生成长过程中不可避免的一段心路历程，用学生的视角去看待他们的行为，这样更有利于接近学生的心理状态。正如案例中班主任所为，通过语言关心、行为暗示，让学生感受到教师对他的关心与爱护，明确教师是友而非敌，与他是站在一起的，并非站在他的对立面，这样的师生关系更有利于突发事件的解决。

班主任要善于将突发事件转化为班级教育的资源与素材。如案例中班主任征得高明、小齐、小夏等同学的同意，将突发事件转化为品德教育资源，用小齐的宽容来教育、影响大家，激发学生心底的良知，让学生知道宽容有时候很简单，遇到事情要互相换位思考一下。

【班主任操作建议】

1. 处理突发事件的方法和艺术

(1) 冷处理。冷处理是指当突发事件发生时，教师不急于表态、下结论，而是保持情绪镇定、头脑冷静、仔细聆听、沉着分析当时当地的情况，通过充分调查，了解事情的来龙去脉，在学生情绪稳定后，使学生自己对问题本身有了基本的正确认识后，再做出结论和处理。

（2）变退为进法。变退为进是指教师不急于主导解决问题，而是给予学生一定时间，让其反思应如何处理，把突发事件问题抛给学生处理。变退为进不是不处理，而是充分相信学生，引导学生自我教育、自我管理、自我服务，从而达到自我提高、成长的目的。

（3）幽默化解法。幽默化解法是指班主任理智分析情况，运用幽默的语言或事例，巧妙地缓解班级气氛，避免冲突，使问题迎刃而解。

（4）声东击西法。声东击西法是指班主任利用学生身上的某个优点、闪光点，根据中小学生注意力容易转移的特点，巧妙地把对突发事件的处理转移到另一件事情上去。

（5）因势利导法。因势利导法，一是指教师要善于挖掘利用突发事件的积极因素，化不利为有利，化消极为积极，使之转化为良好的教育契机，借以促进学生成长；二是针对突发事件中的学生，班主任在处理问题时，要善于根据学生的年龄、心理特征和不同学生的性格气质特点，运用一定的教育方式进行巧妙的引导，使犯错误的学生提高认识，改正错误。

（6）当机立断法。当机立断法是指在突发事件发生的紧急关头，教师要立即做出决断，采取有效的紧急措施，控制事态发展。

（7）迂回法。迂回法是指有些突发事件不便直接处理，班主任另辟蹊径解决矛盾冲突的一种方法。避开突发事件产生的直接原因，调整学生的心理状态，触动学生的情感，并从现有矛盾的消极因素中找到积极的因素，使学生的情感发生变化，以形成解决矛盾的契机，然后另辟蹊径，在新的情境中解决纠纷。

（8）用爱感化法。某些突发事件的发生，是由于学生心理失衡导致的，如自卑、焦虑、抑郁、绝望、逆反等不良心理。班主任对此类突发事件的最好处理办法就是用爱感化，用真诚的爱心、耐心与恒心打动学生的内心，使学生发自内心地接受班主任的教育，从而达到"亲其师，信其道"的教育效果。

2. 突发事件的善后处理

突发事件的处理只是暂时性地解决当前问题，要想彻底解决学生思想根子上的问题，就要处理好突发事件的善后处理。班主任在进行突发事件的善后时，要注意处理好以下六对关系，避免十个误区。

（1）处理好六对关系

①处理好班主任与当事学生之间的关系。

②处理好当事学生之间的关系。

③处理好班集体成员与当事学生之间的关系。

④处理好班干部与当事学生之间的关系。

⑤处理好班主任与当事学生家长之间的关系。

⑥处理好当事学生家长之间的关系。

（2）避免十个误区

①避免师道尊严，高高在上，努力形成亲其师，信其道的师生关系。

②避免评价单一，唯成绩论，实现评价主体多样化、评价内容的丰富性。

③避免任性轻率，急于求成，做到谨慎持重，从容不迫。

④避免偏心偏爱，厚此薄彼，坚持公平公正，人人平等。

⑤避免偏听偏信，时紧时松，做到兼听则明，张弛有度。

⑥避免无的放矢，唠唠叨叨，保持对症下药，鞭辟入里。

⑦避免言行不一，光说不做，坚持表里如一，言出必行。

⑧避免孤军作战，独自为营，做到群策群力，万众一心。

⑨避免奖惩不明，标准随意，做到赏罚分明，始终如一。

⑩避免自行其是，无视校规，做到奉令承教，目标一致。

第五节　环境建设

一、制度环境建设

【案例呈现】

带头受罚的班主任

1987年9月李镇西进入乐山一中，开始了他民主教育的实施，同时他开始尝试一种崭新的班级管理模式："法治"管理。

他和学生们一起制定了《班规》，内容包括"学习纪律""寝室纪律""清洁卫生""体育锻炼""值日生""班干部""班主任""其他"共八个部分40条，每一部分中又有若干具体细则，基本上覆盖了班级管理的各个方面、各个环节。《班规》还专门设了"班主任"一项，对班主任定下许多制约规定。《班规》的每一条都写明了执行者，并对执"法"不严者也有明确的惩罚规定。

1987年11月29日，李镇西刚任班主任的乐山一中高87级1班学生正在为参加学校"12·9"歌咏比赛在礼堂排练。

可担任领唱的同学不知何故不愿领唱了，李镇西老师反复耐心地给她做工作，可她仍然不愿领唱。

"你不唱就给我滚出去！"

最后，李镇西还是忍不住了，话一出口，他便意识到自己过分了。

这个女同学虽然满脸不高兴，但总算还是唱了起来。

事后，李镇西真诚地向学生道了歉，而那位女同学也真诚地说："不，还是怪我当时使性子……"这件事也就算解决了。

谁料到，李镇西第二天早上一走进教室，就见黑板上写着一行大字："李老师昨日发火，罚扫教室一天！"

李镇西心里一惊，突然明白了，这些学生是在用刚刚制定实施的《班规》对班主任"从严""从重"地进行惩罚。

于是李镇西半开玩笑、半认真地同他们"谈判"："李某人当然不敢不依'法'办事。但请问，李老师这个月发了几次火呀？"

学生们想了想说："一次……"

"对嘛，《班规》上的规定是'发火超过一次'，可我并未'超过一次'呀'！"然后他又得意地说，"今天是11月30日，我只要今天不对同学们发火，嘿嘿，我这个月就不会'超标'！"

学生们一下哑了。

可是，李崇洪同学站了起来，他左手拿着《班规》，右手指着上面的条文大声说："李老师说得不对！您发火是没超过一次，但您昨天用不文明的语言侮辱了领唱的同学——您叫她'滚出去'，这可应该受罚的！"

他这一说,学生们便嚷了起来:"就是嘛!该罚!该罚!"

于是,作为班主任的李镇西只好认罚。他说:"看来,面对《班规》,我想赖账也是不行!今天放学后,由我扫教室,而且保证教室清洁分数达到10分,否则重扫!"

当天下午放学时,李镇西正在市里开会,但他仍然提前匆匆赶回学校。当李镇西走进教室时,看见宁玮、赵琼等几个住校女生正准备打扫教室。他赶紧冲过去夺下她们手中的扫把:"你们不能扫!今天该我一个人扫!"

她们却死死地捂住扫把不放。赵琼说:"李老师,您真的要一个人扫?"

我说:"不是我要一个人,因为这是《班规》的规定啊!"

"哎呀,您太认真了!"宁玮说:"那这样吧,李老师,我们和您一起扫,好不好?"

"不可以!"李镇西强行把她们赶出教室,把门关死,一个人在教室里干得满头大汗。第二天一早,他又早早走进教室,做了早扫除。

正因为李镇西老师在他的班级实行了民主治班,"法治"治班,制定班规,而且班主任带头遵守,所以班级氛围和风气非常好。

李镇西老师说:班级的日常工作基本上不需要我操心,一切都交始"制度"。可见,在李镇西的管理下,民主不仅在班级中成形,更在学生的心中生根。

【案例来源】

魏书生. 如何做最好的班主任 [M]. 南京:南京大学出版社,2009:60—61.

【案例分析知识点回顾】

1. 班级制度

班级制度是为保障班级正常的教育教学秩序,遵守班级工作规律,根据《学生守则》与班集体奋斗目标,由班主任引导,学生共同参与制定的,需要全体成员共同遵守的具有一定稳定性的行动规范与准则。它为学生提供了行为指南,规范了学生的班级行为,促进了个体的社会化。主要包括考勤常规、基本规范、学习常规、文明礼仪、卫生执勤、奖惩等内容,是班级学生的行动指南。

2. 班级制度特点

（1）规范性。班级制度要求班集体全体成员思想品德符合社会道德规范要求；言谈措辞符合规范用语要求；行为活动符合社会规章制度、行为规范的要求；各项工作与学习生活符合学校、班级的科学管理规范要求，班级环境建设符合育人规范等。

（2）稳定性。班级制度一旦形成与建立，不轻易变更，具有相对稳定性。

（3）教育性。班级制度作为班级环境建设的一个重要内容，对于班级的建设和学生个体的成长具有非常重要的意义。

3. 班级制度的意义

（1）班级制度是班级正常运行的必要条件。班级是学校进行教育、教学工作的基本单位，需要一整套科学的全面可行的运行机制。完备的班级制度，使班级工作有章可循，学生行为有法可依，避免工作的随意性、盲目性，促使班级内各项工作有条不紊地进行，提高班级管理效能。

（2）班级制度是班级民主管理的需要。首先，班级制度对师生品德、言语、行为等提出了共同要求，任何人的言行不得违背班级制度，否则要接受相应惩戒，这彰显了师生间的平等、生生间的平等；其次，共同遵守师生共同制定的班级制度凸显了学生权利的行使，有利于增强学生民主意识，引导学生行使民主权利、民主管理。使学生成为班级的主人。

（3）班级制度帮助学生养成规范意识。班级制度为学生行为提供了标准与尺度，明确学生行为哪些可以做，哪些不能做，学生以此规范自己的言行举止，并以此为依据，培养和提高学生的自律能力，帮助学生养成规范意识。

（4）班级制度促进学生个体社会化发展。班级制度的制定和运行，有助于学生理解群体生活中必须遵守的基本规范，个人在群体中必须具有的角色意识、公众意识、责任感和义务感等要求的必要性和合理性，进而努力去实践，成为自觉的行为。也就是学生通过班级的共同生活及生活中所处的各种关系，学习和内化社会规范，积累社会生活经验，懂得做人的道理，通过他人的评价，以及与班级其他成员的比较，学会认识自我和评价自我。

【案例分析】

班级制度对于学生的学习与成长、班集体的发展有着重要作用。合情、合理、合法的班级制度，能促进班级管理从"人"治，走向"法"治。同时班主任可以从繁重的班级管理事务中解脱出来，有更多的精力研究学生、研究教育教学，提高教学效率，可以为学生言行提供了准则与标准，有助于养成学生规范意识，也促进了班级成员的个体社会化发展。另外，还可以培养每一个学生的能力，可以对学生进行民主精神的启蒙，培养学生的民主平等意识等。

"不以规矩，不能成方圆"，班级管理需要班级制度来约束、规范学生的言行举止。案例中，李镇西在 1987 年进入乐山一中时，就发现了依"法"治班的重要性，在他的民主教育中践行了依"法"治班的班级管理模式。他和学生们一起制定了《班规》，有力凸显学生在班级管理中的主体地位。针对班级实际情况，师生最后确定《班规》涵盖学习、卫生、体育等八个部分四十条内容，每个部分中又有若干具体细则，基本上涵盖了班级管理的方方面面，体现了制度的具体性、可行性；为学生在校、在班言行举止提供了可操作性的路径，让学生知道哪些行为可以做，哪些行为不能做，学生以此规范自己的言行举止，并以此为依据，培养和提高学生的自律能力，帮助学生养成规范意识。针对"班主任"，《班规》中也制定了许多规定，充分体现了师生平等，《班规》中的每一条都写明了执行者，并对执"法"不严者也有明确的惩罚规定，这些都充分彰显了班级民主管理理念以及制度的互制性，表明班级制度面前师生人人平等，民主法治管理充分体现了依"法"治班理念；当李镇西老师自己违反《班规》，学生对其做出的"从严""从重"惩罚时，李老师不但没有生气，而且以身示范，既彰显出《班规》的神圣不可侵犯性，增强了自身的威信与影响力，又为学生做了良好的榜样，具有示范带头作用，班主任带头遵守，为班级营造了良好的氛围和风气。在李镇西的管理下，民主不仅在班级中成形，更在学生的心中生根。

引导学生制定出科学、民主、严明可行的班级制度，有利于将班主任权威转化为学生集体的意志，将班级管理由"人治"转换为"法治"，将学生"被动管束"转变为"主动参与"，使学生实现自我教育与自我管理有章可循、有法可依。

【班主任操作建议】

班级制度是班级管理和建设的保障，好的班级制度不仅有利于学生的学习与成长，还有利于教师的高效管理。

1. 如何制定班级制度

（1）共同制定原则。尽量让班级中的每一个人参与班级制度的制定，使班级制度获得绝大多数学生的认可与执行。这种公平、公开、公正且人人参与的制订过程，让学生明白班级制度是为了个体成长、班集体发展制定的约定，每位学生既是制定者也是执行者、监督者，让大家都有制定、修改、完善班级制度的权利，也有遵守班级制度的义务，便于后续班级制度的落地生根。

（2）制度内容的具体性、可操作性、指导性。为便于学生理解制度内容，规范、评价自身言行，制度内容应尽量具体化、语言表述具体化。这有助于将制度内容转化为可操作性的行动指标，为学生提供言行举止的标准与准则，实现学生对自我言行举止的规范。班级制度应体现教育性，内容应指导学生往好的方向发展，还应激励学生变得更加优秀，不仅要有合理的评价作用，还要有深入学生内心的激励作用。要让学生知道什么是真、善、美，也要唤起学生对真、善、美的追求愿望，激励学生不断超越自我、塑造新的自我。

（3）制度的表述要积极正向、简约、完整、亲切。班级制度的语言表述应尽量使用积极正向、亲切的词语，尽量避免使用与新课程改革相违背的恐吓性语言。表述应尽量简洁明了，便于学生理解、掌握，切不可长篇大论，但也不可一味追求简约而导致内容片面化，好的班级制度应涉及学生与教师岗位责任制、学生与教师日常行为标准等内容，既要包括对学生思想、行为的正面引导，又要包括对教师的要求。

（4）制度的稳定性。制度要相对稳定，一经制定要贯彻执行制度。经常性地随意修改班级制度内容，不仅不利于班级制度本身的建设与遵循，增加不确定性，削弱制度的规范性作用，影响班级学生的班级热情，而且损害制定者的威信与影响力；反复修改制定也浪费管理者的时间与精力，增加管理成本。当然，稳定性并不等于一成不变，随着时代的发展和教育改革的深化，以及办学条件的改善和管理手段的更新等，常规管理的内容、要求和形式也会不断改进。例如，经过一段时间的观察，结合班级实际变化，通过召开相关班干部会议，或经过全班同学讨论，应对班级制度不合理的地方及时进行修订和完善。

（5）制度建设要合情、合理、合法。班级制度的建设要做到合情、合理、合法。合情是指要听取学生意见，使制度的制定符合学生的需求；合理是指制度的制定与实施，既要符合学生身心发展规律，又要符合班级管理的规律，切不可主观臆断，恣意妄为；合法是指班级制度的内容，从小了讲，要与学校规章制度相一致，往大了讲，要与国家的政策法规保持一致。

2. 执行班级制度过程中的问题及处理

（1）班级制度"朝令夕改"。若在执行过程中发现内容不全面、准确等问题，不要急于进行修改。不妨让问题充分暴露。经过一段时间的观察，把已经出现的、可能出现的问题都整理出来，尽可能一次性解决相关问题，以免班级制度朝令夕改。

（2）班级制度"名存实亡"。班级制度在执行过程中，其规范效能可能会随着时间推移而减弱。因此，班主任要及时有效地督促、激励他们按班级制度规范自己的言行举止，切不可将班级制度变成一纸空文。

（3）班级制度"教条主义"。班级制度必须满足学生成长需求与班级发展需要。一方面，班级制度要保持相对稳定性，确保制度的落实与影响力；另一方面，班级制度需要根据班级实际情况，及时做出弹性调整与修改。修改、调整的标准以促进班集体发展、满足学生成长需求为尺度。

二、物质环境建设

（一）教室的布置

【案例呈现】

案例一　开学第一天，用整洁芳香的教室迎接学生

一直以来，我对魏书生老师所说的"15分钟完成清洁大扫除"的心情

很复杂。一方面是敬佩不已，另一方面又保留着轻度质疑。在我看来，要想彻底将一间五六十平方米的教室，里里外外打扫干净，并非一件轻松简单的事情。曾在一天中午，为了以身示范，我独自一人足足花了一个半小时，方才打扫干净教室的地面，切身体验到了一间教室要打扫干净究竟有多难。从此，我对不干净的教室再也没有了喋喋不休的指责，对扫地的同学们也多了一份认同与感激，并由此建议：每学期开学，由班主任打扫好教室，以整洁芳香的教室迎接学生的到来。

我相信，只要不是学生年龄太小，绝大多数班主任都是心安理得地习惯于学生打扫教室的。理由很简单：学生自己坐的教室，当然要学生自己来打扫。但教室不同样也是老师的吗？好多粉笔头还不是老师往地上扔的吗？我们不是一直在强调师生平等吗？为什么在打扫教室时老师就不参与了呢？追问之下，我们其实并没有太多的理由。

每学期开学的前两天，我都会悄悄地来到我的教室，从地面到桌面、从墙面到天花板，甚至灯具，都一一从容平和地打扫干净。地板一遍遍地拖过，直到可见人影；桌椅一张张地清理，一张张地擦拭，整齐划一地摆放好；窗户一扇扇地抹，直到一尘不染；窗帘卸下来洗涤，又一一挂上；墙壁上不张贴任何多余的东西；教室里各种物品更置一新，就连多媒体设备也都一一调试妥当。然后再摆上几盆花，喷上一些空气清新剂，最后才美美地闭门悠然而去。第二天早上，芳香伴着孩子们的惊奇，溢满在每张舒心的笑脸上。看到整洁明亮、芬芳吐香的教室，对比其他班级的凌乱不堪、满眼灰尘，他们一下子就感受到了差别，体会到了幸福的滋味，看到了老师付出的心血与努力，也从中看到了班级的希望，还有自己的责任。自豪感是可以相互传染的。慢慢地，在这种整洁芳香的氛围之中，他们和老师一起，情绪饱满地投入"开学了"的角色调整中……

良好的开端是成功的一半。当别人还在为清洁卫生而努力的时候，我们已经开始在发新的课本了；当别人在发新课本的时候，我们已经是书声琅琅了……这种跑在前面的快乐一直激励着我们，带给我们的是工作的主动与高效。接下来，你会发现，这一学期，孩子们变了许多，扫地听不见喊累的声音了，做清洁劳动表现得非常主动，也很有方法与技巧。甚至有的时候，他们还会把墙脚的瓷砖擦了又擦；会把地板上偶尔的口香糖痕迹铲了又铲，拖了又拖；会把桌椅抹了又抹，摆了又摆，力求精益求精……从他们的脸上，你看到的是劳动快乐的笑容，看到的是"让班级因我的存在而感到幸福"的真诚与责任。这时，你还会愁教室不是"非常整洁"，还会愁卫生大检查班级上不了表扬榜吗？

　　班主任亲自打扫一次教室，本身应该很平常，劳动量不大，身体也能承受，但其效果与影响力远胜于劳动本身。它的意义在于，使学生看到了班主任以身作则、为人师表、言传身教的一面，这种身体力行的示范就是一种无声的表态，就是一种目标的定格，也是一种在起初就开宗明义地面对班级、面对学生的承诺：师生是平等的，地是可以扫干净的，我们的班级是可以建设得更加美好的，从我做起！

　　……

案例二　创造一个完美的教室（节选）

　　教室是什么？我认为，教室，是一个充满魔力的词语，教室是我们的愿景，是我们想要实现目标的地方，是决定每一个生命故事平庸还是精彩的舞台，是我们共同经历的所有课程的总和，它包含了我们论及教育时所能想到的一切。我一直有一个朴素的理想：让每一个生命都在教室里开花；让每一个孩子在清晨醒来时，对即将开始的一天充满期待和向往；让每一个孩子结束一天的学习，回家时对教室充满留恋和不舍。

　　2009年9月，我接手了一个一年级新班，把它命名为"小蚂蚁班"。我下定决心：让最美好的教育、最卓越的教育，在我的教室里成为可能。

　　一、一间完美的教室，有自己独特的班级文化

　　一年多的时间里，"小蚂蚁班"逐渐形成了自己的愿景：

　　让每一个学生成为谦谦君子。

　　让每一个学生成为始终朝向伟大知识的人。

　　让每一个学生成为追求卓越的人。

　　让每一个学生成为独立自强的人。

　　"小蚂蚁班"的价值观也在我们的共同生活中慢慢形成。

团结合作——我们是一家人，我愿意去帮助别人。

热爱学习——创造一个真正学习的教室，我们每个人都能很快乐地学习。

遵守规则——我们要让自己成为一个受欢迎的人，因此我们遵守自己的班规。

二、一间完美的教室要尊重每个生命的独特性

我始终对每一个生命都充满敬畏——在"小蚂蚁班"，每个生命都是平等的，都会被尊重和呵护。在每个学生过生日时，我都会选择一个最符合这个学生天性的生日故事，用一节课的时间把这个故事讲给他听，也讲给每个学生听。然后我根据这个故事，改写一首生日诗。全班同学一起为他朗诵，送出最美的生日祝福。一年下来，每个孩子都经历了完美的生日故事，拥有了所有人的祝福。泽昊的《我是霸王龙》、禹轩的《月光男孩》、皓天的《天空在脚下》、雅琪的《雅琪和公主》……热爱花花草草的梓琨过生日时，我为她选择了《秘密花园》。故事讲完后，孩子们一遍遍为她朗诵我写下来的生日诗……

三、一间完美的教室是人人向往的地方

一个完美的教室，应该让每个人都尽自己所能，让教室成为人人向往的地方。一年多的时间里，每天，我都给家长和孩子写便条。写了近十万字。每周，我给家长写一封信，从教育学、心理学的角度讨论孩子的成长，写了十几万字。每天，我以现象学的姿态记录教室里发生的故事，写了20多万字。这40多万字让我在反思、研究中成长。专业阅读和专业写作成为我的生活方式。20多万字的便条和信，让我把家长们也带到了一条和学生共同成长的道路上……

【案例来源】

张万祥. 给年轻班主任的建议［M］. 上海：华东师范大学出版社，2017：9—10.

赵福江. 从平凡到卓越：25位优秀班主任的故事［M］. 北京：中国人民大学出版社，2016：111—119.

【案例分析知识点回顾】

1. 班级的物理环境

班级的物理环境包括教室本身物理空间、课桌椅、照明、颜色、声音、通风、温度与湿度、教学媒体设备（如教学媒体的类型、教学媒体的选择）等。

2. 教室布置的具体操作

班训与班徽：一般由全班共同讨论制定，对学生起到警醒、激励的作用；张贴在黑板上方，是班级思想的精华，具有一定价值内涵。

图书角：分区放置学生课外读物、学习参考书、教师用书等，课外读物的内容应尽量丰富，涵盖历史人文、科普读物等内容，供求知欲强的同学阅读，拓展学生知识视野。

板报或墙报：在教室布置中具有重要位置，一般由学生设计，体现学生风貌、一定主题，版式设计美观简洁。

管理园地：可以粘贴《学生守则》《班级公约》《值日表》等内容，保障班级管理的规范化。

作品展区：将学生的优秀作品及进步较大的作品加以展示。

荣誉榜：将表现优秀及进步幅度较大的学生名单进行公告。

公告栏：主要粘贴临时性内容，如每天注意事项、各项通知、获奖情况、检查评比结果等。

教学单元：以分科、分节的形式将各科的重点明显地展现出来，让学生在学习时，能有要点可循，即使老师没有在教室上课时，学生仍然能根据布置的提示，自动学习。

绿化走廊：走廊两侧可摆放绿植，美化环境。

柔化走廊：将学生在日常生活中所熟悉的物品加以造型设计，吸引学生注意力。

其他：如壁柱布置、新闻焦点、生活点滴等，也是教室布置的重要内容，发挥着重要的育人功能。

【案例分析】

班级环境是学生生活、学习的重要场域，是对学生的成长产生影响的各种外部条件的总和。苏霍姆林斯基在《帕夫雷什中学》中曾讲："孩子在他周围经常看到的一切，对于精神面貌的形成具有重大的意义。这里的任何东西都不应当是随便安排的。孩子周围的环境应当对他们有所诱导，有所启示。我们竭力使孩子所看到的每幅画，读到的每句话，都能启发他去联系自己和同学。无论是种植花草树木，还是悬挂图片标语，或是利用墙报，我们都将从审美的高度深入规划，以便挖掘其潜移默化的育人功能，并最终连学校的墙壁都在说话"。杜威也曾说："要想改变一个人，必须先改变他的环境，环境改变了，他就被改变了"。两者均强调教室布置、班级环境的重要性与教育性。

教室是学生学习、生活的场所，也是班级文化的重要组成部分。合理布置好教室，首先，能够影响学生的文化学习，增添学习、生活乐趣。如案例一展示了布置合理美观、窗明几净的教室环境，会让孩子觉得在这样的环境下学习、生活是一件愉快、惬意的事情，提高学生幸福感，这种跑在前面的快乐，一直激励着学生，带来的是学习、工作的主动与高效。其次，能够潜移默化地培养学生正确的审美观，养成良好的审美情趣，陶冶学生的情操，使学生得到美的熏陶与滋润，并可能成为一个创造美、表现美的人。最后，有利于增强班级的向心力、凝聚力，以及师生集体主义意识、主人翁意识、荣誉感与自豪感。如案例一中所讲，对比其他教室的凌乱不堪、满眼灰尘，学生一下子体会到了幸福的滋味，看到了班级的希望与自己应承担的责任。在新的学期里，学生劳动更加积极了，力求精益求精，学生为班级因我的存在而感到幸福并为之努力。

合理布置教室是不容小觑的一门复杂学问。布置一个受学生欢迎、爱护，具有教育性、审美性、功能性的教室环境，需要明确教室的主人是学生，因此，教室环境应由学生布置，为学生而布置。如案例二中所示，完美的教室要根据学生身心发展特征，尊重每个生命的独特性，彰显自己独特的班级文化，凸显学生的主体性。班级文化、价值观在学生成长中不断建构、养成；根据每个学生的天性，为学生的生日选择一个故事，并改写生日诗，全班同学一起为他/她朗诵，送出最美的生日祝福，让学生体会自己生命的独特性、体悟师生间友爱和睦、体悟温暖的"家"的班级文化氛围。

【班主任操作建议】

教室的布置应该以教学目标、学生需求、审美观念、兴趣爱好等为基础。实现班级环境的育人功能。班主任在进行教室布置时，应遵循以下原则。

1. 主体性原则

温馨、和谐、积极、受学生欢迎的教室环境需要教师与学生共同设计营造。首先，学生是班集体中各项活动的主体，教室作为学生生存、发展的重要场域，对其布置应让学生充当设计的主角，学生充分发挥积极性、主动性、创造性，根据成长需求，用自己的双手亲自营造一个温馨、舒适的班级之家。增强学生主人翁意识，增强班级凝聚力和集体荣誉感，有益于班集体的长远发展。

其次，班主任要做好组织者、引导者的角色。教师可以就教室布置提供基础设计思路，由学生动手操作，将设计思路付诸实践。遇到争议问题，可以通过共同协商进行解决，借此提高学生问题解决能力。

最后，在教室布置过程中，我们要尽量避免两种倾向：一是教师放任自流；二是教师独断专行。

2. 个性化原则

教室作为一个学生接受教育的重要场所，具有社会化功能与个性化功能。不同年龄、不同层次的学生对于教室布置的要求也不尽相同，为此，教室布置应突出班级特色。在进行教室设计与布置时，应充分彰显班级文化特色。在一个充满个性化的空间里，学生们不仅可以自由地发挥主观能动性，同时还可以养成自我认识、自我设计、自我塑造、自我完善的能力，培养具有不同特色的需要、动机、兴趣、信念、性格、能力等品质，为培养独特的个性奠基。

3. 目标性原则

班集体目标具有指引、导向、规范、激励等作用，是班集体精神风貌的表现，教室布置要围绕班集体目标进行整体考虑与设计，并体现班集体目标。

4. 教育学原则（实用性原则）

教室布置不仅是装饰与点缀，应根据学生身心发展规律，以一定的主题为主线，同时关注美感，基于班级现实情况，考虑教育教学需要、班级管理需要、学生成长需求进行设计与实施，以达到实用性，发挥班级环境春风化雨、潜移默化的境教功能。

5. 艺术性原则

教室不仅是学生学习的地方，也是潜移默化影响学生的场所。良好的教室环境可以培养学生正确的审美观、审美情趣，进而发展学生创造美、享受美、表现美的能力。教育环境是进行美育的隐形课程与途径，因此教室布置必须体现艺术性原则。如在教室色彩搭配上，要讲究色彩间的谐和性，要考虑色彩的心理效应，在颜色选择上要有利于营造静谧、适合学习的氛围。

6. 时效性原则

教室的一些环境布置应根据不同学段、不同阶段的学生身心发展特征、教育教学目标，班级管理目标等，有针对性地对学生作品展、板报或墙报、图书角、荣誉榜、公告栏等内容及时进行调整与更换。有时效性的环境布置更富有新鲜感、吸引力。但也不宜过于频繁，需根据班级实际情况，具体问题具体分析。

7. 创造性与生动性原则

教室布置应为学生提供创造的平台，激发学生想象力与创造力。例如，在教室中保留一块儿自由角，供学生发挥想象空间。

8. 安全性原则

如果布置的物品中有易破损、毒性或危险性的，应特别注明，并予以警告。

9. 经济性原则

由于教室布置的时效性，班级布置所需经费与材料应加以考虑。主张引导学生减少成品购买，进行废物利用，既激发学生环境保护意识，又有效降低了班级布置的成本。

（二）座位的编排

【案例呈现】

学生座位自愿组合（节选）

1985 年以来，我们班学生的座位，刚入学时，先按大小个排列，以后随着大家相互了解的加深，可以自愿组合。

组合有两个条件：第一，有利于学习；第二，要四厢情愿。

我常跟学生说，人和人的组合是一门大学问，不要说万物之灵的人，就是简单的物体，再简单一些，构成物体的原子，其组合方式也是一门大学问。

同样是碳原子，排列组合的方式不同，便分别构成了世界上比较软的物质——石墨，和世界上最硬的物质——金刚石。

咱们再谈人，两个人和两个人合到一起，不一定就是 4 个人的力量。比如一个书记加一个厂长，倘若两个人配合默契，情同手足，患难与共，相辅相成，那么加在一起就完全可能等于 3 个人、4 个人甚至更多人的力量。遗憾的是这样的例子太少了。另一种情况呢？其中一个人老实厚道，谦谦君子，甘心情愿当配角，这样一加一便还是一个人的力量。也有的两个合不来，……一加一等于零。还有的两个人为了个人权利，在堡垒里拼命战斗，打得不可开交，……一加一等于负一，甚至负二、负三。

同学之间组合、交友也是如此，有的懒同学交了个勤奋的朋友，不久也变得勤奋起来。有的好计较、生气的同学总和憨厚开朗的同学在一起，渐渐不爱计较，不爱生气了。也有的同学本来衣着朴素，不会花零钱，就因为总和社会上几个讲吃讲穿的失学学生在一起，也变得花枝招展，零食不离口了。

一届又一届的学生我都一次又一次地叮嘱，要研究和谁接近，和谁疏远。

疏远了谁，不意味着断交，不意味着不是朋友，而是少在一起的朋友，是多鼓励对方，为对方祝福，暗暗地为对方加上进之力的朋友。

对后进同学，也不是让大家都疏远他，而是让后进同学相互疏远，安排先进同学接近他们。这样大家才能共同进步。

后进同学要换座，有时我帮着做工作，一般同学要换座，则要具备第三个条件：四厢情愿。假设原来甲乙两同学一桌，丙丁两同学一桌，甲同学要换到丁同学的位置去，必须征得其他 3 个人的同意；乙同学同意甲离开自己和丁到自己座位来；丙同意丁离自己而去，并愿意接收甲；丁则愿意离开丙又愿去和乙同桌。四厢情愿，跟我说一声，立即就可以换，有一个人不情愿也不行。愿意换的同学就去做工作，什么时候做通工作什么时候换，人家不同意就不换。学生换座四厢情愿就可以换，但必须跟我说一声，我把 4 个人找来一问，大家都同意了，立即换。这个权利我没有下放给班干部，我总觉得，这件事比较复杂，涉及一些微妙的关系。学生找我之前一般考虑比较全面了才来，换得有道理的时候居绝大多数。换得没道理，换完之后对学生发展不利时，我能及时发现，给予建议，得到及时纠正。我几次想把这个权利也下放给班干部，但一直没有这么大的决心。

引导学生从科学的角度研究人与人的组合，研究坐的位置，有利于使学生变得更理智，更开阔。

随意调换座位并不是让大家都疏远后进同学，相反地，还提倡先进同学和后进同学一个座位，既提高了后进同学的成绩，也提高了先进同学帮助人、改变人的能力。

王海鹏同学思维敏捷，理解能力强，精力充沛，上课一听就懂，剩余时间不愿深钻，爱说话，多少次班级选举说闲话最多的人，他都位居榜首，最多时高达25票。李健同学原在四班成绩倒数第一，调入我班后，虽有进步，但仍不爱学习，也多次被选为爱说闲话的人。

一天，王海鹏同学来找我，要求和李健同学一桌。我还认为是同我开玩笑，便说："放学了，今天老师要赶写一篇文章，没时间跟你开玩笑，快回家吧！"他像往常一样，脸上仍不失顽皮的笑，瞪大了眼睛："老师，真的，今天不是开玩笑。""不开玩笑是什么，两个最能说的人凑在一起，疾病互相传染，不成了不治之症了？""老师您只知其一，不知其二，我和李健都爱说，不假，但我们说的不是一类内容，有时我们票数比对方多时，彼此还都有过不服气的时候，我们坐一桌，说不定互相制约住了呢。"我心里还是不愿意，他又说："您不是总说试试并不吃亏吗？让我们试一段时间，不行，再换回来也不迟。""李健能同意吗？""一定能同意。"

他们成为同桌，已经两个多月了，效果出乎意料地好。不仅他们两人之间自习课不说话，还能控制着不同左邻右舍说话，并且两个人的学习积极性都比以前高。

他们试了两个月，还要继续试下去。我总感觉他们时间长了相互会有不好的影响，但仅这两个月的成功就足以使我认识到：学生的相互交往中，学生与学生的组合中，有许许多多奥秘远未被我所认识。

【案例来源】

魏书生. 班主任工作漫谈［M］. 桂林：漓江出版社，2011：128—134.

【案例分析知识点回顾】

1. 座位编排

座位编排指学生日常座位次序的排列方式。在班级文化中具有重要作用，影响着师生间、生生间的人际关系，并对学生的学习动机、态度、参与度与效果产生不同影响。

2. 座位编排方式

（1）秧田式（行列式），适合传统班级授课制。

（2）马蹄式（U 字形、新月式），适合问题讨论、即兴表演、实验演示，便于师生间、生生间交流沟通。

（3）圆形或方形式，适合讨论、游戏、表扬、分享。

（4）小组式，适合新课程改革下的合作学习、探究学习、自主学习模式。

（5）自由式编排，即平时教室内装有"万向轮"的课桌，平时采用单人行列编排方式。根据学科、课程需要，可以把课桌随意组合成任何一种形式。

3. 座位编排应考虑的因素

（1）生理因素。如身高、视觉情况、性别。

（2）心理因素。如个人爱好、人际交往的需要、个体性格气质。

（3）师生的真实需求。如是否方便学生进出、教师巡堂、打扫卫生等。

（4）地域因素。尽量避免地域相同或相近的学生坐在一起，避免产生不易控制的非正式群体，甚至帮派。

（5）父母因素。随着家长对教育的重视程度不断提高，家校合作理念的深入，教师在编排座位时，有时候也要适当考虑、采纳学生父母的建议，尽量避免冲突，如果教师和家长能够形成教育合力，会对班级管理产生重要的积极影响。

（6）班级发展因素。座位编排要为班级发展服务，为教师教育教学活动的开展，以及学生的成长与学习服务。

【案例分析】

座位的产生途径有两种：一是学生自由选择。一般学生会根据自己学习习惯、个性特征、人际关系等挑选座位，座位不固定，多见于大学；二是人为编排。这一途径多见于中小学，这里又可以具体分为班主任独自编排与师生共同编排。一般而言，在接手新班级时，由于对学生心理、人际关系、个性特征、气质类型、家庭背景等因素的不了解，一般班主任会根据班级学生的生理因素进行独自编排。如案例中魏老师自 1985 年以来，班级学生的座位，由刚入学时的先按大小个排列，到后来的自愿组合，这时候就转换为了以"生"为本的师生共同排座。

编排座位是一门学问，苏霍姆林斯基在《帕夫雷斯中学》中曾讲，"孩子在他周围经常看到的一切，对于精神面貌的形成具有重大的意义。这里的任何东西都不应当是随便安排的。孩子周围的环境应当对他们有所诱导，有所启示"。魏老师在案例中说："有的懒同学交了个勤奋的朋友，不久也变得勤奋起来。有的好计较生气的同学总和憨厚开朗的同学在一起，渐渐不爱计较，不爱生气了。也有的同学本来衣着朴素，不会花零钱，就因为总和社会上几个讲吃讲穿的失学学生在一起，也变得花枝招展，零食不离口了。"这对班主任在编排座位过程中有所启发，班主任要充分考虑座位安排对班级环境的改善、学习氛围的形成、师生关系的改进、学生学习劲头的激发、学习习惯的养成等的影响，要结合学生综合情况，把不同性格、品德、气质的学生安排在一起，让他们形成互补。如对后进同学，魏老师的做法不是让大家都疏远他，而是让后进同学相互疏远，安排先进同学接近他们。将学习缺乏顽强刻苦精神的同学与勤奋好学、稳重有耐心的同学坐在一起，提倡先进同学和后进同学一个座位，既提高了后进同学的成绩，也提高了先进同学帮助人、改变人的能力，这样大家才能共同进步。

班主任在编排座位时，应注意师生共同商量，让学生参与其中，能够有效解决编排座位时出现的矛盾与问题。当然与学生商量时，应体现教师管理的智慧与能力。如魏老师在编排座位时，充分采纳学生的意见与建议，只要符合有利于学习、四厢情愿两个条件，他就同意自愿调座。这里也表明班主任编排座位，一定要有利于学生的成长与学习。

引导学生从科学的角度研究人与人的组合，研究坐的位置，有利于使学生变得更理智，更开阔。以生为主导进行座位安排，有益于提高学生对自己、对他人的了解与认识；有益于提高学生自控能力、自治能力。王海鹏同学换座位就是一个典型案例。换座之后两个多月，效果出乎意料得好。不仅他们两人之间自习课不说话，还能控制着不同左邻右舍说话，并且两个人的学习积极性都比以前高。这再次印证了座位编排对班级环境的改善、学习氛围的形成、师生关系的改进、学生学习劲头的激发、学生习惯的养成有着重要影响。

班主任根据学生的生理、心理需求，编好座位后并非一成不变，教师要针对班级现实情况与阶段变化，通过观察，及时发现座位表的优缺点，根据学生的学习与成长情况，进一步调整座位表。如案例中魏老师也承认换座位有道理的时候居绝大多数，但也有换得没道理的，换完之后对学生发展不利时，他能及时发现，并给予建议，及时纠正。

【班主任操作建议】

班主任在编排座位时应依据以下原则。

1. 坚持以生为本原则

教师编排座位的主导思想应充分体现以生为本的原则。一切教育教学活动的出发点与落脚点都是促进学生的全面发展，座位的编排也要充分听取学生的意见与建议，采取自愿原则，不仅要告诉学生是如何安排座位的，还要让学生参与其中，可以采取师生共同编排座位的方式，充分发挥学生的聪明才智与主体积极性，最终促进学生发展。

2. 遵循互补性原则

教师在编排座位时，要充分考虑各方面因素，好的座位安排是能够实现学生优势互补的。如考虑性别因素对个体发展的影响，通过合理的座位安排实现男女生在性格、思维方式、表达能力上的相互影响与互补；充分考虑学生的家庭背景，通过环境互补，使学生健康、和谐地发展；充分考虑智力因素，尽量把不同知识水平与能力的学生编排在一起，达到优化组合、共同进步的目的；充分考虑学生的性格、气质与品德，实现学生间的性格互补，营造和谐人际关系氛围。

3. 灵活性原则

教师通过观察，及时发现座位表的优缺点，定期根据班集体现实情况、实际教育教学需要、学生的学习与成长情况、班级人际关系变化、不同学科与课程需要等因素，采取座位轮换、定期重新排列座位的方式创造性地更新座位的编排。

4. 公平公正原则

由于不同位置的座位各有其利弊，因此要定期轮换。首先，从时间上看，轮换时间切忌间隔过长，一般以一个星期或半个月为宜。其次，从轮换方式上看，可以根据班级实际情况，因地制宜、因时制宜地采取左右位置循环轮换、前后位置循环轮换或让每个学生坐遍教室的每一个角落等多种轮换方式，但后两种往往忽视了学生的生理条件，有其明显弊端。

第三章 班级活动组织

第一节 班级活动概述

【案例呈现】

让学生在活动中成长

德国著名哲学家雅斯贝尔斯认为："教育过程首先是一个精神成长的过程，然后才成为科学获知过程的一部分。"而精神成长的过程是人的知、情、意统一发展的过程，不能强制，不能灌输，必须借助活动平台，运用"精神助产"方法，唤醒学生潜在的主动力量，使学生在具体的活动实践中，逐渐掌握知识，完善道德，提升自我。鉴于此，我充分利用挖掘多种活动条件，组织安排多种活动，让学生去经历、感受、体验、体悟。

一、落实校内常规活动，发掘新的教育形式

除校运会、文艺会演、青年志愿者活动外，我一般根据时令、节气、节假日等，定期组织学生开展活动。比如竞技活动、登山抒怀、中秋晚会、集体生日等，以展示学生们的才华，磨炼意志，促进交流，增进了解，凝聚人心，使班级成为学生心之向往之地。此外，根据班级实际情况，我还开展了适合班级成长的特色活动。

1. 励志长跑。面对繁重的学业，学生锻炼的时间越来越少，体质严重下降。因此，我开展励志长跑活动。十几年来，每天坚持让男生跑3200米，女生跑2400米，既锻炼了身体，又磨炼了意志。

2. 每月一歌。每个学生都渴望进步，追求进步，但往往坚持一段时间就会退缩不前。真正好的教育应该是自我激励、自我教育。鉴于此，我发起了"每月一歌"活动。由学生选择确定励志歌曲。每天早自修之前，全班学生起立高唱励志歌曲。比如唱《从头再来》，学生们在对主旋律"心若在，梦就在"的反复吟唱中，信心满怀地开始每天的新生活。

3. 自我确认。该活动源自世界第一潜能激发大师安东尼·罗宾的创意。具体做法是：学生依次伸出左脚，右脚，高喊"左脚，右脚，哈"；伸开双手，喊："这是多么美好的一天"；挥拳，口喊"充满了爱、热情、效益、感恩、POWER"；握拳，口喊"我选择快乐"三遍。击掌，高喊"Yes，Yes，Yes，oh，Yes"。做自我确认操，喊自我确认口号，是对自己及周围事物的肯定，可以打开学生的"能量开关"，让学生心情愉快，散发正能量。

二、创设校外特色活动，走出校园走向人生

1. 集体出游。春秋游是很好的活动形式，但出于安全、经费等考虑，现在学校一般不再组织此类活动。我和学生排除万难，让春游活动照常进行。几年来，学生们享受宁波海边的烧烤，徜徉于杭州秀美的公园，流连于良渚的特色农庄，陶冶了性情，增进了感情，学会了策划与组织，增强了安全意识。

2. 感恩活动。我定期布置班级家庭作业，引导学生去做本该做却被忽视的事情。例如，给父母盛一碗饭、给父母倒一杯水、给父母捶一次背、和父母谈一次心、看望一次爷爷奶奶、到邻居家串一次门，等等。让他们体验幸福，感受温馨。

3. 毅行活动。利用一天时间，从学校徒步行走到湘湖公园，往返共10公里，使学生历练精神，磨炼意志。

4. 携手同龄宏志生，走进农村大课堂。利用学校宏志生资源，发动学生参与农村实践活动，让城市的学生走进农村，到家境贫寒的学生家中体验生活，务农、支教、调查，为期十天，返校后以图文展示和做报告形式进行反馈与交流。

【案例来源】

赵福江. 从平凡到卓越：25位优秀班主任的故事［M］. 北京：中国人民大学出版社. 2016：169—176.

【案例分析知识点回顾】

（1）班级活动是学校教育活动的重要组成部分。

（2）班级活动是学生认识社会的重要途径。

（3）班级活动是学生进行品德实践的重要领域。

【案例分析】

人是自然属性和社会属性的统一体。从自然人变成社会人离不开对社会的适应。而班级活动在促进学生社会化的过程中起到了重要作用。社会学理论认为，人类行为主要是在其所属群体，以及这些群体内发生的社会相互作用中形成的。教育的基础是实践性的活动与自主交往。班集体活动有利于学生之间的相互了解和相互关心，也有利于学生向同伴群体中的榜样学习。更为重要的是在班集体活动中，学生通过合作、竞争等活动，实践对社会的认知，增长道德体验，经历道德评价。因此，班级活动是一个认知实践、情感发展、判断能力增长、人格完善的综合的练习场所。美国当代著名发展心理学专家詹姆斯·尤尼斯等人研究了青少年学生参加社区服务和其他各种实践活动对青少年公民政治意识和道德发展的影响。尤尼斯的结论是：参加无偿社会服务是高中生遵守规则行为、非常规行为及违规行为和态度的一个有说服力的预测指标。在中学生参加的学校社会工作和无偿的社会活动中，他们体验到社会规范与价值观念，在自我认同感发展的关键期，这些规范与价值观念带给学生社会化的重要体验。

案例中的教师通过组织多样化的校内外班级活动帮助学生。通过竞争、合作、实践参与等多种方式。提升学生对社会规则的了解。体验成长过程中的多种情感，增长他们的见识。促进学生处理问题能力的形成。从促进学生身体、人格、能力发展等多个维度，安排合理的班级活动。这种系统化的安排，促进学生深入地认识社会，认识自身，认识人与人之间的关系。大大开阔了他们的眼界，提高了他们处理问题的能力。

【班主任操作建议】

（1）提高学生参与的积极性。

（2）给学生多角度锻炼的机会。

（3）活动程序和内容的安排上注意僵化的问题。

（4）建设民主参与的机制。

第二节　各类班级活动的设计与实施

一、班会活动设计与实施

【案例呈现】

"要爱你的妈妈!"

——主题班会实录（节选）

时间：1998 年 4 月 14 日上午第二节课

地点：石室中学逸夫楼讲演厅

学生：初 1997 级（3）班学生

班主任：李镇西

班主任：今天我们开一次班会，这次班会同时是一次作文评讲课。谁的作文呢？就是你们的爸爸妈妈写的"作文"。这学期开学的第一次家长会上，李老师给每一位家长都布置了一篇作文：《我为我的孩子而……》。而"什么呢？"或者"自豪"，或者"欣慰"，或者"遗憾"，或者"伤心"，或者"一把鼻涕一把泪"……（众笑）最近，家长们都把自己写的文章交给了我。因此，今天这个班会课，也就是评讲你们爸爸妈妈"作文"的语文课。

（学生惊诧，小声议论）

班主任：我把今天这个班会的主题定为"要爱你的妈妈!"。班会的主题来自一所学校的校训。这所学校就是苏联一所闻名全球的农村中学——帕夫雷什中学。校长就是我经常给同学们提到的杰出的教育家苏霍姆林斯基。正是他给学校制定了这个校训："要爱你的妈妈!"校训贴出来以后，有人就提出疑问："为什么不说爱祖国爱人民呢？"苏霍姆林斯基的回答是："只有爱妈妈，才能爱祖国!"听到这里，可能有的同学还有疑问："爱妈妈？那还有爸爸呢？"同学们，这里的爱妈妈，实际上包括了爱爸爸。那么包不包括爱爷爷奶奶呀？

学生：包括!

班主任：对了。这在修辞上叫什么？

学生：借代。

班主任：对，借代。就像我们说"吃饭"，实际上还包括了"吃菜"。所以，今天我们的班会虽然题目叫"要爱你的妈妈！"，实际上包括了要爱你家里所有长辈的意思。咱们先来搞一个现场调查：请知道自己爸爸妈妈生日的同学举手。

（不少学生举起了手）

班主任：好，很多同学都把手举起来了，我现在抽一位同学，请他把自己父母的生日准确地说出来。抽谁呢？……解斌，请你准确说出你爸爸妈妈的生日。

解斌：我爸爸的生日是 1952 年 6 月 4 日，我妈妈的生日是 1957 年 4 月 15 日。

班主任：非常好！（众鼓掌）那么，现在我要问第二个问题了。上个月我们全班同学和李老师一起徒步到太平寺机场郊游。那次的辛苦，……非常疲倦。同学们回家后洗澡没有？

学生：当然洗了。

班主任：洗衣服没有啊？

学生：洗了。

班主任：谁洗的？是自己洗的吗？

（学生沉默）

请问：那天哪些同学是自己洗的衣服？请这些同学举手。

（有几个学生举起了手。）

班主任：哦，有同学举手了。我数一数，1、2、3、4，一共四个，其中还有一位是男同学。这四位同学非常值得其他同学学习！让我们鼓掌向他们表示敬意！（众鼓掌）可能有同学会说："哎呀，平时换下来的衣服都是我洗的，那天是因为我实在太累了！"是不是这样的？哪些同学平时都是自己洗衣服的？请举手。这次举手的同学比刚才多一些。很好，请把手放下。问题是平时你们爸爸妈妈下班回来以后，也很累呀，你们想过给爸爸妈妈洗衣服没有呢？所以，爱自己的父母，就应该从这些小事做起。父母养育我们不容易啊! 从你们出生起, 就不知操了多少心啊!

(学生长时间的沉默)

班主任: 说到这里, 我要问第三个问题了。同学们的名字, 可能都寄予了爸爸妈妈对你们的期望。那么, 有没有哪个同学的名字, 是和自己出生有关的? 好, 邹冰举手了。你说吧, 你的名字和出生有什么关系?

邹冰: 我出生那天, 正下大雪, 天很冷, 所以爸爸就给我取名……

班主任: 别忙, 我问一下, 那天结冰了吗?

邹冰: (点头) 结冰了。

班主任: 哦, 所以你就叫邹冰! (众大笑) 你爸爸给你取这个名字, 大概是希望你记住妈妈生你时的艰难, 对吧? 所以, 你现在可不能对你的爸爸妈妈"冷冰冰"的啊! 好, 请坐。——还有没有同学的名字和出生有关? 好, 黄芪举手了。……请你给大家解释一下。

黄芪: 因为我出生的那天是7号, 出生时体重是7斤, 而且, 在我出生的时候, 我妈妈由于失血过多, 昏迷了, 医生就要她多食用一些黄芪之类的补药, 补补身体, 所以妈妈就给我取名叫"黄芪"。

(众大笑, 鼓掌)

班主任: 哦, 原来是这样! 嗯, 他这个名字的确有意思: 出生是7日, 体重是7斤, 更关键的是母亲在生他的时候, 身体因失血过多而极度虚弱, 靠着黄芪等补药才得以恢复。不过, 我现在突然产生了联想, 可能你妈妈给你取名的时候, 还希望你今后成为对国家有用的人才, 成为我们振兴祖国的……"补药"!

(众大笑)

班主任: 我认为, 爱自己的爸爸妈妈, 不仅是咱们中华民族的传统美德, 而且是人类共有的一种崇高美德。在世界上许多国家, 都有不少这方面的感人故事。下面, 我们先请向启同学给大家讲一个这方面的故事。大家欢迎。

(众鼓掌)

向启: 老师们, 同学们, 这是一个感人的故事。在美国得克萨斯州有一个农场……

(众长时间鼓掌)

班主任：讲得很好。这个故事，是在准备这次班会的时候，我给向启同学提供的。刚才向启在充满感情地讲这个故事的时候，我情不自禁地在下面想：向启在他妈妈的心目中，也是一个男子汉！这次，在我收到的家长作文里面，向启妈妈写的题目就是：《我为我的向启而自豪！》他的妈妈在文中这样写道："我为我的儿子向启感到自豪……他富有同情心、善良、正直、有礼貌、孝敬父母及老人。当我们有病时或者有困难需要他的帮助时，他会尽力做得很好，让我们从心里感到欣慰！"所以我想，虽然向启和他的妈妈没有遭遇过暴风雨，但是如果遇到这种情况，向启一定也会是一个坚强勇敢而富有爱心的男子汉！让我们向他表示敬意！

（众鼓掌）

班主任：刚才向启讲的这个故事，其实是一个突发事件。可能有同学在听的时候会这样想：要是让我和我的妈妈也遭遇一次暴风雨该多好啊！平时妈妈总说我不爱她；如果到那时，哼，看我的！（众大笑）其实，爱爸爸爱妈妈，在平时就可以表现出来。上学期，我给同学推荐了意大利作家亚米契斯的《爱的教育》。不知同学们还记不记得其中的一个情节：有一次，主人公恩里科对他的母亲说了非常不礼貌的话，他父亲非常生气，便和他进行了一次语重心长的谈话。书中有一则恩里科的日记，记的就是父亲的话。下面，请李翱同学为大家朗读这则日记。大家欢迎！（众鼓掌）

李翱："恩里科，你竟然会对你的妈妈如此不尊重！你那些无礼的话，像针尖一样刺痛了我的心。……

（众鼓掌）

班主任：李翱同学朗读得很有感情，可能是因为她对自己的父母很有感情吧！我这里收到的李翱妈妈的文章中，有这样一段："记得李翱读小学二年级的那年春天，我生病了，病情较重，呕吐、头晕，不能起床。中午，她放学回家，我躺在床上正担心她吃什么呢，她却立刻放下书包，拿起扫帚把床前我吐的脏物打扫干净。接着又打水给我洗脸、拿药……跑前跑后，手忙脚乱地做着。当她把一碗泡好的方便面放在我的床头柜时，我看到她脸上的倦意，她坐在我身边问道：'妈妈，以往我生病，你照顾我时累不累？'我没有直接回答，反问她说：'你今天觉得如何呢？'她说累，但是心里也很愉快。从这件小事中，我感到欣慰，因为女儿懂得关心父母，她从照顾我们的劳动中，理解了平时爸爸妈妈对她的爱！"这就是母亲眼中的李翔！

（众鼓掌）

班主任：就在今天早晨，成都电视台的《早间新闻》播出了这样一则新闻：一个儿子因为长期不孝敬父母反而虐待父母，被忍无可忍的母亲杀死了！刚才李翔朗读的那段话中，有这样一句："即使是一个杀人凶手，只要他尊重敬爱自己的母亲，那么，这个人还算是有救的；而一个人再出名，如果他是一个使母亲痛苦哭泣的人，那就是一无可取的人渣！"那么反过来我想：一个母亲居然不得不杀死自己的亲生儿子，可见这做儿子的已经丧尽天良到了何等程度！

（长时间的沉默）

班主任：刚才向启和李翔给我们讲述的关于父母之爱的故事，都是外国的。其实，在我们中国这样的动人故事也很多，"孔融让梨"这样的故事不用说了，咱们身边就有许多关于孝敬父母的感人事迹，只是还没有进入世界名著而已。（众笑）下面，让我们一起来听听一位母亲的诉说，这是她在朗读自己写的文章。（放录音）

我为我的孩子感到欣慰

儿子进入初中已经快一年了。他已经经历了人生的十三个春秋。在这十三年中，我们有过烦恼，有过焦虑，但更多的是欣慰……

班主任：听了刚才这位母亲的录音，同学们都很感动。同学们一定想知道这位同学是谁，那我们先来猜一猜吧，有没有哪个同学知道这位懂事孝顺的同学是谁呢？

周晓竺同学举手了。你说吧，这位同学是谁？

周晓竺：是叶诚同学。

班主任：你怎么知道是叶诚同学呢？

周晓竺：因为我在小学和他就是同班同学，对他很了解。叶诚在小学就是很懂事、很孝顺的同学。

班主任：对，的确是叶诚同学！（众鼓掌）现在我想临时采访一下叶诚同学。（班主任走到叶诚身边）叶诚同学，刚才你妈妈把你说得那么好，我想问一问：有没有这样的时候，就是你妈妈冤枉了你，错批评了你，而你就忍不住和妈妈顶起嘴来呢？

叶诚：（略加思考）还是有这种情况的。我记得有一天中午，婆婆在给爷爷配吃面的佐料，我想到爷爷的病还没有好，还在咳嗽，就对婆婆说要她少给爷爷的碗里放些辣椒，婆婆说她知道了；但我不放心，就站在婆婆身旁看她配佐料。这时妈妈就批评我，说你怎么不相信婆婆呢。我当时很委屈，觉得我是关心爷爷，而妈妈却误解了我。于是，我就情绪激动地给妈妈解释，妈妈越听越生气，就更加严厉地批评我，而我又极力想解释清楚，这样我就和她顶撞起来了。

班主任：后来这件事是怎么解决的？

叶诚：当时，我看着妈妈非常生气的样子，知道继续解释只会让她更生气，便不再说什么了。到了晚上，我看妈妈的情绪平静了许多，便主动找妈妈谈心，我耐心地说明了中午的情况，同时，向妈妈承认了自己当时不该那么激动。这时，妈妈也对我说，她当时也不应该那么激动，希望我原谅她。我听了妈妈的话，心里很感动，也更加理解妈妈了。（众鼓掌）

班主任：叶诚滔滔不绝地说了这么多，我和同学们很自然地会想到他刚进初中时，有一次在课堂上，我请他朗读课文。当时，他站起来后非常紧张，一个字都读不出来。每次只要我课堂抽他起来发言，他的表现都是"千言万语不知从何说起"。（众笑）可是半年过去了，现在叶诚的口头表达能力真是大大提高了。这是在学习上不畏困难战胜自己的结果。正如他在一篇题为《成长的烦恼》的作文中所说："人生的烦恼不是真正的烦恼，人生没有烦恼才是真正的最大烦恼；人生如果没有烦恼，剩下的就只有卑微的幸福。"叶诚对待困难坚韧不拔，而对母亲却是一腔柔情。只是那一次，你的柔情她一点不懂。（众笑）今天我们有幸将叶诚的母亲也请到了我们的班会上，让我们向叶妈妈表示欢迎和敬意！（众鼓掌）

……

班主任：实际上，在咱们班，孝敬父母的同学绝不仅仅是叶诚一个人。在我收到的文章中，许多家长都饱含真情地诉说着自己孩子的懂事和孝顺。下面，我随便念几则。周晓竺的妈妈这样写道："今天回家，女儿送给我一件小礼物——一张她亲手做的生日贺卡。这时我才想起，今天是我的生日。我当时非常感动。女儿能够想着你，懂得尊重长辈，这让我感动，让我欣慰。同时感到了一种愧疚，我们因为工作忙，有时竟忘了自己父母的生日，看来在有些方面我们也需要向孩子学习啊！"王倩芸同学的妈妈写道："在王倩芸9岁的那一年暑假，她父亲因腰部受伤躺在床上不能动，是她在家里照顾父亲，中午替我到食堂买饭，给父亲拿药打开水。有一天，她父亲单位组织孩子们去世界乐园游玩。这对孩子来说是很有吸引力的，王倩芸非常想去。但是她一想到如果自己走了，中午就没有人给父亲买饭，没人照顾父亲，于是就打消了去的念头。这时有小朋友在楼下叫她上车，她回答说：'我不去，我爸爸病了，我要照顾我爸爸。'她的回答让我和她父亲非常感动。她年龄那么小，就已经知道关心别人了。我们感到十分欣慰。她站在阳台上看着小朋友们一个一个地上车，眼中充满了羡慕。她父亲看到这种情形，就劝她：'你去吧，我没关系。'我也劝她：'你去吧！妈妈中午赶回来照顾爸爸。'（因为我上班地点离家很远，平时中午是不回家的）在我们的反复劝说下，她最后才登上了去世界乐园的车。临出门前，她还问了一句：'真的不需要我吗？'"同学们看，王倩芸同学对爸爸妈妈就是如此富有爱心！我相信，当时她虽然去了"世界乐园"，但她的一颗心一定仍然牵挂着病床上的爸爸。

（众鼓掌）

班主任：其实，有时候对父母的爱，并不一定要在父母生日或生病的时候才能表达，一些小事也能表达出儿女对父母的爱。比如，彭莹同学的妈妈这样写道："一次，我因工作太忙，中午没有按时回家煮饭。午后一点半到家时，孩子已经上学。桌上留着一张纸条，上面写道：'妈妈，饭在锅里，我上学去了。彭莹。'看完纸条后我立即到厨房打开锅盖一看，里面是一碗热腾腾的蛋炒饭。顿时，我的眼泪夺眶而出，感到我是世界上最幸福的母亲！"

……

班主任：……昨天著名表演艺术家新凤霞去世，曾以自己卓越的艺术成就，为祖国赢得了荣誉的她写过一篇文章，题目是《父母留给我的遗产》，

第一条便是："见到长辈要问好，出门要告诉家人，回来也要打招呼：爸、妈，我回来了!"……由此看来，爱母亲与爱祖国是统一的：爱母亲是爱祖国的基础，而爱祖国是爱母亲的升华!

（长时间的沉默）

班主任：现在，请同学们思考一个问题：今天回家以后，我应该为爸爸妈妈做些什么？在今天的班会就要结束的时候，我给大家布置一道作文题——《写给爸爸妈妈的一封信》，谈谈你们听了或者读了爸爸妈妈的文章后的感想。注意，一定要是真情实感。但愿我们的同学能够从现在做起，从小处做起，从小事做起，爱自己的妈妈! 好，今天的班会到此结束。

（长时间鼓掌）

【案例来源】

李镇西 . 花开的声音［M］北京：光明日报出版社，2013：38—53.

【案例分析知识点回顾】

1. 班会活动的设计

"班级活动方案"是班级活动设计的最终结果，具体来看，一份班级活动方案应包括七个部分：

（1）活动目的。

（2）活动主题。

（3）活动时间地点。

（4）参加人员。

（5）活动材料（物质准备——课件、音乐、视频、游戏道具、奖品……）。

（6）活动方式与活动过程。

（7）活动总结与反思。

2. 班会活动的组织实施可以有以下几种形式

（1）专题讨论。

（2）主题报告。

（3）情景剧表演。

（4）主题演讲。

（5）主题活动。

（6）团体活动。

（7）社会实践活动。

【案例分析】

李镇西老师是有多年教学经验且教育理论丰富的优秀班主任。感恩父母也是学校教育中的重要班会主题。本次班会中李老师设计了形式多样的环节，将"要爱你的妈妈"作为本次班会的主题。

首先，从是否了解爸爸、妈妈生日这样的小事谈起，引发学生思考这并不小的小事，从而帮助学生意识到对爸爸、妈妈是否真正关心过。接下来通过洗衣服的事引发学生对自己理所当然享受爸爸、妈妈的爱却从未在意过的反思。反思这两件看似平常的小事却能引发学生的真情实感，甚至是自责，这对班会主题的深入打下了很好的情感基础。充分体现了班会的主体性原则。

其次，从家长为学生起名字谈起，让学生意识到父母的爱渗透在生活的每个细节中，加深了学生对父母之爱的体验。继而朗读国外父子之情的小故事，再朗读《爱的教育》中的片段，加上读家长所写的作文，帮助学生理解父母对子女的爱的表达。

再次，班会继续深入，从反面事件——虐待母亲的社会新闻中，唤起学生对班会主题的强烈情绪和情感体验。接下来通过两位照顾父母，回报父母之爱的同学的事迹再次加深学生对班会主题的认识。

最后，升华情感，通过大艺术家新凤霞的孝心故事激发学生更爱父母，进而产生报效祖国的情感。

整个班会将情感贯穿始终，由浅入深，层层展开，做到了系统设计。班会充分调动了学生的参与积极性。活动体现出了主题班会设计的主体性原则、生活性原则、有效性原则等。是一堂令人印象深刻、教育效果明显的班会。

【班主任操作建议】

1. 班会活动设计常出现的几个问题

班会活动设计常出现的几个问题有缺乏理论指导、活动形式化、缺失系统规划等。因此，主题班会的设计要注意遵循计划性原则、针对性原则、系统性原则和创新性原则。

2. 班级活动的组织与实施过程

（1）活动的准备阶段，要给学生做动员会。调动班干部和每个同学的积极性为活动做准备；准备相关资料，如发言稿、活动所需材料、人员安排及角色分配；活动过程的推敲及模拟演练；给要参加活动的班级外人员发邀请函。

（2）活动的实施阶段，教师主要考虑和要做的是：如何将随机事件转化为教育因素；如何降低随机事件对主题活动的负面影响。

（3）活动结束阶段，班主任要注意重申本次活动的主题，总结本次活动的收获，并拓展学生进一步思考的问题。

二、班务会

【案例呈现】

召开班务会，实现班级有效管理（节选）

一、班务会的操作规程

班务会以两周定期召开一次为宜。间隔过短，如一周一次，有的教师可能会感到疲惫，使得班务会的召开流于形式，而不能解决实际问题。间隔过长，积累的问题相应就多，不利于问题的及时处理，尤其是使得一些需要集体商讨的重大问题得不到妥善解决。

平时，班务会成员之间要加强交流与沟通，每个与会人员都应该全面地掌握班级的基本情况。

会议时间应视各学校的具体情况而定。比如，我所在的学校周一和周五下午都只上两节课，那就可以在其中一天的下午第二节课后召开班务会，时间为30分钟左右。如果学校能够指定班务会时间，那就最好不过了。

班主任应当承担起班务会主持人（召集人）的角色，各任课教师、学生干部（如班长、团队学生干部等）为主要参与者，应扮演好协作者的角色。

二、班务会的主要内容

班务会是讨论班级事务的一种会议，一般来讲，班务会应涉及以下几方面：

第一，班级的新动向。班主任与学生接触的时间并不一定很多。以我校为例，学生白天要上6节至8节课。晚上，还要上晚自习。他们的大部分时间是和任课教师一起度过的。因此，班主任应该多从任课教师和学生干部处获得信息。任课教师和学生干部要注意观察班里的新动向，如班风、学风等。并将相关情况及时汇报给班主任，帮助班主任打造一个健康和谐的班集体。

第二，重点学生的新变化。除了从总体上把握班级的情况，班务会成员还应当关注部分重点学生的发展。所谓重点学生，是指对构建良好班集体具有重要影响的学生，既包括先进生，也包括后进生。后进生的转化是班务会应当重点讨论的问题。每次班务会可以着重讨论一名后进生的转化问题，这对塑造良好的班集体非常有用。

第三，班级管理的新方法。班级是一个由个性相异、不断成长的学生组成的动态的集体。班主任应尝试着采用新方法来进行班级管理。召开班务会时，应当着重讨论班级管理有哪些新思路和新方法。这样的讨论可以提高管理班级的效率。

第四，课余活动的组织。学校每个学期都会组织一些集体活动，班级也会组织一些集体活动，这些活动有的需要任课教师的积极参与和指导。我们可以将有关集体活动的事项拿到班务会上讨论集思广益，争取圆满地完成集体活动。

当然，班务会上要讨论的问题很多，在短短的三十分钟内是不可能解决所有问题的，但是，只要我们认真地对待，就一定能提高班级管理的效率。

【案例来源】

熊华生．班级管理智慧案例精选［M］．上海：华东师范大学出版社，2011：99—100.

【案例分析知识点回顾】

1. 班务会是学生与老师专项讨论班级事务的议事活动。参与的同学不限于班干部。目的是通过集体讨论，锻炼学生处理和解决班级生活中出现的各种问题的能力。

2. 开展班级活动时，应遵循以下几个原则：

（1）主体性原则。活动中，班主任只做指导，绝不包办代替。

（2）有效性原则。为确保活动的有效性，在活动的形式和内容的选择上要从学生的身心特点出发，采取他们乐于接受的主题和形式。

（3）生活性原则。要善于从现实生活中抓住有教育意义的题材。

（4）适度性原则。一要注意活动的规模。日常活动要时间尽可能短，且能解决实际问题；二要注意活动的频率。一个学期里，班级主题活动的次数不宜过多。至于活动多少为宜则要依据本校本班的实际情况而定。

【案例分析】

案例中呈现的是班主任召开班务会的规程以及具体的内容。班务会专注在班级事务这个主题上。班务会的操作规程主要总结了会议应有的频率，参与的主要人员、会议通常采用的时间及时长。班务会通常针对一段时间班级中存在的问题来组织，它能有效地解决学生中存在的带有普遍性的问题。学生是班务会的主体和参与者，针对本班出现的各种现象、问题，商讨解决办法，这有利于促进学生认识问题和自主解决问题能力的发展，提升学生自我教育能力。

班务会的主要内容的选择，案例中展示了班级的新动向、重点学生的新变化、班级管理的新方法、课余活动的组织四方面内容。

赫尔巴特的教育性教学思想指出教学活动要充满教育意义。关注学生成长过程中出现的新苗头、新动向，善于在日常的细节中，捕捉促进学生发展的教育契机，进而在教学活动中系统安排教育环节，引导学生的情感、态度、价值观等方面的发展。捕捉班级新动向，是优秀的班主任老师一项重要的能力。

对重点学生新出现的动向进行及时关注，特别是问题学生出现的新问题辅导要及时，教育活动要充分体现《学记》中所提到的"禁之未发之谓豫"的预防性原则。这样的班务会将大大提升教育的效率和效果。同时，班务会是学生思想情感交流的平台。在这个平台上，学生也可以将自己的疑惑、快乐、痛苦做分享，对班级中出现的各种问题相互沟通。班主任老师也借此了解学生的亚文化。在某种意义上，它也是师生共同成长的重要平台。

在班级管理的新方法方面，班务会是班主任展现个人智慧、才华与人格魅力的用武之地。教师通过自己的专业知识，看问题成熟的态度以及正确的价值观念指导学生学会做事、学会做人。同时，听取学生的处理问题的见解，适当点拨，促进学生处理问题能力的提升。

在课余活动组织方面，班务会是一个提前的准备和预演。社会实践类活动、文体活动等大型活动如何准备、如何组织的细节讨论是必不可少的。这一环节，可以充分调动学生的积极性，锻炼他们组织大型活动的能力，训练他们的思考方式。为学生组织能力的发展提供合适的舞台。

【班主任操作建议】

（1）坚持定期开展班务会。保证班会开展的时间，不能被随意挪用。

（2）班务会要主题明确。可根据本班的情况列出常规讨论项目。

（3）体现学生主体参与的积极性和发挥师生互动作用。

（4）不同年级、不同班级的班会，班主任组织、指导的程度和主导作用大小可以不同。一般是班主任对低年级班会的组织、指导的程度和主导作用大于对高年级。

三、班级文体活动

【案例呈现】

案例一　百科知识竞赛

曙光小学六年级（1）班班主任马老师为了活跃学生的课余生活，设计以百科趣味小知识抢答为主、各种小游戏为辅的百科知识竞赛，使同学们在娱乐的同时，增长知识。活动以小组的形式进行，全班同学分为6个小组（每组必须有2~3个女生），班长组织本次活动并作为裁判。

第一个环节：组名大比拼（本环节20分钟）

目的：培养学生小组团队意识。

规则：

（1）各组推选出一个组长，每组都写出自己觉得意义深刻的组名，然后由组长宣读组名，并解释组名所具有的意义。

（2）当各组的组名都展示完毕后，各组之间互相投票表决哪个组名最好，但各组只能给别的组投票，不能投本组，每组只允许投一票，最后由班长统计票数。

（3）胜出的小组会得到一面小红旗。

第二个环节：百科趣味知识竞答（本环节 15 分钟）

目的：培养学生广泛的爱好，激发百科知识学习兴趣。

规则：竞答趣味小知识，在活动前要准备好。主要涉及文史知识，文学知识、地理知识、历史知识、政治常识等。

（1）由各组组长代表各组选出一类题。每类有 3 道题需要该组回答。（每类题只能被选 2 次，6 组一次回答完毕）

（2）回答正确一道得 10 分，回答错误扣 5 分。

（3）分数最少的一组表演节目。节目内容不限制，人数不限制。

第三个环节：歌曲接龙（本环节 15 分钟）

目的：进一步加强组员团队精神，而且可以展示组员个人风采。

（1）每组由第一个组员起头，唱出一句或几句歌曲后，第二个组员需以第一个组员歌词的最后一个字为开头，接下一首歌，依次接下去。

（2）每组可以反复循环接下去，直到接不下去为止，但同一个组员可接唱不超过 3 次。

（3）每接一首歌得 10 分。

（4）最后得分最高的一组要求得分最低的一组表演节目。

第四个环节：心有灵犀（本环节 10~12 分钟）

目的：培养学生之间的默契。

规则：

（1）每组选择两名选手进行猜词。

（2）每组有 15 道题，而每个词只可以猜 2 次。

（3）猜词的时间为每组 1 分钟。一个人在前面给提示，另一个人背对关键词进行猜词。提示可以用手势做出动作，或者用其他句子来形容，但是不能包含所猜词中的任何一个字，也不能用其他语言表述该词。

（4）每猜对一词得 5 分，猜错不扣分。

经过班主任和班委的努力，百科知识竞赛活动在愉快的气氛中进行。活动受到同学们的欢迎，大家纷纷要求多举办此类活动。

【案例来源】

魏晓红．中小学班级管理典型案例［M］．天津：天津大学出版社，2016：154—155.

【案例分析知识点回顾】

1. 知识性活动是以培养对基础学科的兴趣、扩展并运用学科知识、加强技能和智能训练为主要内容的班级活动，如知识竞赛、兴趣小组等。

2. 组织知识性的活动注意遵循以下原则：

（1）主体性原则。在活动中，学生是活动的主体，教师只是活动的引导者、参与者。因此，活动设计重点在于如何引导学生进行自主探索、自主学习、自我完善和自我发展。

（2）参与体验性原则。通过创设一定的情境，营造氛围，吸引学生积极地参与活动，从而获得真实的自我体验和感受，这样才能潜移默化地影响中小学生的成长。

（3）发展性原则。从学生的心理发展阶段特点和规律出发，为学生的心理素质和个性潜能的发展创造良好的条件。

【案例分析】

案例中的教师设计了用知识竞赛辅助其他游戏活动的形式，寓教于乐。既拓展了学生的知识面，让学生感受到知识海洋的广阔，又让他们在竞争和游戏的氛围中感受到活动的快乐。

兴趣是最好的老师，平时大量的知识学习。特别是系统的知识灌输，让学生失去了对知识本身的兴趣，失去了探索未知世界的兴趣。有不少老师认为，学习促进类活动的目标就是促进学习，而促进学习最直接的表现形式就是关注知识本身，所以他们在开展学习促进类活动时都过于关注知识的传授。案例中的教师将学生学习兴趣的激发、思想的激励放在了较为重要的位置上，并且在活动设计时关注到了活动对学生团队合作能力的培养。为学生提供更加有针对性的策略性、技巧性帮助。活动设计理念上体现了由传递知识为本转向以培养人的主动发展的意识和能力为本，利用学习促进类活动激发学生的学习兴趣、培养学生的学习习惯和提高学生的学习品质。

广泛参与是案例中活动的又一特点。班级活动离不开学生的参与，更多学生的主动参与有助于活动的顺利开展和影响力的扩大。学生投入的多少，对提高活动的实效性有着重要影响。案例中的教师有意识地设计了一些便于学生参与的环节，让他们在活动参与中发现自我、了解自我，看到自己的差距和努力的方向。在潜移默化中影响学生的认知、态度和情感，唤起他们的求知欲，《学记》中说："独学而无友，则孤陋而寡闻。"教师通过促进学生的合作默契，增进他们的友谊，引导他们学会在合作中学习，共同完成任务。

【班主任操作建议】

（1）重视对学生爱知识、爱智慧情感的培养。

（2）注意活动过程中学生的参与性和活动的实效性。

（3）做好对不同学生用不同方法进行激励和指导的准备。

案例二
一、拍卖会

【背景】

运动会向来是增进同学感情、增强班级凝聚力的良好载体，因此，要保证每位学生都参与其中。根据这个原则，我发现有一大部分学生"漏网"了。

【目标】

给每位学生都分派任务，强化他们的参与感和主人翁意识。

【准备】

早上，在走廊里给班干部开完会，选出各小组组长。

【过程】

（饭后十分钟，我到班里"拍卖"任务）

师：今天上午，学校春季运动会就要正式开始了，运动会应该是一个全员参与的盛会，我早上给班委开了个短会，分了几个小组，没有参赛项目的同学，我们利用十分钟的时间报名，以拍卖的形式进行。规则是：你在某一方面有特长，才可以买到此项任务。如果有比你更擅长的同学，可以二次购买。几位小组长分别在自己的区域站好，我公布各小组任务和拍卖条件后，请迅速跑到对应组长那里。

（各组组长拿着写有组名的一张纸站在自己的区位中间，我开始竞拍。）

师：啦啦队，为运动员加油，条件是声音响亮，听指挥。

（很快有几位同学高喊，"我买，我买"，跑了过去。）

师：纪律组，负责维护现场秩序，讲原则，守纪律。

（无人应征。）

师：卫生组，负责我班所在区域卫生的维护和每天结束后的清扫，要求认真，肯吃苦。

（有几位同学跑了过去。）

师：宣传组，负责写稿，送广播站，文笔好。

（大家一致喊莉、馨，她俩不好意思地走了过去。）

师：摄影组，负责记录班级和同学的精彩瞬间，从家里带相机，会拍照。

（有两位同学站了出来。）

师：服务组，为运动员服务，送水、迎送、拿物品。

（没有任务的几位同学，自然而然归入这一组。）

师：纪律组还缺人呢！

生：老师，龙适合管纪律。

师：去吧，龙，这个任务很艰巨，相信你能做好。

（龙雄赳赳地大步走了过去，把同学们逗笑了。）

师：各组长下去给本小组开个短会，制定组规，分工，商议工作细节。

二、动员令

【背景】

同学们到操场站队出发，出发前，我趁势动员。

【目标】

激发士气，强化奋勇争先的精神。

【过程】

师：同学们！我们班在历次大型活动中均有不俗的成绩。庆十一歌咏比赛，我们班得了第几名？

　　生：（齐喊）第一！

　　师：年级篮球赛，我们班是第几名？

　　生：（喊声更响了）第二名！

　　师：这次运动会，我们的目标是？

　　生：（群情激昂）第一名！

　　（我知道，班级跑跑操还行，但要说体育赛事，还是缺运动员。因此，我向学生们强化奋勇争先的精神。）

　　师：力争第一，是一种昂扬向上的精神，这是一个集体最宝贵的财富。论实力，我们不一定是第一，但是，只要有了这种做事情就要做好的精神，无论第几你都是我心目中的第一，请用你们最大的声音喊出来：我们的班级口号是？

　　生：一六零八，厚积薄发，脚踏实地，坚韧不拔！

　　（群情激昂，声震操场。）

　　师：好，我们出发！

三、坚守党

【背景】

　　运动会期间，欣独自一人痴迷地看书，下午运动会结束，同学们纷纷往回走，我回头看到卫生组的同学正做最后的保洁工作。我心中一动，回班何不表扬一下为班级默默贡献力量的同学？

【目标】

　　提醒学生观察班级的美好事物。

【过程】

　　（晚饭后，同学们陆陆续续到班，我示意安静。）

　　师：同学们，今天在看台上有人四处乱跑时，有没有人观察到有人一直坐在咱们班的位置上默默看书？

　　生：（纷纷回答）是欣，她帮我们看衣服。

　　师：如果没有像欣一样坚守在看台上的同学，我们班岂不是位置空空，哪里还像一个班？

（学生点头认可）

师：在我们胜利大撤退时，有没有人注意到，我们卫生小组的同学晚饭也没来得及吃，把我们班的看台打扫得干干净净？

（同学们默不作声地听我讲）

师：我们班有这样一群人在默默坚守，彰显了我们这个集体的力量，让我们向他们致敬。

（学生们纷纷鼓掌，并看向这些同学。被表扬的同学微低着头，一脸微笑。）

师：如果给这些默默无闻地贡献着自己力量的同学起个名字，应该叫什么呢？

生：坚守党！

（学生大笑，纷纷赞同。）

师：我们班需要这样的坚守党，让我们一起坚守我们应该坚守的，让我们班变得更有力量。

周一班会，我们来个细节发现大赛，讲讲运动会期间，我们班发生的触动你心灵的故事。

【案例来源】

秦望，侯志强. 微班会创意设计与实施［M］. 上海：华东师范大学出版社，2019：233—239.

【案例分析知识点回顾】

（1）平行教育原则。苏联教育家马卡连柯的平行教育原则指出，教师要影响个别学生，首先要去影响这个学生所在的集体，然后通过集体和教师共同影响这个学生，便会产生良好的教育效果。

（2）活动设计与实施中坚持主体性原则、教育性原则。

（3）罗森塔尔效应。美国哈佛大学的心理学家罗森塔尔教授和同事选择了美国的一所小学来实施实验，他们从该小学的一年级至六年级各选了3个班，并对18个班的学生进行了一项"预测未来发展"的测验。这之后他们给学校提供了一份最有发展潜能的学生名单，并强调该名单关注的是学生的未来发展，而不是现在的基础，并嘱咐教师们一定要对名单保密。8 个月后，再一次对 18 个实验班进行测试，结果发现，名单上的学生果然发展得更好，他们求知欲旺盛，成绩也普遍有所提高。在性格上，他们活泼开朗，教师对他们的品行评语也更良好。并且，在一年后进行的第三次测验的结果依然如此。罗森塔尔把实验中的这种期望效应称为罗森塔尔效应或皮格马利翁效应。

【案例分析】

运动会是学校常规活动之一，也是班级文体活动的重要组成部分。它不仅是体育竞技能力与精神展现的舞台，也是检验班级的策划能力、后勤保障能力、团结协作能力的试金石，更是增强班级凝聚力，促进学生发展的好机会。

对于组织运动会教师要充分发挥学生的主体作用。在组织同学入场，做好宣传准备工作，准备好各项运动员必备物品等各项活动中，锻炼学生的策划能力、团结协作能力、组织能力。通过交往与合作，拉近学生间的心理距离，滋养他们纯真的情感。案例中的教师在策划运动会时，用拍卖会的有趣形式，人尽其才，充分体现了让学生成为活动的主角，体现参与的主体性，给他们充分的锻炼机会。

案例中的教师通过动员令的方式，使学生凝心聚力，充分去展现本班的风貌。让青少年学生充满使命感、责任感、热情和斗志。用活动来彰显教育价值，真正实现了"做中学"。青少年学生的身心处于发展时期，需要正确引导他们认识自己与他人、与社会、与自己的关系，也需要实践锻炼。

"坚守党"环节的设计和实施真正实现了全员参与。较好地实现了动员令中的精神凝聚。往往在这样的活动中，体育素养不高的普通同学很难得到参与感。教师设计这样的环节，充分体现了每一位学生都是活动中的主角，都值得被关注。当他们的行为受到教师的表扬、关注，罗森塔尔效应就产生了。这将在活动之后的学生成长中，带给他们深远的影响。

【班主任操作建议】

(1) 教会学生做事。对于像运动会这样的大型全员参与活动，班主任需要全盘策划。根据学生的兴趣和能力分配合适的任务，给他们锻炼的机会。教会学生关注一个活动的每一个细节。教会学生站在他人的角度看问题。

（2）促进学生的合作。教师需要在学生解决问题的过程中促进他们的合作，利用罗森塔尔效应对学生进行激励，引导他们正确合作。

（3）关注每一位学生。特别是普通学生的遵守纪律行为，默默奉献精神。在集体活动中，最重要的是所有同学的积极配合，特别是遵守集体纪律。班主任老师应该对学生的这种表现给予积极的肯定。

（4）做好价值观引导。竞技运动会中固然有竞技获胜的同学，受到同学们的欢迎。同时，尽力做好各项配合工作的同学同样值得表扬。教师要引导学生理解"不是站在舞台中间的，才算是英雄，努力做好本职工作的所有人都是英雄"。这种价值观应该被肯定。

四、社会实践活动

【案例呈现】

与零食说 bye – bye

一、活动背景

每天放学后，同学们"有滋有味"地啃着小摊上的炸鸡腿、煎火腿；中午时分，拥挤的各小店门口，同学们津津有味地吃着小薯片、棒棒冰……随手丢下垃圾袋的现象屡见不鲜；学校内外地上果皮纸屑到处都是，楼梯口零食包装袋随风飘起。针对此现状，我设计了一个班队活动，让全班学生收集整理各种各样的零食包装袋，对自己喜爱的各种零食进行了解。分好小组在校园内外做调查，掌握有关学生吃零食的现象并进行统计。

二、收集整理过程

同学们先是从家中收集有关零食的包装袋，对家中的零食进行了分门别类的整理，通过向父母、长辈询问，查阅有关资料，或者上网查询，了解、分析有关零食的危害性，用表格的形式及时记录下来；同时，同学们还走进超市、小店，观察街头小摊，掌握有关零食的具体种类及来源，同学们走出了家门，收获就更加多了。更重要的是，他们利用在学校的时间，课余进行细致的观察，发现有同学吃零食了，他们会暗中调查该同学零食的来源，并且关注他是怎样处理零食残骸的。中午和放学这两段时间是学生吃零食最严重的，同学们又抓住这个有效时机进行了分组调查，统计有多少学生会选择怎样的零食，有多少学生天天吃零食，还有多少学生把零食当作了主餐等。

为了有效地参与这项活动，全班同学甚至亲自去垃圾箱内捡拾，花费了很多的精力，但他们毫无怨言，不怕脏、不怕累地坚持着，他们觉着这样做是一件快乐的事！一个阶段下来，同学们收集掌握了关于零食的各种资料，他们还特意把有关资料进行了编排，制成了剪贴本，收获真是丰硕！

三、成果展示

通过一阶段的收集、整理、统计，在全体师生面前，同学们上了一堂别开生面的班队成果展示课。在这堂课上，同学们都把自己亲自收集、整理的有关零食的资料进行了形式多样的展示。有的同学一边让大家观看零食包装袋的剪贴本，一边还配上了解说，让大家明白了这些零食会造成的后果；有的同学把自己打扮成各种零食的模样，自编自演小品，为的是让大家了解零食的不正当生产途径及它的危害性；还有的同学播放了自己拍摄的校园内垃圾的录像，分析垃圾的主要来源，呼吁大家与零食说再见，还校园以洁美！一个个学生自行组织、自己排练的节目，从不同侧面强调了零食的危害性，动员大家快速行动起来——与零食说 bye-bye！

【案例来源】

傅建明，胡志奎. 班级管理案例 [M]. 广州：广东教育出版社，2009：137—138.

【案例分析知识点回顾】

1. 2017 年教育部印发的《中小学综合实践活动课程指导纲要》中强调，中小学综合实践活动课以培养学生综合素质为导向，面向学生的个体生活和社会生活，注重学生主动实践、开放生成、多元评价和综合考察。

2. 综合实践活动的内容选择与组织应遵循以下原则：

（1）自主性原则。在主题开发与活动内容选择时，要重视学生自身发展需求，尊重学生的自主选择，提高他们的自主规划和管理能力。

（2）实践性原则。强调学生亲身经历各项活动，重视学生的"做中学"，在全身心参与的活动中，发现、分析和解决问题，体验和感受生活，培养实践创新能力。

（3）开放性原则。面向学生的整个生活世界，具体活动内容具有开放性。要引导学生把自己成长的环境作为学习场所，不断拓展活动时空和活动内容，使自己的个性特长、实践能力、服务精神和社会责任感不断获得发展。

（4）整合性原则。均衡考虑学生与自然的关系、学生与他人和社会的关系、学生与自我的关系这三个方面的内容。对活动主题的探究和体验，要体现个人、社会、自然的内在联系，强化科技、艺术、道德等方面的内在整合。

（5）连续性原则。综合实践活动课程的内容设计，应基于学生可持续发展的要求，设计长、短期相结合的主题活动，使活动内容具有递进性。

【案例分析】

组织社会实践活动是促进儿童社会化的有效手段。在美国心理学家库尔特·勒温所著的《人格的动力理论》中指出："个体从动力上来讲是相对封闭的系统。环境对个体的作用有多强，可以由个体与环境之间功能性的界限之稳固性决定……儿童比起成人，在更大的程度上是一个动力整体。"儿童是一个动力整体。环境，对于他们的发展来讲至关重要。在真实的环境中锻炼学生，给他们提供亲历的机会。帮助他们通过动手、动脑、合作。共同完成对社会环境的探究，达成他们的社会化，实现教育的目标。

教师在设计之初充分考虑了综合实践活动应该达到的价值体认目标、责任担当目标、问题解决目标和创意物化目标。活动取材于日常生活中最常见的吃零食现象，以此为切入，确立活动主题，让他们用调查、统计、比较、分析的方式来了解吃零食的危害。使学生知其然又知其所以然，进而产生坚定的态度，养成不乱吃零食的好习惯。积极生活态度的确立离不开日常态度和习惯的积累。通过克服各种困难去达成问题的解决，学生们甚至用上了查找垃圾的方式，还把有关资料进行了编排，制成了剪贴本等这些创意物化，收获了较为完满的实践成果。

在活动准备阶段，教师充分结合了学生的年龄和经验特点，为他们提供了活动主题。引导、鼓励学生提出解决问题的办法，组织学生就问题展开讨论，确立活动目标内容。积极参与活动方案的制定过程，合理安排时间、分工、实施方法和路径选择，提高了学生的活动规划能力。

在活动实施阶段，为学生提供了亲身体验的机会，学生在此基础上，通过现场考察、设计制作、实验探究、社会服务等活动发现和解决问题，体验和感受到了学习与生活之间的联系。教师较好地指导了学生做好活动过程的记录和活动资料的整理。

在活动总结阶段，鼓励多种形式的结果呈现与交流，如绘画、表演等，对活动过程和活动结果进行系统梳理、总结及推广。大大促进了学生的自我反思，增强了同伴间的交流。

【班主任操作建议】

1. 在活动设计阶段，要围绕各学段学生实践活动目标展开活动设计。注重学生在活动中的价值体认、责任担当品质、问题解决能力的培养。使他们通过亲历、参与活动，获得有积极意义的价值体验。理解并遵守公共空间的基本行为规范，初步形成集体思想、组织观念。形成积极的生活和劳动观念与态度，能主动分享体验和感受，与老师、同伴交流思想认识，形成国家认同。围绕日常生活开展服务活动，能处理生活中的基本事务，初步养成自理能力、自立精神、热爱生活的态度，具有积极参与学校和社区生活的意愿。能在教师的引导下，结合学校、家庭生活中的现象，发现并提出自己感兴趣的问题。能将问题转化为研究小课题，体验课题研究的过程与方法，提出自己的想法，形成对问题的初步解释。能通过动手操作实践，初步掌握手工设计与制作的基本技能；学会运用信息技术，设计并制作有一定创意的数字作品。运用常见、简单的信息技术解决实际问题，服务于学习和生活。

2. 在活动准备阶段，教师要充分结合学生经验，为学生提供活动主题选择，以及提出问题的机会，引导学生构思选题，鼓励学生提出感兴趣的问题，并及时捕捉活动中学生动态生成的问题，组织学生就问题展开讨论，确立活动目标内容。要让学生积极参与活动方案的制定过程，通过合理的时间安排、责任分工、实施方法和路径选择，对活动可利用的资源及活动的可行性进行评估等，增强活动的计划性，提高学生的活动规划能力。同时，引导学生对活动方案进行组内及组间讨论，吸纳合理化建议，不断优化完善方案。

3. 在活动实施阶段，教师要创设真实的情境，为学生提供亲身经历与现场体验的机会，让学生经历多样化的活动方式，促进学生积极参与活动过程，在现场考察、设计制作、实验探究、社会服务等活动中发现和解决问题，体验和感受学习与生活之间的联系。要加强对学生活动方式与方法的指导，帮助学生找到适合自己的学习方式和实践方式。教师指导重在激励、启迪、点拨、引导，不能对学生的活动过程包办代替。还要指导学生做好活动过程的记录和活动资料的整理。

4. 在活动总结阶段，教师要指导学生选择合适的结果呈现方式，鼓励多种形式的结果呈现与交流，如绘画、摄影、戏剧与表演等，对活动过程和活动结果进行系统梳理和总结，促进学生自我反思与表达、同伴间交流与对话。要指导学生学会通过撰写活动报告、反思日志、心得笔记等方式，反思成败得失，提升个体经验，促进知识建构，并根据同伴及教师提出的反馈意见和建议查漏补缺，明确进一步的探究方向，深化主题探究和体验。

第四章　学生发展指导

第一节　理想指导

【案例呈现】

"探"峥嵘岁月　"绘"美好未来——少先队主题队日活动案例

一、活动背景

向日葵中队队员曾同学在爸爸手机上的"学习强国"App里浏览了一篇文章——《习近平：继续发扬历史主动精神，以实际行动迎接党的二十大胜利召开》，因而对党的二十大产生了浓厚的兴趣，他和辅导员探讨："我们少先队员可以做些什么来迎接党的二十大呢？"为此，队员们决定在队内开展以"'探'峥嵘岁月　'绘'美好未来"为主题的教育实践活动。

在活动中，队员们通过多种方式与途径，广泛宣传党和国家事业取得的历史性成就和发生的历史变革，宣传习近平总书记对青少年的关心关怀，以此团结引领广大少年儿童坚定跟党走，建设新时代。

向日葵中队共有42名少先队员，队员们活泼开朗，勤奋勇敢。他们积极参加校内外活动，主动关心他人、关心社会，是一个积极向上的集体。由于队员们还在读二年级，辅导员在安排低年级的活动时注意了基础性、趣味性，积极鼓励家长共同参与，实现家校共育。活动还合理利用了校外资源，与社区、展览馆、教育基地等进行联系，搭建活动平台。

二、活动目标

（一）初步获得政治启蒙和价值观塑造，产生爱党、爱国、爱社会主义、爱人民、爱集体等情感。

（二）学习党和国家事业取得的历史性成就，增强光荣感和组织归属感，以实际行动喜迎党的二十大的胜利召开。

三、活动过程

（一）勇往直前，峥嵘岁月我来"探"

经过辅导员与中队长、小队长商议，队员们决定分组行动。

初心小队的队员们带领其他队员重温了少先队的基本知识，其中包括少先队的性质、作风，少先队的标志及其意义，队礼以及红领巾的佩戴规范等。

故事小队与家长取得联系，邀请家长给队员们准备一堂红色故事课。他们邀请了张同学的妈妈、曹同学的爸爸、赵同学的妈妈，三位家长精心准备了演讲稿，分别给队员们带来了深入人心的《闪闪红星耀我行》《毛主席和他的长沙》和《平凡而伟大的党员妈妈》的演讲。

红色小队的队员们来到了红色景点，了解历史征程，探索革命精神。在雷锋纪念馆了解雷锋的生平事迹，在烈士公园缅怀革命先烈，在韶山探寻红色记忆，在毛泽东、杨开慧故居追寻闪光足迹⋯⋯

劳动小队的队员们一起观看了电影《大国粮仓》，在观影中体会广大农业科技工作者，在农业科技攻关征程中矢志创新、不断进取的精神。观影后，劳动小队的队员们前往农耕文化园，亲身体验农耕文明，了解民俗文化。

（二）多面开花，美好未来我来"绘"

为了广泛宣传党和国家事业取得的历史性成就和发生的历史变革，宣传习近平总书记对青少年的关心关怀，队员们开展了多种形式的宣传活动。

初心小队的队员们带来了精彩的绘画作品。这些作品色彩鲜艳、主题鲜明、内容丰富，包含科技兴国、奥运精神、航天精神等，队员们用画笔抒发了对党和国家的热爱。他们将这些作品张贴在教室外的墙壁上，供大家学习、欣赏。

故事小队和劳动小队通过演讲、朗诵等方式，在全中队广泛宣传党和国家事业取得的历史性成就和发生的历史变革，宣传习近平总书记对青少年的关心关怀。其中张同学、曹同学还作为优秀队员代表，在全校进行了宣讲。

红色小队组织队员完成了征文的撰写，了解了祖国的强大，传承了中华民族永恒不变的精神风貌和精神特质。他们将完成的作品张贴在教室的宣传栏内，让其他队员一起学习。

（三）携手并肩，脚踏实地我能"行"

向日葵中队的队会活动在校园内掀起了一股"携手并肩我能行"的实践热潮，各个中队纷纷行动起来，用自己的实际行动，将从革命英雄、各行各业优秀代表身上学到的宝贵精神付诸实践，如各中队组织了交通秩序宣传维护"文明礼让你最棒"行动、学校图书室整理行动、社区卫生清扫行动、"困境儿童"爱心帮扶行动等。这一系列的活动，培养了少先队员爱党、爱国、爱人民等情感，强化了队员们为共产主义事业时刻准备着的信念。

四、活动反思

本次活动以理念为引领，实现活动意义；以问题为线索，创新活动设计；以探究为核心，助力问题解决。在此次活动中，辅导员引导队员们围绕"'探'峥嵘岁月 '绘'美好未来"来思考，在自主学习、合作交流、提问质疑、讨论探究、应用实践等过程中，形成了整体认知，将校内活动与校外活动相结合，动员多种社会资源，重视实践。在此过程中，队员们重温了党的光辉历程，传承了红色基因，为喜迎党的二十大胜利召开献上了一份美好的祝福。

【案例来源】

王晓蓉."探"峥嵘岁月"绘"美好未来——少先队主题队日活动案例 [J]. 年轻人：C 版（学校天地），2022（10）：20—21.

【案例分析知识点回顾】

1. 我国的教育目的是培养德、智、体、美、劳全面发展的社会主义建设者和接班人。我国教育目的的基本要求是坚持人才培养的社会主义性质；培养德、智、体、美、劳全面发展的人才；坚持教育与生产劳动和社会实践相结合；培养学生社会责任感、创新精神、实践能力。

2. 义务教育阶段的培养目标是要在坚定理想信念、厚植爱国主义情怀、加强品德修养、增长知识见识、培养奋斗精神、增强综合素质上下功夫，使学生有理想、有本领、有担当，培养德、智、体、美、劳全面发展的社会主义建设者和接班人。

3. 理想指导关系到"培养什么人""为谁培养人"的根本任务问题。强化理想信念教育，引导学生树立正确的国家观、历史观、民族观、文化观，厚植爱党、爱国、爱人民的思想情感。

4. 理想信念是少年儿童的精神支柱、力量之源。

5.《中小学德育工作指南》学段目标：

（1）小学低年级。教育和引导学生热爱中国共产党、热爱祖国、热爱人民，爱亲敬长、爱集体、爱家乡，初步了解生活中的自然、社会常识和有关祖国的知识，保护环境，爱惜资源，养成基本的文明行为习惯，形成自信向上、诚实勇敢、有责任心等良好品质。

（2）小学中高年级。教育和引导学生热爱中国共产党、热爱祖国、热爱人民，了解家乡发展变化和国家历史常识，了解中华优秀传统文化和党的光荣革命传统，理解日常生活的道德规范和文明礼貌，初步形成规则意识和民主法治观念，养成良好生活和行为习惯，具备保护生态环境的意识，培养/塑造诚实守信、友爱宽容、自尊自律、乐观向上等良好品质。

（3）初中学段。教育和引导学生热爱中国共产党、热爱祖国、热爱人民，认同中华文化，继承革命传统，弘扬民族精神，理解基本的社会规范和道德规范，树立规则意识、法治观念，培养公民意识，掌握促进身心健康发展的途径和方法，养成热爱劳动、自主自立、意志坚强的生活态度，形成尊重他人、乐于助人、善于合作、勇于创新等良好品质。

（4）高中学段。教育和引导学生热爱中国共产党、热爱祖国、热爱人民，拥护中国特色社会主义道路，弘扬民族精神，增强民族自尊心、自信心和自豪感，增强公民意识、社会责任感和民主法治观念，学习运用马克思主义基本观点和方法观察问题、分析问题和解决问题，学会正确选择人生发展道路的相关知识，具备自主、自立、自强的态度和能力，初步形成正确的世界观、人生观和价值观。

【案例分析】

案例中，少先队主题队日活动的设计与实施，表明了班主任充分认识到理想信念是少年儿童的精神支柱、力量之源。做到了引导学生树立正确的国家观、历史观、民族观、文化观和共产主义远大理想，努力培养德、智、体、美、劳全面发展的社会主义建设者和接班人。

案例中的班主任能根据学生的年龄特点，由浅入深、逐步递进地规划设计理想指导的内容和形式。通过重温少先队的基本知识，邀请家长给队员们准备一堂红色故事课，到红色景点了解历史征程、探索革命精神，观看电影等一系列活动，将理想信念教育落到实处。既开阔了学生的视野，又用丰富的形式引起学生深入了解国家发展历程、社会变化与建设的背后的精神力量的兴趣。

案例中的活动设计与实施注重知、情、意、行的统一。"让有意义的事情有意思"，理想指导接地气、有实效，使学生在潜移默化中将个人理想与实现中华民族伟大复兴的中国梦结合起来。以学生喜闻乐见的形式，在亲身参与中获得经验的增长和情感激发。用自己的眼睛去看，用自己的耳朵去听，用自己的心去感受，用自己的手去做，这种活动有效地培养了学生热爱党、热爱祖国的朴素感情。通过引导学生主动思考、主动发现、主动探索，坚定学生跟党走中国特色社会主义道路的理想信念。

案例中的班主任，能够围绕政治启蒙和团队组织意识培养，来组织活动。通过分组活动，安排学生从不同侧面了解历史人物、时代先锋的典型事迹，之后又能通过团队汇报的形式将各组活动成果，进行不同形式的感悟交流与展示，用丰富的形式引导学生树立正确的国家观、历史观、民族观、文化观，厚植爱党爱国爱人民的思想情感。

【班主任操作建议】

（1）对国内外时事新闻具有敏感性，善于利用重要事件、传统节日等契机，根据团、队员的年龄特点，指导他们自主开展团、队活动。

（2）创新理想教育的主题。

（3）以学科课程为载体，促进学生主体实践，营造理想育人的文化氛围。

（4）定期开展团、队活动，通过变换不同的活动形式，力求使团、队会的主题贴近学生的实际生活。

（5）梳理、分享学生理想指导经验。

（6）挖掘学生理想指导中的热点、难点问题，将问题转化为课题，开展案例研究、行动研究并交流研究成果。

第二节 学习指导

一、学生学习指导的内容

【案例呈现】

××班作业管理制度

作业，是巩固知识、查漏补缺、训练技能、拓宽视野的法宝。为了使各位同学能更有效、更有趣地完成作业，特制定作业管理制度。

1. 管理人员

各学科代表全权负责本学科作业的收发工作，将作业收发情况做好记录，并及时以书面形式上报学习部长、科任老师；学习部长全权负责统计所有同学的作业量化分数；各学科代表要和科任老师做好沟通，做好本学科优秀作业的推荐工作。

2. 基本要求

（1）因各种原因，如乱涂乱画、偷工减料等，受到科任老师点名批评者，每人每次扣1~3分。

（2）在做作业时，先用黑色字迹笔写，再立即用红色或其他彩色字迹笔校对。定期检查中，未用红色或其他彩色字迹笔校对者，每次扣1分。

（3）按时按质按量完成各科作业，迟交一次扣1分，缺交一次扣2~5分。因客观原因未能及时上交且主动向学科代表和科任老师说明。申明原因者，要予以警告，超过三次以上者扣2分。未向老师或学科代表说明原因者，或者未及时补交作业者，要加重扣分。

（4）作业应该独立完成，抄袭他人作业者每人每次扣1~3分。

3. 较高要求

（1）在写作业时能做到书写工整、卷面整洁、一题多解，或者由于某次作业或某次作业的某道题目做得非常好，而受到科任老师点名表扬者，科任老师每表扬一次加 1~3 分。

（2）本周期内能将各科作业（试卷、校本练习等）分类整理且用文件夹（或其他工具）保存好，从未丢失过任何一次已做作业，经学习部长核实后，每人每次加 5 分。

（3）合作组成员在一定周期内无任何作业问题者，组长每次加 2 分，成员每次加 1 分。

（4）本周期内能按时上交各科作业，除一些较难题目外，基本能做完每一道题目，且从未抄袭，经学科代表及科任老师核实后，每人每次加 3 分。

（5）不论正确与否，每一次作业书写都非常工整，基本上无随意涂画痕迹、无较大污点（或黑点），本周期内经学科代表及科任老师核实后，每人每次加 5 分。

（6）在做某道题目时，能用两种方法解决者，每人每次加 1 分；能用三种及以上方法解决者，每人每次加 3 分；能用创新方法解决问题，且经科任老师鉴定确认后，每人每次加 5 分。

（7）在做作业时，第一个发现某些题目的错误者，每人每次加 2 分。

（8）能坚持整理错题集者，每人每科每次加 3 分。

（9）能独立命制科学的题目，经科任老师鉴定无误者，每人每题加 4~6 分；能合作命制科学的题目，经科任老师鉴定无误者，每人每题加 2~3 分。

（10）对于优秀作业、优秀错题集、优秀试题，将定期以各种方式展示。

按时按质按量完成作业是学生的本职，希望全体同学本着对自己负责、对学习负责的态度，以较高要求按时按质按量完成各科作业。

××班学习部

××××年××日

【案例来源】

赵坡. 班级管理实战指南［M］. 上海：华东师范大学出版社，2013：57—59.

【案例分析知识点回顾】

（1）艾宾浩斯记忆遗忘规律。遗忘的速度先快后慢，通过对知识内容的多次强化复习，记忆的内容会长期保持在80%以上。

（2）中小学生学习的特点。学生的学习以掌握间接知识经验为主；学生的学习是在教师有目的、有计划、有组织的指导下进行的；学习的主要任务是掌握系统的科学知识、技能，形成科学的世界观和良好的道德品质；学生的学习是在学校班集体中进行的。

（3）学习指导要关注：

①学生非智力因素的发展，包括兴趣、学习习惯、意志品质。

②学习方法的指导，如指导学生选择学习方向、掌握学习方法、参加实践活动。

【案例分析】

案例以作业制度的形式对学生的作业进行规范和指导。这种文字凝练的规则让学生直观地认识到作业的价值意义，也对学生如何完成作业做了较为详细的指导。以量化的方式督促学生，给学生完成作业且优质地完成作业提供了导向。这种方式确实便于操作，学生也易形成按时交作业，保质保量完成作业的习惯。

美国心理学家安德斯·艾利克森、罗伯特·普尔在他们所著的《刻意练习——如何从新手到大师》中列举了大量案例，证明各领域的杰出人物都靠大量练习。《学记》中也讲"藏息相辅"。可知作业是课内学习的延伸和巩固。艾宾浩斯记忆遗忘规律也证明了及时复习巩固的重要性。

学生不完成作业原因可以归纳为以下四类：

（1）病理原因：书写障碍、或阅读障碍。

（2）作业量过大。

（3）作业内容完成难度大。

（4）情感态度问题。这就需要老师，特别是班主任老师深入了解学生，对他们的学习能力有一个切实的把握。当出现此类问题时，要区分清楚学生是能力问题还是态度问题抑或是病理问题。

实际教育教学生活中常出现学生拖拉或不完成作业的情况，不少家长在辅导学生作业时常为此头痛不已。虽然班级有相关的制度来规约，但往往不易收到良好的效果。这种建立在行为主义心理学基础上的制度，强调外显行为的量化，虽然一定程度上约束了学生的交作业行为，但对于深层次的原因如果没有得到解决，就无法运用简单的规约来解决问题。如果学生单纯因为不喜欢某一学科或不喜欢某一老师而不愿完成作业，或者基础较差，不能短期追赶成功，学生都会表现出无法完成作业这一行为，但班主任处理和解决的办法完全不同。

【班主任操作建议】

（1）充分了解学生。班主任要了解本班学生的认知特点，学习程度、学习能力、态度等具体情况。能通过课堂观察、作业、考试，以及与家长沟通等方式，对学生的学业水平进行诊断和指导。

（2）引导学生学会学习，养成良好的学习习惯。

（3）保护学生的求知欲和好奇心，培养学生的广泛兴趣、动手能力和探究精神。

（4）掌握集体指导、个别辅导等多种学习指导的途径和方法。

二、学生学习指导的方法

【案例呈现】

培养学生的效率感（节选）

教学中，我们经常目睹这样的现象：学生写两遍就能记住的生字，也非要写10遍不可；有的教材上的习题还没有弄清楚，却忙着解全国数学竞赛试题；有的一篇作文写两周还没有结尾；有的一节自习什么都想学，主意还没拿定，下课铃响了；更有的学生广播不听，报纸不看，歌曲不唱，体育课不上，埋头在书堆里，成绩却不好。这些现象向我们提出了两个问题：首先，学生所付出的劳动是不是都有效；其次，单位时间的利用率究竟有多高。这两个问题，中学生特别是中学低年级学生很少想到。这两个问题若不解决，学生便无法摆脱学习时间长而效果不好的困境。

假如我们的学生都懂得劳动前分析一下劳动产生的效果如何，都知道计算时间的利用率，那么，无论教师还是学生，都会减轻很多负担。这就需要培养学生的效率感。从长远的观点看，一个有效率感的人和一个没效率感的人，在事业上的差异也将是很大的。特别是当前知识陈旧率高，知识量激增的形势下，培养学生的效率感尤为重要。

这是一件无常规可遵循的事，有些做法到现在也只能说是试试看。具有效率感，我想就要会计算效率。我讲这样一个公式：效率＝（劳动量－无效劳动量）/时间。比如，计算默写课文时间。默写一段 500 字的课文，当写到 300 字时，不会了，开始抄书，前后共用 30 分钟，那么默写效率是 10 字/分钟或 600 字/小时；而没有抄书的同学，效率则是 16.66 字/分钟或 1000 字/小时。

在单位时间内增大劳动量，需注意以下 4 点：

1. 减少犹豫的时间，明确任务。学生每天有许多时间属于自己支配，自己支配时间效率不高的主要原因是犹豫。自习课，如果老师留的作业已做完，不少学生下一步做什么没有准主意。是看还是写，是复习数学还是预习物理，抑或是背英语单词？有时拿起数学书看几眼，很快又改变主意背英语。刚刚背了几句，又想做物理习题，主意还没拿定，下课铃声响了。许多学生同我谈心时，都痛感被犹豫占去的时间实在是太多了！我和学生商量了一些治疗犹豫的措施，其中之一便是：在自己支配的时间里，拿出百分之二三的时间，规定这段时间的任务共几项，哪个为主，哪个为次，然后排上队。比如一节自习，先复习数学 20 分钟，再预习物理 15 分钟，其余时间背单词。这样任务明确了，马上动手，效率往往是过去的几倍。

2. 持之以恒，形成习惯。一个人，经常在固定的时间内做同类的事，做得多了，便形成习惯。习惯了的事情，常常会不由自主地去做，想停止都难。我认为牛顿第一运动定律应用于人的思维方面也不无道理。显然，巧妙地利用惯性是提高效率的好方法。习惯的事，既不会犹豫，也最少拖拉。有些学生，过去舍不得花时间参加体、音、美活动，可是长期坚持，养成了习惯，用的时间不多，却取得了显著的效果。到了三年级不上美术课了，许多学生想不通，就自己画起来。学生形成写日记的习惯，有一天高温 33℃，我劝学生，天太热，今天的日记就先不写了，明天再补吧！第二天，我一看，有一半学生照旧写了 500 多字。原来，他们怕因为这一天拖拉而破坏了已坚持了几百天的每天记日记的习惯。

3. 利用生物钟的规律。有关资料表明，一个人确实存在着在某一固定的时间内，做某一类事情可获得最佳效果的生理、心理规律。生物钟不是一成不变的，特别是关于学习方面的生物钟，通过养成习惯，可达到调整生物钟的目的，尽可能使学生一天的生活有规律。天天如此，月月照旧，日久天长，生物钟会助人提高学习效率。

4. 订计划，做总结。班级制订了每人每年完成12项任务的计划，然后落实到每学期、每月、每周、每天分别完成多少。每个月全班总结一次，鼓励超额的，督促欠债的。学生每人有一张本年度计划和计划完成情况的统计表，这张表上共有156个数据。每个月德、智、体、美任务完成情况一目了然。这样学生比有对象，赶有目标，效率也提高一些。

这个问题的关键是使学生明确什么是无效劳动。我曾让学生找出哪些是无效劳动。全班同学共找出100多项，大家把它分为两类：

一类是显而易见的。如被各种不利的心理因素所左右的灰心、忧虑、嫉妒、骄傲或各种思想包袱等。另一类是不明显的，如抄别人的作业，已经会做的题还反复做。这实际是把脑力劳动变成了体力劳动。手虽然很忙，对大脑来讲，并无成效。违背学习规律，教材还没弄通，就去做一些偏题、难题、怪题，也属于无效劳动。学生们分析了这些无效劳动的害处，制定出了减少无效劳动的措施……

1. 尽可能使学生对自己的劳动产生兴趣。

2. 用意志约束注意力。

3. 利用学生的好胜心理，造成一种竞赛的气氛。

【案例来源】

魏书生. 班主任工作漫谈［M］. 桂林：漓江出版社，2011：260—265.

【案例分析知识点回顾】

1. 中小学生学习特点

(1) 学习动机。小学生学习动机有两类情况：一类是与社会价值相联系的动机，如想成为对社会有用的人；另一类是与学习活动本身相联系的动机，如得高分等。

中学生在学习动机的发展方面，已经进一步认识到学习的社会价值和意义，学习动力、学习责任感和义务感增强。直接与学习活动相联系的动机仍起作用。由于学习内容和方法的改变，学习动机的自觉性比小学生有了更大提高。

高中阶段学生进入青年初期，他们的学习动机比初中学生更深刻、更稳定；对待学习的态度更自觉、更负责；能够比较客观地评价老师。

（2）学习兴趣。小学生学习兴趣的发展有明显的特点：最初对学习的过程、对学习的外部活动更感兴趣，以后逐渐对学习内容、对需要独立思考的作业更感兴趣；学习兴趣最初是不分化的，但随着学习成绩的好坏变化，逐渐对不同的学科内容有初步的分化性兴趣。游戏因素在学习兴趣上起一定作用，中年级以后这种作用逐渐降低。阅读兴趣从课内阅读发展到课外阅读，从童话故事发展到文艺作品和通俗科学读物。小学生在政治生活方面的兴趣逐步扩大、加深。

初中学生的学习兴趣发生了重大的变化。其特点是：知识范围扩大，求知欲增加；表现出明显的分化性或选择性兴趣；对抽象的理论性的材料有兴趣；更有意识地支配自己的兴趣；能把学习兴趣与社会生活和自己的未来需要联系起来。

高中学生的学习兴趣更广阔、更深刻，并具有更强的选择性和稳定性。

（3）学习态度。小学生在学习态度方面较依赖外部评价，对学习的意义和价值认识还不够深刻。

初中学生改变了对教师的依恋情感，而且具有对教师较高的独立评价能力。他们尊重那些师德好、教学能力强、教学态度认真的教师。对师德存在瑕疵，教学能力欠佳的教师常能直接提出批评。在对待作业方面，初中生的自制力更强，更能自觉主动性地安排作业时间；但同时不乏因贪玩或沉迷游戏等而不能认真对待作业的情况。

高中学生较初中学生更接近于成年人，对于学习的态度更积极、更主动。能将学习与未来的发展紧密结合起来。他们能更主动、更认真负责地对待作业。

（4）学习能力。小学生的学习能力在教师影响下逐步形成、发展起来。

初中学生逐步掌握了新的智力活动方法，逐步形成了具有创造性的独立工作能力。

高中学生学习能力有了很大提高，他们已能独立、自觉地掌握教材，以及听讲、笔记、练习、复习、课外活动等各种学习方法，能更有计划地安排作息时间，能创造性地完成作业，能很好地进行学习上的自我监督。他们学会了各种智力活动方法，能够调节、支配自己的智力活动。

我们对学生学习心理的指导应以上述不同的学习阶段的学习心理发展特点为依据。

2. 学习是学生的权利和义务，是学生的主要任务

从心理发展角度来看，学习由学生来主导，学生是学习的主体。受教育是学生的权利，也是他们的义务。《中华人民共和国宪法》第四十六条和《中华人民共和国教育法》第九条均明确指出："中华人民共和国公民有受教育的权利和义务"。这种规定表明权利和义务是统一的。学习既是一种权利，也是一种义务、一种责任。处于义务教育阶段的学生，学习不同于游戏，它是强制性的活动，是学生对国家、对社会、对教师、对父母应尽的义务和责任。

【案例分析】

魏书生老师通过对提高学习效率的指导，教会学生学会做事，使他们成为学习的第一责任人。学生的学习是学校生活中的主要部分。如何指导学生高效率地学习，魏书生老师给了示范。学习的过程就是学生学习能力增长的过程、学会做事的过程，而不是单纯掌握某些特定知识的过程。因此，魏老师通过让学生自己去计算，明明白白地了解学习效率与哪些因素有关。明确哪些是无效劳动，如何避免无效劳动。让学生参与到思考自身学习效率提高的问题中来，而不是将学生视为管理的对象告诉他们怎样做。魏老师这种做法真正将学生变成了学习的第一责任人。学生是学习的主体。

魏老师以学习效率的提高为抓手，引导学生学会学习，养成良好的学习习惯。魏老师对诊断和指导学生的学业水平有着丰富的经验，他根据学生发展的现有水平，判断影响他们学习效率的各种因素，指导学生厘清学习低效的几种原因，并指导学生学会单位时间内增大劳动量的解决办法：减少犹豫的时间，明确任务；持之以恒，形成习惯；利用生物钟的规律；订计划，做

总结。

案例中的表述，也充分展现了魏老师保护学生的求知欲和好奇心，培养学生探究精神的做法。做到"道而弗牵，强而弗抑，开而弗达"。用自己所学的数学知识去测算自己的工作效率。真正实现了学有所用。这种方式既保护了学生的好奇心，也鼓励和引导着学生用探究的方式去解决自己面对的问题。

魏老师深谙学生的发展特点，尊重教育规律和学生的身心发展规律。特别是了解学生认知发展的规律和特点，能够用多种学习指导的方法帮助学生解决自身的学习效率问题。

【班主任操作建议】

（1）培养学生明确学习目标。也就是提高学习自觉性品质，使他们关心达标情况，自觉、主动而积极地为实现学习目标而努力。使学生学习有目标、有方向、有劲头，不同学习水平的学生都能得到尊重和爱护，班级形成比、学、赶、帮的学习氛围。

（2）培养、激发与维持良好的学习动机。以外部动机为辅，即对自我提高内驱力和附属内驱力激励学习的作用也给予一定的重视。注重激发学生的学习兴趣，提高学生的学习主动性，经常通过交流、展示、竞赛等方式，引导学生反思和改进学习方法，提高学习效率。

（3）培养正确的、积极的学习态度。学习态度作为一种对待学习的内部状态，它影响着人对学习活动的选择。学习态度好的，其学习成绩总胜于态度差的，因为学习态度与学习材料一致，学习动机就比较强烈，有关的、一般的知觉和认知阈限都随之而降低。

建议：

①强化受教育者学习的责任感和义务感。

②培养学习的自信心。

③ 养成谦虚的品质。

④正确地对待考试和分数。

⑤认真、细心、创造性地对待作业。

⑥正确对待学习中的竞争与合作。

⑦持之以恒的坚韧性。

⑧培养自制性。表现在学习中，按学习任务的要求自我调节、控制，能积极完成学习任务，克服分心，抑制与学习任务无关的活动。

（4）培养学习中智力活动的良好品质，提高学习活动能力。智力培养可从以下几方面入手：

①培养良好的观察品质。

②遵循记忆规律，培养良好的记忆品质。

③建立合理的思维能力结构。思维能力的结构体系中，包含分析能力、综合能力、比较能力、抽象能力与概括能力，这五种能力相互联系、相互作用，从而形成完整的思维运动过程。

④培养思维的良好的基本品质。培养思维的广阔性、深刻性、独立性、批判性、灵活性和敏捷性。

⑤培养动手实践能力。

（5）善于凝聚班级科任教师的集体力量，合理地给各科教师分配辅导时间，为科任教师营造良好的施教环境，协助各科教师开展教学，尽心尽力地为科任教师保驾护航。

第三节　生活指导

一、学生生活指导的内容

【案例呈现】

我处理"早恋"问题的几个原则

回想一年多来我对学生"早恋"的疏导，颇有些心得。善待学生，这是基本的前提。此外，面对学生的"朦胧感情"（我觉得这个说法比"早恋"更恰当些），我注意这样几个原则：

第一，尊重学生的心灵。就是说，要尽可能站在学生的角度去理解他们。一个优秀的教师，一刻也不会忘记自己曾经是个孩子。要知道，生命到了一定季节，就会发芽，就会开花。明白了这一点，就会多一分理解。无论如何，不要把"朦胧情感"与"道德败坏"画等号。在我教过的学生中，有品学兼优照样"早恋"而且考上大学的，也有不学无术却不"早恋"的。所以，一定要从人道和人性的角度尊重学生青春的心灵。

第二，走在学生情感发展的前面。优秀的教师，不应该仅在问题出现后才不得不充当"消防队员"，而应该主动引导学生成长的航向。因此，我们要在学生还没有出现"朦胧情感"之前，就主动对他们进行爱情教育。苏霍姆林斯基有一段话说得非常好："我坚信不疑的是，高尚的爱情种子需要在年轻人产生性欲之前好久的时候，即在他们的童年、少年时期播在他们的心田里。……我们所说的爱情种子，当然不是指关于爱情的说教，而是指培养道德尊严和人格的过程，指在每一行动中树立起真正的人道主义观点；指培养对人道美的理解能力和创造（这一点尤其重要）人道美的能力。"这也是我主动给历届学生开设青春期讲座的原因。

第三，把爱情教育视为人格教育不可分割的组成部分。假如我们的学生在高中三年都不会出现"早恋"，我们还应不应该对学生进行爱情教育呢？当然应该！因为我们的学生是未来的妻子、丈夫，未来的母亲、父亲，我们的教育要给他们一生健康的精神世界，进而给他们一生的幸福。通过爱情教育，我们引导学生感悟一种精神的美。还是苏霍姆林斯基，在谈到给学生讲爱情时曾这样精辟地指出："这种讲解将会在年轻人的心灵中，培养出高尚的思想和情感，首先是培养出能够给人以巨大幸福的对美的责任感。但是这种美对善于爱美的人才是幸福的。"

第四，帮助学生树立高远的志向。爱情虽然是美好的，少男少女之间的相爱更是纯洁的，但我们要让学生明白，在这个年龄阶段，自己最该做的事是什么，进而作出明智的选择。我常常跟学生们说：我们和他们不一样！这里的"我们"，就是指有理想有志向的学生；而"他们"则是指那些胸无大志，甘于平庸甚至堕落的同龄人。在同样的时间里，怎样度过每一分每一秒，就把"我们"和"他们"区别开来了。我反复跟同学们说，不要用明天可能的"爱情幸福"来赌一去不复返的今天。生命在这个季节的确会开花，但开花的最佳时光并不是现在。而只有把握好现在，做现在最该做的，才能拥有未来真正的幸福！

第五，引导学生做自己感情的主人。我们不可能随时守着学生，更无法干涉他们的内心活动。所以，关键是要让学生随时提醒自己，随时用高远的志向战胜自己。所谓"战胜自己"，就是不断同自己的弱点作斗争，不断克服自己心灵深处可能有的自卑与懈怠，进而不断创造出新的成绩或取得新的进步。我常对学生说，谁不希望自己更辉煌？谁甘愿一生平庸？但是"平庸"还是"辉煌"，在很大程度上取决于我们是否能真正战胜自己。实际上，任何人的心灵深处都有两个"自我"：一个是高尚的"我"，另一个是卑下的"我"。而且，心灵深处这两个"自我"随时随地都在进行着较量：如果高尚的"我"占了上风，那么我们就会做出高尚的行为；反之，如果卑下的"我"占了上风，那么我们就会表现出卑下的举动。让高远的志向、坚强的信念和顽强的毅力赢得"灵魂搏斗"的胜利，我们才能赢得人生的辉煌。

第六，不同情况区别对待。每一个学生都有一个独一无二的精神世界，同样处于"朦胧情感"中的少男少女也有着不同的具体情况，在这里，没有统一的处理标准，需要的还是因人而异。对张长春，我只是给他指引，然后让他自己解决，我决不介入；对于郭丽雯，只需淡淡地点到为止，纯真而有上进心的她，自然会作出正确的选择；对于夏江楠，我真诚而直言不讳地指出可能出现的后果，然后给他以信任，期待着他理智的回归；对于黄雅韵，她对外班学生的爱恋一来没有公开张扬，二来也没有明显影响学习，而且她的特殊性格很可能需要爱情的滋润，因此，应该绝不过问，装作不知道；而对甘露、曹邢懿这种不严肃地对待感情，而且很轻浮地公开张扬他们的特殊交往，甚至妨碍学习影响纪律，则在尊重他们感情的同时，毫不客气地批评他们的行为。

我永远铭记苏霍姆林斯基的话："爱情，是对人道主义的最严峻考试。我们应当从一个人的童年和少年时期起就培养他去迎接这场考试。"

【案例来源】

李镇西. 做最好的班主任 [M]. 桂林：漓江出版社，2008：150.

【案例分析知识点回顾】

（1）学生的生活指导包括生活常识指导、生活态度指导、生活交际指导、生活习惯培养、生活自理能力培养。

（2）同伴关系是年龄相同或相近的儿童之间的一种共同活动并相互协作的关系，是儿童除父母、教师及亲属外的另一重要的社会关系。

（3）同伴交往有以下几个基本特点：

①与同伴交往的时间更多，交往形式更复杂。

②儿童在同伴交往中传递信息的技能增强。

③儿童更善于利用各种信息来决定自己对他人所采取的行动。

（4）高年级小学生和中学生正处于性别角色分化和性意识急速发展的时期，这一时期的发展一般需要经历以下过程：对性知识和异性的探求与了解；对异性的疏离与排斥；对异性的关注与接近；对异性的追求与爱恋。

（5）异性关系教育与辅导的常用方式：专题讲座普及知识；日常生活渗透教育；主题班会促进交流。

【案例分析】

1. 李镇西老师充分认识到生活指导的目的是培养学生良好的生活习惯、健康的生活情趣和乐观的生活态度。他用苏霍姆林斯基的话："爱情，是对人道主义的最严峻考试。我们应当从一个人的童年和少年时期起就培养他去迎接这场考试。"深刻地诠释了帮助青少年正确认识人生特定阶段产生的正常情感的重要性。

2. 处理早恋问题，李镇西老师总结了几条原则，而这几条原则紧紧围绕"尊重学生，发展学生健康的人格"。处于青春期的孩子，他们与同伴交往的时间增多，随着身体发育的日渐成熟，如何与异性相处，如何发展健康的人格，如何解决他们对性知识和异性的探求欲望，甚至是对异性的追求与爱恋问题是班主任不得不关注的重要内容。他用专业的知识、丰富的人生阅历给学生的健康人格发展提供了适当的指导。

3. 李镇西老师站在为学生一生着想的高度上，为学生提供处理此类早恋问题的方法，引导学生做自己感情的主人，充分发挥他们的主体性。他主动给历届学生开设青春期讲座，教给他们应对此类问题的办法。比如，让学生随时自己提醒自己，随时用高远的志向战胜自己。

4. 李镇西老师又站在更高的角度帮学生树立人生理想，让他们不陷落在冲动的情感里，而是理智地认识和发展自己的情感。让学生明白，在这个年龄阶段，自己最该做的事是什么，进而做出明智的选择。当学生有了更高理想的指引，对待冲动的青春，就有了克制的力量。同时，又有了将这股力量转化为奋斗的勇气。

【班主任操作建议】

（1）教师在指导学生进行正常异性交往时，要告诫或建议他们把握好自然和适度两个原则。教师在对学生进行异性关系教育时，主要应从异性交往的原则和方法两个方面入手。

（2）教给他们与异性交往的方法：

①正确认识与异性的交往。喜欢、渴望与异性交往是青春期学生性心理发展的必然。

②交往时要克服羞怯。在与异性交往时要感情自然，仪态大方。

③交往的态度要真实坦诚。在交往过程中要做到以诚相待、相互信任，留有余地。

（3）能结合学生的身心发展特点，开展有针对性的教育活动，培养学生良好的行为习惯、生活习惯和劳动习惯。引导学生积极进取、乐观向上、热爱自然、珍惜生命。培养学生在生活中独立解决问题的能力。为学生创设多种生活情境，开展丰富的生活体验活动，培养学生主动探究的意识，养成自觉劳动、勤俭节约等良好的生活习惯。

（4）引导学生区分友谊与爱情。

二、学生生活指导的方法

【案例呈现】

漂亮女孩引来的嫉妒

小林是一个极普通的女孩，相貌平平、话语不多、没有太多特长爱好，学习成绩在全班仅处于中等水平。唯一让她自己满意的就是画画不错，是班级美术课代表。五年级第二学期，班里转来了一个扎马尾辫的漂亮女孩儿，说话甜甜的，笑起来也甜甜的。女孩儿的到来立刻吸引了同学们的视线，课间常有不少人围拢到女孩儿座位旁问这问那。小林也站在围拢的人群中，只是她一言不发，怔怔地看着女孩儿，看她雪白的肌肤、美丽的明眸……但是小林越看心里越不是滋味：怎么这样不顺眼呢？

一天放学，小林像往常一样与好朋友嘟嘟、翘玲一道回家，这时身后传来"等等我……"的喊声，原来是新转来的漂亮女孩儿背着书包追了上来，要顺路一起走，于是嘟嘟和翘玲赶忙迎了上去……看着她们有说有笑，闷头走在最后面的小林心里难受极了，她不时用脚踢着石子儿，觉得地上那些石子儿就是漂亮女孩儿，越这么想她就踢得越使劲。第二天，美术老师让小林把美术作业成绩登到记分册上，小林故意把漂亮女孩儿的"优"写成了"待达标"。她想：要是被老师发现了，就说是疏忽抄串行了。

新学期开学，班里进行了课代表改选。小林落选了，而顶替她的正是那个漂亮女孩儿，因为她多次在市区绘画比赛中获奖。在老师宣布结果的一刹那，小林的脸涨得通红通红的……一节体育课上，小林悄悄地溜回了教室，从漂亮女孩儿的书桌里翻出了一张她准备参赛的水粉画作品，狠狠地揉成一团，扔在了地上。小林各个方面虽然普通，但她是一个敏感的女孩儿。由于深知自身的劣势，所以一直使自己处于近乎封闭的状态。当漂亮女孩儿出现时，她越发感到自己在相貌、能力、人际关系等方面不如人，只有"美术课代表"这一职衔才能抚慰她那颗失落的心，可当这一优势也被别人取代时，强烈的己不如人的嫉妒心击垮了她的理性，进而采取了损人不利己的幼稚行为来发泄。

作为教师，应当如何帮助学生摆脱嫉妒的阴影，健康、阳光地面对生活呢？

1. 教会孩子认清危害

嫉妒的危害一是打击了别人，二是贻误了自己。所以，帮孩子认清这些是走出嫉妒的第一步。一个课间，我找到小林，递给她一本书《恩典书房——嫉妒的七宗罪》，推荐她阅读。

2. 教会孩子克服自私

嫉妒是个人心理结构中"我"的位置过于膨胀的具体表现，总怕别人比自己强，对自己不利。因此，要根除嫉妒心理，还要根除这种心态的"营养基"——自私。利用班会时间，我给孩子们讲了许多古今名人大公无私的故事。会后，我和小林聊天，听取她的看法，并顺势利导进行教育交流。逐渐地，我感觉小林认识到了自己的问题。

3. 教会孩子见贤思齐

一个有道德的人，当他发现有人比自己做得好时，从不去考虑别人是否超过了自己，心生不满，而是从别人的成绩中找出自己的差距所在，从而向人家学习。这就是古人所说的见贤思齐。教师要善于察言观色，发现孩子的细微变化后能及时了解情况，同时与孩子一起分析自己的劣势是什么，协助孩子寻找进取的"路径"，为孩子营造积极向上的氛围。我采用"我来夸夸你"这一形式，让孩子们将伙伴的闪光点挖掘出来，写在便条上，粘贴到展板上。我看到了许多同学对小林的称赞，也看到了小林对漂亮女孩儿由衷的夸奖"张晓迪的画画得不错"。

4. 教会孩子调整心态

嫉妒是由一种不良的心理状态引起的，对别人的嫉妒，实际是对自己的一种惩罚。如果能调整一下自己的心态，换一个角度看问题，也许就会是另一番景象。所以，教师要做好孩子的心理工作，我告诉小林"塞翁失马，焉知非福"，这次没竞选上美术课代表，还会有下次，再说还可以尝试着竞选其他课代表，或许能发现自己更多的潜能呢。

5. 教会孩子将心比心

"将心比心"是我们常说的一句俗语，在心理学上叫"感情移入"。教师要让孩子尝试用"换位法"思考问题。我告诉小林：当嫉妒之火燃烧时不妨设身处地地为对方着想，扪心自问：假如我是对方又该如何呢？运用心理移位法，可以让自己体验对方的情感，有利于理解别人，有利于遏制不良心理状态的蔓延。

在我无声润物、耐心的点拨下，小林认识到自己的行为给漂亮女孩儿造成了伤害，为自己的不理智感到懊悔。她悄悄地将记分册上漂亮女孩儿的成绩改了回来，还用压岁钱买了一盒水彩笔，作为新年礼物送给漂亮女孩儿。那天，我看到了小林交上来的日记作业，本子上写着："其实，张晓迪真的很优秀——外表优秀，内心优秀……我呢？与其徒劳地羡慕、妒忌，不如把自己也变得优秀起来。"一读到这儿，我合上本子长长地舒了一口气。

其实，在我们的生活中不乏这样的"小林"，当他们发现别人在某些方面高于自己时，便会产生一种复杂的情感，往往由羞愧、恼怒、怨恨等掺杂在一起，这就是嫉妒。嫉妒是一种不健康的心理状态，它能使人的性格扭曲，使人远离快乐。小学生是心智尚不健全的未成年人，他们缺乏正确的自我评价，不能清楚地分辨可能与不可能的界限，所以，教师的指导、建议就显得尤为重要。在处理小林问题的过程中，我自始自终都没有指责她的不对之处，而是通过讲道理、讲故事等形式，让小林自己比对，自顿自悟，自我教育，从而水到渠成地化解她心头的嫉妒之火，激发她奋发向上的内驱力。

【案例来源】

李秀萍．班主任工作的 30 个典型案例（小学篇）［M］．上海：华东师范大学出版，2014：32—36.

【案例分析知识点回顾】

1. 小学儿童的人际关系总体特征：

（1）与父母的交往随年龄增长而下降。

（2）与同龄伙伴的交往随年龄增长而上升。

（3）与教师的交往在小学中年级前随年龄的增长而上升。

2. 在小学阶段友谊发展表现为：

（1）6～9 岁，单向帮助关系。要求朋友能服从自己的愿望和要求，否则就不是朋友。

（2）9～12 岁，双向帮助关系。具有相互性，有功利性特点，被称为"顺利时的合作"，不能"共患难"。

（3）12 岁以后，亲密而又相对持久的共享关系。

3. 小学高年级具有自我意识强、竞争意识强的特点。学生注重成绩，主动参与竞争。注意力得到进一步提高。思维从具体思维向逻辑思维过渡。情绪、情感处于突变期。道德行为上也可能出现攻击行为。攻击行为是指针对他人的具有敌视性、伤害性或破坏性的行为，也称侵犯行为。有意的孤立也是一种攻击行为。攻击行为的基本要素是伤害意图。

4. 学生生活指导常见的途径和方法包括行为强化、榜样示范、环境熏陶、生活体验等。

【案例分析】

首先，案例中的教师在日常工作中，敏锐地观察到学生出现这种由于嫉妒心理而引发的一系列问题。教师根据学生友谊发展的特点，和小学高年级学生年龄发展特点，即自我意识强，竞争意识强，不甘落后，注重成绩，情绪、情感处于突变期，道德行为可能出现攻击性等特点，提出具体要求，将对学生生活中与人交往能力的培养渗透到教学和班级日常管理中。

其次，教给学生正确处理同伴关系的方法，通过认清危害、克服自私、见贤思齐、调整心态、将心比心，使学生在生活中学会正确认识和处理与同学的关系，培养学生在生活中独立解决问题的能力。案例中出现了女孩儿故意"陷害"同学的攻击行为。针对攻击行为，教师可以通过改善儿童所处的环境条件，通过学生的玩伴、同学相互看优点的活动营造良好的班级环境，让她在这种环境中找到自己的独特之处而不必羡慕甚至嫉妒别人。增加对攻击行为有害后果的了解。对孩子进行同理心教育，发挥榜样的作用等。给予孩子积极正向的引导。从案例中我们看到了这一系列的操作切实地解决了孩子如何看待同伴，看待自己的问题，学会了怎样与比自己优秀的人相处，克服了不良的竞争心态，实现了成长。

最后，引导学生积极进取、乐观向上，为学生创设多种生活情境，开展丰富的生活体验活动，培养学生主动探究的意识，养成良好的交友习惯。案例中的教师善于发现孩子的细微变化，及时地采取了解情况，与孩子一起分析自己的劣势是什么，协助孩子寻找进取的路径，为孩子营造积极向上的氛围这一系列处理办法。通过"我来夸夸你"这一形式，让孩子们将伙伴的闪光点挖掘出来，写在便条上，粘贴到展板上。用"长善救失"的理念，引导学生客观评价自己的优点与不足，通过自己的亲身探索，学会交友，学会对待比自己优秀的人，学会让自己成为更优秀的人。

【班主任操作建议】

（1）教育小学生克服同伴交往中的认知偏见，发展学生的同理心。

（2）帮助小学生掌握人际交往的技巧：

①恰当地运用非语言沟通动作、表情、目光沟通方式。

②掌握谈话的技巧。

③学会聆听的技巧。教师要教育小学生在听同伴谈话时，应有虚心聆听的态度。

④同伴谈话时，不只是在被动地接受，还应主动地反馈。

（3）要改变学生交往问题，可以采用社会支持的方法，即学校与家庭配合，改善他们与周围的关系，特别是应注意融洽他们与亲人及同学之间的关系，满足他们爱与归属的需要，让他们感到家庭和班集体的温暖，心理上有安全感，消除戒备心理，能够接受别人与之交往。同时要注意让他们扩大交往范围，当他们能够接受别人与他交往时，要给予强化鼓励，并帮助他们主动与别人交往。

第四节　生涯指导

一、生涯指导的内容

【案例呈现】

心灵教育（节选）

苏岱在2004年2月20日的随笔中这样写道："吴老师，我很爱打篮球，你是知道的。经过一个假期与篮球的相伴，我是越来越爱它，甚至无法自拔，甚至想为它奉献一生。吴老师，我希望你支持我，帮我说服我父母，我希望把命运掌握在自己的手里，而不是去为别人而活。"

吴樱花：然后他在日记里写给我："我求你了，吴老师，你的不争气的学生。"那我觉得他真的很可爱，他需要我帮助他。

虽然，吴樱花在给苏岱的回复中明确表示他的身体条件不适合做职业篮球运动员，应以读书为重，但第二天，苏岱又在随笔中再次请求吴老师支持他去打职业篮球。

苏岱：我自己看球，我看了三四年NBA了，战术笔记本有这么厚，我自己抄的战术，然后各种书上面，我抄下的那种战术，我自己研究的有这么厚。

吴樱花在和苏岱的妈妈交流之后，她请来了专业队的教练来考察苏岱的篮球水平。

吴樱花：弹跳也很好，拼抢很积极，很多的都是表扬，最后一句话说，所有的动作都是不规范的。

记者：会不会伤害他的自信心？

吴樱花：没有，这方面他很好的，而且之前我铺垫了那么多，跟他交流，文字交流了那么多，当时还给他希望，将来可以打大学生职业篮球赛，好，我要上大学。我说只有大学生，才能够打职业篮球赛嘛，好了，我要努力学习，不努力学习怎么能上大学呢？所以很简单地解决了。

苏岱：绝对是冲动，现在反思起来绝对是冲动。

在现实面前，苏岱终于放弃了去专业篮球队的幻想。而吴樱花把所有这些与苏岱的交流、所有为苏岱做的努力以及自己对于苏岱的看法，全都以随笔形式记录下来。

记者：但是如果说没有新教育实验的这种方式的话，你会通过一种什么样的教育方式来对待像苏岱这样一个比较出格的学生？

吴樱花：不知道，我只是把这个过程，我对他的一个教育过程记下来，这个过程可能是展现我问题的过程，我不知道对这个孩子怎么办，但是我至少不能够，对他进行以暴制暴，我是否定这种做法的。

一个学年又过去了，吴樱花写完了《孩子，我看着你长大》的第二部。在初三新学期开学的时候，吴樱花将这本随笔交给了苏岱。苏岱在2004年9月1日的随笔中写道："昨天，您送了我一本书，是《孩子，我看着你长大》的第二部，我一口气读完了它，真是感慨万千。"

吴樱花：我真的当时就流泪了，我觉得这个孩子，他很能给你一种温暖的感觉，我给他的批语也写到看到你这个日记，吴老师真的是泪流满面的，你就是对我最大的一种回报。

苏岱：一句话说到底，就是说她的这样一个人格魅力，让我彻底地就是说服了，我服了。

可是，感动之后的苏岱在行为举止上似乎并没有多少改变，青春期的叛逆让苏岱总是或大或小地惹麻烦，他依然是那个让老师操心的孩子。例行的班级卫生检查，吴樱花所带的班级从来都是全年级最后一名，原因当然是苏岱那永远乱糟糟的课桌和一只怎么也拿不走的篮球……

在随笔中，吴樱花这样感慨："这个让我头疼的苏岱，什么时候能让我省心啊！我来玉峰后的80%的烦恼都是源自苏岱……每想到这些，我都有一种窒息的感觉!"

苏岱：虽然那一阶段成绩很好，但是老惹事，然后吴老师就是跟我谈话，她问我这么久了，我对你这个教育工作好像没成效，我就跟她说其实成效是有的，我心里面一直想过要改变，但是吴老师你去设想一下，如果说我初二的时候，还是一个整天闹事的小孩，到了初三我突然之间，一下子变好，变乖了。

记者：这不好吗?

苏岱：人家会说我作秀的，反正都已经这样了，那就继续这样子下去好了。

吴樱花：我在文字里告诉他，我很受伤害。

记者：他会有反应吗? 听到你的这种倾诉。

吴樱花：因为这个是过一段时间之后，他才看到，一年之后他才看到的。那么当看到时，他会为他过去做的事情觉得很抱歉，他没有想到，吴老师受到那么多的伤害，他也会觉得挺内疚的。

苏岱：我觉得说写这么一些东西的话，并不是困难的，我觉得她对我，最让我感激、最让我想回报的是什么，她真心真意地关爱我，她站在一个真的把自己当作我一生的导师的角度上来关爱我，这是让我最最想回报她的东西，并不是这三本随笔有多少，这只是一种物质体现。

2005 年 6 月，苏岱的中考成绩揭晓了，他以 660 分的成绩摘得昆山市中考状元，苏岱深深地向吴樱花老师鞠了一躬。

【案例来源】

央视新网. 心灵教育. ［N/OL］. （2007 – 11 – 11） ［2023 – 05 – 14］. https：//news. cctv. com/china/20071111/103845_ 5. shtml.

【案例分析知识点回顾】

1. 中小学生生涯教育的内容

小学生生涯教育的内容包括：

（1）增进儿童的自我觉察。

（2）培养儿童正确的职业观。

（3）培养儿童正确的工作态度。

（4）让儿童了解学习与未来职业之间的关系。

（5）了解社会的经济状况。

（6）增进个人对工作世界的了解。

（7）学习做决定的技巧。

初中生生涯教育的内容包括：

（1）职业选择。

（2）适应社会。

（3）人生理想的指导。

（4）了解职业概况。

（5）指导职业定向与探索。

（6）引导学生树立职业理想。

2. 生涯辅导的实施途径

生涯辅导的实施途径可以通过小团体辅导、班级辅导、课程教学，或与社会实践活动结合的学校活动等方式来加以实施。

【案例分析】

在本案例中，吴老师充分尊重学生的想法，积极引导学生规划好自己未来的职业选择。她让学生充分了解自己，给学生继续努力的信心。当面对学生身体条件不适合打职业篮球的现状，吴老师仍然没有轻易打击学生的理想，而是帮助学生找到专业篮球教练给予其指导，让学生了解他想从事的篮球职业所需要的专业能力和素养，帮助他进行职业定向与探索。同时，劝说学生如果想将来完成打篮球的人生理想，就需要更好地完成学业，才有机会打大学生职业球赛。将学生树立职业理想与学习巧妙地联系在一起，使学生增强信心，重新审视自己职业规划的合理性。这种尊重学生的做法，也收获了学生的尊重，让教育变得简单起来。

案例中的吴老师用个别辅导的方式，引导学生进行职业选择。吴老师与学生共写随笔，用文本对话的方式与学生交流，进行个别辅导。处于青春期的孩子与老师的交流总是充满了审视。当吴老师帮助他找到专业篮球教练给予指导，帮助他进行职业定向与探索时，孩子真正地信任了老师，老师也顺利地抓住教育契机对学生进行了生涯指导。

吴老师较好地做到让学生引导学生在体验过程中学会感恩，不断进步和成长。每个人在成长中都会遇到奋斗目标的确立和职业生涯规划的问题。特别是中学生，他们的理想开始萌芽，学习的奋斗目标打上了深深的个人烙印，但也确实因为不了解具体职业从业所需要做的准备，他们的头脑中常存在不切实际的想法。因此，给他们安排合适的体验活动，让他们充分感受每个行业从业的不易，在体验中学会感恩，进而获得新的认知、新的情感，获得成长。

【班主任操作建议】

1. 引导学生形成对自己的认识与觉察。可以进行找优点或角色扮演等活动，增进学生对自己志向、兴趣、能力、长处的认识与了解；也可以借由团体讨论与分享，来了解自己所具备的能力、能胜任的工作，以及人与人之间的个别差异；还可以使用心理测量工具，如霍兰德职业倾向测验量表等进行生涯辅导测验，让学生了解自己的特点及可能从事的适宜行业。

2. 引导学生认识社会环境。可以运用职业调查访问、角色扮演、分组讨论的方式，让学生借由对周遭环境的认识来了解工作世界；也可以通过自己认识的亲人或朋友去了解他们所从事的行业，对收集到的资料进行整理，将最常见的职业列出来，利用学校活动的配合，让学生对自己所能从事的行业有初步的感性认识。

3. 引导学生认识职业。通过综合实践活动，引导学生参与职业体验场所的活动，增强青少年的职业感觉、独立能力和社会竞争力，体验成人工作的快乐和辛苦。

4. 在态度和价值观方面进行引导。可以利用班级读书会的形式，引导学生阅读杰出人物传记，以培养其对各行各业的尊重与正确的价值观。

二、生涯指导的方法

【案例呈现】

了解职业途径——采访职业人（教学设计）

教学目标：

1. 了解职业的多样性，同时拓宽学生的视野

2. 掌握采访职业人的相关技巧

教学重点：掌握采访职业人的技巧

教学难点：职业信息的可信度

教学步骤：

教学环节	教师活动	学生活动	设计意图
课前准备	联系从事相关职业的家长；利用家长会或者其他时间，让学生与之访谈。	定位好自己以后从事的职业。	充分利用身边的资源。
激趣导入	给学生分发测试题（见附件1）		
过渡语	3分钟测试题给你的启示是什么？我们今天所学内容就是在有限的时间内，把不可能变为可能。在了解职业内容之前，你需要知道身边的人都从事什么职业。	学生可能回答：遵守规则、目标明确、开动脑筋等。	让学生思考，如何在不可能的情况下，完成任务。
小组活动	1. 布置任务，提出要求； 2. 教师总结：职业的概念：职业是人们从事各种工作或任务时的职位。与角色的统称，具有相对的稳定性，换而言之，即：职业就是有报酬的工作。按《中华人民共和国职业分类大典》，我国把职业分为八大类。八大类还可以细分到1838种职业，实际上，随着经济和社会的不断发展，新的职业，还在不断衍生和派生出来，甚至出现许多全新的领域。例如：陪伴老人谈话；陪人购物专门讨价还价；临时寄养宠物；人物形象设计；计算机硬件垃圾回收利用等许多原来没有的职业。	四人为一组，每位同学介绍自己父母或家人所从事的两种职业，并写在一张大白纸上；相同职业不再写。	了解更多的职业，寻找可以采访的家长。
过渡语	我们可以看到这些职业分属不同的门类，我们选择职业，除根据自己的兴趣、爱好、价值观、气质类型外，还要了解职业的真实状况，以便做出选择，所选择的职业是否就是自己喜欢的职业。在选择之前，你如何了解你所选择的职业？可以采访相关从业人员。		
了解采访流程	了解采访的流程是什么？ 教师随机提示 1. 采访前，准备什么？ 2. 采访时，干什么？（列出具体采访问题及注意事项） 3. 采访后，做什么？		引发学生思考采访的流程，做事要有目的，有方向。

续表

教学环节	教师活动	学生活动	设计意图
师生总结	采访前 （1）确定采访主题，了解从业人员的相关职业信息。 （2）列出采访提纲。 （3）了解被采访者信息。 被采访者信息 ●您是如何找到这份工作的？ ●您的岗位职责是什么？ 工作感受 ●就您的工作而言，您最喜欢什么？最不喜欢什么？ 工作内容 ●从事此行业的人做些什么？ ●在工作方面，您每天都做些什么？ 职业前景 ●在行业内，先从什么样的工作岗位做起，能学到最多的知识，最有益于个人发展？ ●这个行业的前景如何？ 从业要求 ●在这个岗位上，要获得成功，必须具备什么能力？ ●您认为什么样的性格、品质和能力对于做好这份工作是重要的？ 工作强度 ●您经常需要加班吗？ ●您是否拥有年假？ 工作环境 ●您的工作地点一般在哪里？ ●同事间如何处理好合作与竞争的关系？ 其他 ●您的熟人中有谁能成为我下次采访的对象吗？可以说是您介绍的吗？ ●您能给我一些学习方面的建议吗？ ●采访工具：笔、纸、录音工具。 ●相关资料：所采访职业的相关信息。 采访中 （1）介绍自己及采访目的。 （2）根据提纲进行采访，做好记录。 （3）注意礼仪。（听别人把话说完，给对方照相要得到被采访人同意。采访后要表示感谢） 采访后 及时整理材料。		掌握采访基本程序，为顺利采访从业人员，做好准备。

续表

教学环节	教师活动	学生活动	设计意图
拓展加深	播放采访视频。 (可选中央台人物访谈节目)		
作业	1. 采访一位家长。 (同时发放评价表,见附件3) 2. 看《医患变形记》。(见附件2)		

教学反思:可以利用开家长会的时间或者其他时间,对相关职业的家长或社会人士进行采访。为了使资源最大化,我主要采用的是家长到校开家长会时,让学生进行采访。学生很喜欢这样的活动,需要强调的是要提醒学生,采访中,一定要听对方把话说完。然后再问其他问题。采访后,让被采访人填写"采访评价表",以了解学生采访情况。

有学生在采访家长后,写道:"家长告诉我们,他们那个年代没有什么规划。让干什么就干什么。对于职业不管喜欢不喜欢,都要干好,需要养家糊口啊。我们生活在这个年代是幸福的,我们要从现在做起,培养自己的能力和素养,以后能够选择自己喜欢的职业,造福社会。"

板书设计:采访前　认真准备

采访中　注重礼仪

采访后　及时总结

附件1　教师活动材料

3分钟测验

活动目的:培养学生做事目的性要明确,做事要讲究方法。

准备材料:测验题

活动时间:3分钟

活动规则:

(1)给每人发一份测验题,在分发的过程中,要求学生把测验题正面向下,扣在桌子上不许看。教师可以在分发试卷前,强调题目多,只有3分钟,请大家抓紧时间答题。

（2）告诉学生，测验限时3分钟，时间到必须立刻停止。

讨论：通过这个活动，你得到的启示或收获是什么？

测验题：

时间只有3分钟，请先将所有题目全读完。

1. 在这张纸的右上角写上你的姓名。

2. 将第二句中的"姓名"两个字圈一下。

3. 在这张纸的左上角画5个正方形。

4. 在刚才画的正方形中各画一个十字。

5. 在正方形的四周画一个圆圈。

6. 在这张纸的右下角签上你的名字。

7. 在签名下面写3个"好"字。

8. 在右上角所写的姓名下，画一道直线。

9. 请在这张纸的左下角画一个十字。

10. 在刚才所画的十字周围加上一个三角形。

11. 在这张纸的背后，写下50乘以30的答案。

12. 在第7句中的"好"字上面画一个圆圈。

13. 当你做到这儿的时候，大声喊："我最快"。

14. 如果你认为已遵从指示，请大声说："我最好"。

15. 在这张纸的背面计算23加上32的和。

16. 从上一题的得数中减去11等于多少。

17. 请你把所得的数和旁边的人比较一下。

18. 请你用笔尖将左上角的正方形戳五个小洞。

19. 假如你是一个1闪到这里的人赶快说："遵从指导我第一"。

20. 现在你已经仔细地读完了，请只做第一题。

附件2　医患变形记

当医生30多年，今天更深刻地感受到了看病难。

一天早晨，杨甫德从睡梦中醒来，发现自己因在医院里变成了一个普通的患者。他挪动着步子，在人挤人的队伍中缓慢前进。他勉强探身，看看前面还有多少人，盘算着今天能否挂到专家号。在这种处境下，他已经无暇顾及贴着他前胸后背的都是谁，只是紧盯着十几米之外的挂号小窗口。和黑压压的一片人头比起来，门诊大厅小得可怜，人们无可奈何地挤在一起，沉默而焦灼。

"我能排到号吗?"他想。这可不是梦。

杨南德是北京市回龙观医院的院长，那天，他以一个普通失眠者的身份去看病，早晨5点多就出门坐公交车，6点多到的医院。在挂上号之前，他已经排了近两个小时的队。

很不幸，轮到他时，心理科的专家号挂完了，他只能挂到普通号，而且是几十号以后了。为此，他又在拥挤的大厅等了近5个小时。座位早就没有了，有人靠着栏杆，有人铺报纸席地而坐，还有从外地来的患者，直接坐在行李上。轮到他看病，已近中午12点。

说到等待的感受，他皱着眉说："毕竟我没有病重到一定程度，或像外地人那样还要住旅馆看病。真正的患者，感觉会更糟糕。"为了加深体会，杨甫德一直在用手表计时。他发现，从进入医院到离开医院的几个小时里，95.1%的时间都在排队等候，真正看病时间只占4.9%。

杨甫德说："我当了30多年医生，今天更深刻地感受到了看病难。"要是有孩子，一定不让他当医生。

另一个早晨，退休的市民张民第一次有机会零距离观看神经外科专家主任医师手术。那是在北京天坛医院。"这是一次显微手术，我看着晕，有点儿紧张。"张民说。

他印象最深的是医生干活儿特别认真，每一个动作都极其小心。

从后背看过去，医生一动不动，到了正面看，也看不见医生的手臂有动作，"只有手在动"，而且时间特别长。

张民第一次近距离感觉到医生的累，"干这种活儿就像绣花似的，绣花的人还能活动活动，医生不能动"。

手术室里静到听不见任何声音，这让张民也有些不习惯，"比较害怕"。20分钟后，他出来到了观察室，还在反复琢磨着，"这大夫除了技术高超，体力上也得顶得住啊"。

直到中午手术才结束，张民和医生一起吃了午饭。他发现，这名医生吃得特别少，"因为吃多了容易犯困，所以早饭和午饭都不敢多吃"。

"那你长年这样，怎么受得了？"张民问。

"长年都这样。"这位医生表示，一般只有晚上饭吃得饱就不错了，早饭和午饭都不敢多吃，水也不敢多喝。不喝水是为了不上厕所。

有人把医生的此举总结为"硬功夫"，不仅是手术，有时医生上门诊，大半天不喝一口水、不上厕所是平常事。否则，"就那几分钟时间，说不准哪个患者就会有意见"。

20分钟后，医生赶去了另一台手术，下午3点多结束手术，又带着张民去门诊，到傍晚下班之前，又看了几十个病人。

直到张民离开，医生还在工作。这一天，医生没怎么喝水，也没吃什么东西，在手术台上一个姿势就站好几个小时。张民说，他要是有孩子，一定不让当大夫——太累。

资料来源：白雪、董伟. 医患变形记 [N]. 中国青年报2009-9-14.

附件3 采访评价

他们的采访情况，写几句话进行评价。谢谢！

请从文明礼貌、团结协作、提问技巧等方面，加以评点。   　　　　　　　　　　　　　　　　　签名： 　　　　　　　　　　　　　　　　　日期：

组长：

组员：

分工：

提问：

记录：

照相：

拓展阅读

优秀员工必备的职业素养——像老板一样专注

作为一个一流的员工，不要只是停留在"为了工作而工作，单纯为了赚钱而工作"等层面上，而应该站在老板的立场上，用老板的标准来要求自己，像老板那样去专注工作，以实现自己职场梦想与远大抱负！

学会迅速适应环境

在就业形势越来越严峻、竞争越来越激烈的当今社会，不能迅速去适应环境已经成了个人素质中的一块短板，这也是无法顺利工作的一种表现。相反，善于适应环境却是一种能力的象征，具备这种能力的人，手中也握有了一个可以纵横职场的筹码。

化工作压力为动力

压力，是工作中的一种常态，对待压力，不可回避，要以积极的态度去疏导、去化解，并将压力转化为自己前进的动力。人们最出色的工作往往是在高压的情况下做出的，思想上的压力，甚至肉体上的痛苦都将可能成为取得巨大成就的额外兴奋剂。别让压力毁了你。

善于表现自己

在职场中，默默无闻是一种缺乏竞争力的表现，而那些善于表现自己的员工，却能够获得更多的自我展示机会，那些善于表现自己的员工是最具竞争力的员工，他们往往能够迅速脱颖而出。

低调做人，高调做事

工作中，学会低调做人，你将一次比一次稳健；善于高调做事，你将一次比一次优秀。在"低调做人"中修炼自己，在"高调做事"中展示自己，这种恰到好处的低调与高调，可以说是一种进可攻、退可守，看似平淡，实则高深的处世谋略。

设立工作目标，按计划执行

在工作中，首先应该明确地了解自己想要什么，然后再去致力追求。一个人如果没有明确的目标，就像船没有罗盘一样。每一份富有成效的工作，都需要明确的目标去指引。缺乏明确目标的人，其工作必将庸庸碌碌。坚定而明确的目标是专注工作的一个重要原则。

做一个时间管理高手

时间对每一个职场人士都是公平的，每个人都拥有相同的时间，但是在同样的时间内，有人表现平平，有人则取得了卓著的工作业绩，造成这种反差的根源在于每个人对时间的管理与使用效率上是存在巨大差别的。因此，要想在职场上具备不凡的竞争能力，应该先将自己培养成一个时间管理高手。

自动自发，主动就是提高效率

自动自发的员工，善于随时准备去把握机会，永远保持率先主动的精神，并展现超乎他人要求的工作表现，他们头脑中时刻灌输着"主动就是效率，主动、主动、再主动"的工作理念，同时他们拥有"为了完成任务，能够打破一切常规"的魅力与判断力。显然，这类员工才能在职场中笑到最后。

服从第一

服从上级的指令是员工的天职，"无条件服从"是沃尔玛集因要求每一位员工都必须奉行的行为准则，强化员工对上司指派的任务都必须无条件地服从，在企业组织中，没有服从就没有一切，所谓的创造性、主观能动性等都在服从基础上才能够产生，否则公司再好的构想也无从得以推广。那些懂得无条件服从的员工，才能得到企业的认可与重用。

勇于承担责任

德国大众汽车公司认为："没有人能够想当然地保有一份好工作，而要靠自己的责任感去争取一份好工作！"世界上也许没有哪个民族比得上德国人更有责任感了，而他们的企业首先强调的还是责任，他们认为没有比员工的责任心所产生的力量更能使企业具有竞争力。显然，那些具有强烈责任感的员工才能在职场中具备更强的竞争力！

资料来源：郑春雨. 大学生职业生涯规划与辅导：情境训练实用教程 [M]. 北京：电子工业出版社，2011：272—273.

【案例来源】

张纪元. 中学生职业生涯规划教学设计 [M]. 北京：北京师范大学出版社，2012：48—57.

【案例分析知识点回顾】

常见的生涯规划教育途径与方法：

（1）课堂教学。这是生涯规划常用的途径。通过专题式的教学设计为学生提供系统的、完整的、有计划的班级课程活动。

（2）生涯咨询。通过个别咨询与团体咨询的方式，协助学生探索个人与生涯相关的特定议题，并学习应用信息和技巧于个人生涯规划中。

（3）自我测评。常用的测量量表有霍兰德职业倾向测试量表；自我能力评定有意志力测验、韦氏智力测验、瑞文智力测验等；社会功能与适应能力评定常用量表有压力应对方式问卷、社会适应性自评问卷、自尊量表、社会支持量表等。这些量表提供给学生对其需求、兴趣、能力、成就、价值观等方面的测量，为他们提供科学认识自己的工具。

（4）生涯探索活动。组织生涯探索活动，帮助学生体验某一职业的从业活动，获得直观的生涯体验。拓宽学生的视野，检验学生兴趣，激发学生进行生涯规划的兴趣。

（5）实习体验。真实地参与到实际工作中来，帮助学生有机会检验其暂时性生涯决定，在此基础上发展有效的工作能力和行为。

（6）生涯规划活动。组织相应活动，帮助学生了解并练习做决定所需的技巧，使其意识到生涯选择对未来生涯生活的影响。

【案例分析】

本案例中，教师采用最常用的课堂教学的方式对学生进行生涯指导。充分利用较为便利的资源，让学生与自己最亲密的家长进行接触，通过访谈了解他们所从事职业的基本情况。

首先，通过教学设计通过小组合作的方式，让学生自主学习了解国家的职业分类，并写出自己家长的职业。让他们初步了解职业的分类。这部分的设计将学生与家长的职业紧密联系起来，与他们的具体生活联系起来，能较好地帮助学生进入主题学习。

在学生了解的过程中，课堂教学教会了学生如何使用访谈法。在教学中布置学生了解访谈的基本要求。帮助学生了解采访流程这部分的设计旨在教会学生思考做事要有目的、有方向、有计划。帮助他们掌握采访的基本流程，为顺利进行访谈奠定基础。最后，通过师生共同总结让学生得出有价值的采访细节技巧。

其次，通过播放视频，用学生喜闻乐见的方式来进行拓展加深。通过媒体对不同行业人物的访谈拓宽学生的视野，充分了解当前的不同职业从业人员的状况、从业的具体内容以及从业的价值。

最后，留给学生采访家长的作业不仅能让学生在做中学、在做中体会设计采访教学的目的与意义，同时能让学生深入地了解自己家长所从事的职业，感受他们从业的甘苦，从而学会感恩，并深刻体会职业从业的必要性及价值。另外，阅读《医患变形记》，让学生通过详细的文本描述来体验医生这一职业不为人知的从业感受，让学生充分明白每一个行业都需要责任感，都需要无私付出。

在这一教学设计中，较为充分地体现了教师有目的、有计划、有组织的生涯教育活动。他关注学生职业态度的形成，让学生从自己真实的生活出发，初步形成对职业的真情实感。在课程设计中，又辅以多种资料影响学生的做事态度，教会他们做事的方法，开阔他们的眼界，为深入了解不同职业打下良好的基础。

【班主任操作建议】

（1）积极引导。尊重学生的不同想法，积极引导学生规划好自己未来的职业选择。指导学生阅读名人传记或励志、创业故事，并展开讨论和反思，为学生实现个人理想打下坚实基础。能够结合教育活动或学科教学，有意识地引入生涯规划内容，引导学生认清"爱一行，干一行"与职业选择、改变等的辩证关系。

（2）多种途径教学。班主任老师通过课堂教学、生涯咨询、自我测评、生涯探索活动、实习体验、生涯规划活动等丰富多彩的形式，使学生初步树立自己的职业目标。采用多种途径和方法帮助学生了解、体验心仪的职业，为他们提供充分的机会学习。有目的、有计划地指导学生开展"模拟职场招聘会"等活动，或到社会各职业场所开展体验和社会小调查，体验不同行业劳动者的苦与乐、付出与回报等，了解他们创造的社会价值；引导学生了解当前的职业划分和将来可能面临的世界。

（3）加强体验。尊重学生现阶段的职业规划倾向，为日后其进行职业选择奠定认知基础。指导学生在家庭、学校中开展角色体验活动和服务活动，了解不同行业劳动者的辛苦付出，引导学生在体验过程中学会感恩，不断进步和成长。渗透职业启蒙教育，用"三百六十行，行行出状元"的思想影响学生。

第五节　心理指导

一、心理指导的内容

【案例呈现】
超越自我

一、背景

随着社会的进步，人们的物质生活质量得到显著提高，但是与此不对等的是人们的精神生活质量并没有得到很好的改善。在工作中我们发现很多学生一遇到挫折就否定自己，缺乏面对挫折、挑战自我的勇气；也有些同学因为基础比较差就自暴自弃，不求上进，得过且过。

二、活动目的

（一）引导学生认识到心中存在的一些障碍；

（二）从不同方面引导学生突破障碍，激励他们奋发向上；

（三）帮助学生走出过去的阴影，从精神上超越自我，以更好的状态投入学习和生活中。

三、活动准备

（一）障碍物，眼罩，回形针，粉笔。

（二）提前安排好莹莹最好的同学——谭青和芷乔，要求他们在莹莹不知情的情况下，私下陪莹莹练好一首专业歌曲。

（三）私下约见莹莹的妈妈，让她说一些激励女儿的话，录像。

四、活动过程

（一）"蒙眼跨障"，引出主题

1. "蒙眼跨障"，引人入胜

在讲台摆上 3 个障碍物，给一分钟的时间让一个学生试行跨越，之后蒙上学生的眼睛，悄悄移走障碍物，让学生跨越。蒙着眼睛的学生并不知道障碍物已经移走，所以还是小心翼翼地跨越"障碍"。

2. 学生讨论，达成共识

当初障碍物是存在的，但是后来不存在了。当时障碍物明明已经消失了，当他/她跨越的时候，他/她感觉障碍物存在不存在？（存在）障碍物存在在哪里？（存在于他/她的心里）

3. 教师点拨，引出主题

对，障碍物存在于自己的心里。这就告诉我们：我们成长的路上会遇到很多障碍，有些是看得见摸得着的，这些障碍并不可怕。可怕的是，明明障碍不存在，而我们自己却在心里为自己设置了一个个障碍。只有跨越这些自己内心设置的障碍，才有利于我们的成长，才有利于我们超越自我，做一个更好的自己。由此引出：超越自我。

过渡：应该从哪些方面来超越自我呢？为了解决这个问题，让我们进入下一个小活动。

（二）活动：拉力比赛，改变认知

1. "拉力比赛"，引人入胜

（1）游戏规则：每组选派一个代表，两人一组进行拉力比赛，把对方拉到自己一方一次记 10 分，时间为 35 秒，最终得分最多的小组获胜。

（2）活动过程：各位代表为了赢得比赛都不遗余力地努力把对手拉到自己一方，结果虽然有同学胜出，但是各位代表都很辛苦，而且得分普遍不高。

2. 采访学生，引发思考

采访一位同学：刚才为什么那么大力地拉对方？（为了赢得比赛）现在有什么感觉？（感觉很累，虽然没有赢，但是自己已经努力了）除把对方拉过来，战胜对方的方法外，还有没有更轻松、更快捷、更高效的方法呢？请大家讨论一下。

3. 教师点拨，改变认知

同学们，平时我们在生活、学习中，往往因为过度强调人和人之间的竞争而把自己弄得很辛苦。那么我们想，除了这种通过竞争、打败对手的方式，有没有别的更好的方式实现两者的共赢呢？（学生答：合作）非常好，是合作！比如刚才的拉力比赛，如果两者采取合作的态度，我轻轻一拉，你跳过来；你轻轻一拉，我跳过去。我们想一想，有没有违反游戏规则？（没有）如果这样的话，两个人是不是很容易得到高分，很容易胜出呢？这个游戏告诉我们什么？

学生总结：在学习和生活中同学们之间不仅需要竞争，更需要合作。如果我们能变这种战胜对方的观念为合作、双赢的观念，也许我们就更容易超越自我。比如，我们班一些同学的英语不太好，但是数学相当不错，而别的同学可能是数学不太好而英语不错，如果他们能够合作共赢、互相帮助，一定会取得更大的进步。这就告诉我们：要想超越自我，需要在观念上突破障碍。

（三）实验：一杯水的容量，打破自我设限

1. 实验规则

将一个水杯中倒满水，倒满水的水杯还能容纳多少枚回形针？以小组为单位，第一组放完第二组放，依次完成，哪个小组导致水杯里的水溢出，则游戏失败。

2. 实验过程

水杯里的水已经满了，因为害怕放过多的回形针导致水溢出实验失败，所以很多小组都选择放很少的回形针，而且越来越少。以一次实验为例，第一组放了30枚，第二组选择放10枚，第三组则仅仅选择了放一枚回形针，之后教师将剩下的回形针全部放入。根据实验，利用水的张力原理，一个500毫升的水杯还能放至少200枚回形针。当教师放入200枚回形针时，学生惊讶地张开了嘴巴，后悔不已。此时让学生谈自己的感受。

3. 学生反思，打破自我设限

感想：一杯原本就已经满了的水里，原来还能放200枚回形针，但是我们因为害怕实验失败，都不敢勇敢地去尝试放更多的回形针。这让我想到平常因为害怕失败，因为不自信，失去了很多的机会。以后我要更加自信一些，勇敢地挑战自己。

（四）挑战自我，超级模仿秀

1. 活动规则和人选

一组3人，甲、乙、丙；甲学生做各种表情及发出各种声音，乙和丙先后模仿甲的各种表情及声音。

为了帮助莹莹超越自我，我装作无意地邀请谭青同学来参与活动，并说明："由于这次游戏的特殊性，所以我想找三个比较要好的同学来完成这个游戏。那么首先我选定了谭青，我们希望谭青能够找到两个和她不错的同学一起完成它，OK？"

谭青按照事先的安排选了她最好的两个朋友——莹莹和芷乔一起来参与这个活动。我利用朋友之间的信任来降低莹莹的戒心，使她能够轻松地参与活动。

2. 挑战过程和效果

A. 傻笑之后指着同学捧腹大笑

B. 手舞足蹈之后回眸一笑

C. 高歌一声

D. 每人一句，唱歌一首

莹莹因为之前唱歌走调被同学们嘲笑过，所以不敢在大家面前开口唱歌，对唱歌比较敏感。因此，前两步都是一些搞笑动作的模仿，通过动作模仿来调节气氛，大家都玩得很开心，让莹莹从心理上得到放松。然后才有第三步的高歌一声和第四步的唱歌一首，让她在不知不觉中逐渐放开自己，最后在同学们面前高歌一曲，实现了自我的超越，达到了预期的效果。

3. 殷殷母爱，画龙点睛

在莹莹超越自我之后，老师点评：今天的三个同学表现得都很好，但是我觉得表现最好的是莹莹。为什么老师说她的表现最好？我们知道莹莹同学在各方面都很好，只有唱歌不好。莹莹同学因为曾经唱歌走调被人嘲笑而不敢在众人面前唱歌，作为一个声乐生不敢开口唱歌，这是多么难受的一件事啊！因为这个，老师和莹莹的父母都非常担忧。其实，在前天晚上，我约见了莹莹的妈妈。莹莹的妈妈对她的女儿说了这么一段话，请大家看一下。

（播放提前录制的莹莹妈妈的视频）

莹莹妈妈：莹莹，妈妈来到学校就是想了解一下你的情况。自从你一年前告诉妈妈，因为自己唱歌走调而不敢再开口唱歌，妈妈心里很难受，妈妈知道你受委屈了。你知道吗？你难受，妈妈更难受。在妈妈心目中你一直是一个懂事勇敢的孩子。你知道吗？妈妈看到你第一次为妈妈做饭搞卫生，妈妈感觉很幸福。因为我的女儿长大了！懂事了！当妈妈知道你考到艺术高中，妈妈感到很骄傲，因为我的女儿很能干！（哽咽）莹莹，你一直都是妈妈的骄傲，以前是，现在是，妈妈相信你将来也是！唱歌唱错一次不怕，妈妈怕的是你以后再也不敢唱歌。你各个方面都能做得很好，妈妈相信只要你敢开口唱歌，就能唱得很好。爸爸妈妈都相信你能行！我的女儿，加油吧，妈妈在家做好酱油鸡等你开心回来！（视频结束）

（莹莹泪流满面，大家对她掌声鼓励）

老师：今天我为莹莹同学感到非常骄傲，为什么这么说呢？因为莹莹同学虽然之前感到自卑，但今天，莹莹已经实现了她的超越，让我们给她最热烈的掌声！

4. 教师总结和提升

莹莹实现了超越，我们为她感到骄傲。但超越是一个目的，更是一个过程。在莹莹以后的成长过程中，仍会遇到非常多的障碍和非常多的困难，再面对这些困难的时候，我们希望她所学会的不仅是针对某一件事的超越自我，而是学会一种超越自我的积极的心态和方法。对于我们每个人来说，也需要学会一种能够超越自我的更加积极的心态和方法。同学们，莹莹实现了超越，老师相信她会继续超越，而老师也期待她、他、我和你，大家都能实现更多的超越。同学们，超越自我是一个非常幸福、非常快乐的过程，那么就让我们一起做一个追求幸福、追求快乐、超越自我的人！好，谢谢大家！本次班会到此结束，谢谢大家！

【案例来源】

李季，梁刚慧，贾高见. 小活动　大德育——活动体验型主题班会的设计与实施 [M]. 广州：暨南大学出版社，2012：74—77.

【案例分析知识点回顾】

1. 中小学生常见的心理问题主要有逆反心理、自卑心理、嫉妒心理、考试焦虑、自大心理、厌学心理、孤独心理，存在早恋问题、迷恋网络问题、追星问题、情绪方面的问题、学业不良问题、考试作弊问题、性倾向问题；学习强迫症状、校园恐惧症状、考试焦虑症状、人际适应不良、学习倦怠、注意力品质障碍、精神萎靡不振、肠胃功能紊乱、父母沟通障碍、挫折应对问题等多种问题。

2. 中小学生良好意志的培养

（1）加强世界观和人生观教育，帮助学生确立正确的行动目的。

（2）组织实践活动，加强意志锻炼。

（3）发挥教师和班集体的影响，给予必要的纪律约束。

（4）启发学生进行意志的自我锻炼。

（5）针对学生意志的个别差异，采取有针对性的培养措施。

3. 中小学生常见心理问题的成因主要有家庭因素、社会因素、学校因素、学生自身因素等。

4. 心理健康教育的基本方法有团体心理辅导方法和个别心理辅导方法。

5.《中小学心理健康教育指导纲要》指出，心理健康教育的具体目标是使学生学会学习和生活，正确认识自我，提高自主自动和自我教育能力，增强调控情绪、承受挫折、适应环境的能力，培养学生健全的人格和良好的个性心理品质；对有心理困扰或心理障碍的学生，进行科学有效的心理辅导，及时给予必要的危机干预，提高其心理健康水平。

6. 心理健康教育的主要任务是全面推进素质教育，增强学校德育工作的针对性、实效性和吸引力，开发学生的心理替能，提高学生的心理健康水平，促进学生形成健康的心理素质，减少和避免各种不利影响对学生心理健康的影响，培养身心健康、具有社会责任感、创新精神和实践能力的德智体美全面发展的社会主义建设者和接班人。

7. 心理健康教育的主要内容

（1）小学低年级主要包括帮助学生适应新的环境、新的集体、新的学习生活与感受学习知识的乐趣；乐于与老师、同学交往，在谦让、友善的交往中体验友情。

（2）小学中高年级主要包括帮助学生在学习生活中品尝解决困难的快乐，调整学习心态，激发学习兴趣，增强自信心，正确对待自己的学习成绩，克服厌学心理，体验学习成功的乐趣，培养面临毕业升学的进取态度；培养集体意识，在班级活动中，善于与更多的同学交往，健全开朗、合群、乐学、自立的健康人格，培养自主自动参与活动的能力。

（3）初中年级主要包括帮助学生适应中学的学习环境和学习要求，培养正确的学习观念，发展其学习能力，改善学习方法；把握升学选择的方向；了解自己，学会克服青春期的烦恼，逐步学会调节和控制自己的情绪，抑制自己的冲动行为；加强自我认识，客观地评价自己，积极与同学、老师和家长进行有效的沟通；逐步适应生活和社会的各种变化，培养对挫折的耐受能力。

（4）高中年级主要包括帮助学生具有适应高中学习环境的能力，发展创造性思维，充分开发学习的潜能，在克服困难取得成绩的学习生活中获得情感体验；在了解自己的能力、特长、兴趣和社会就业条件的基础上，确立自己的职业志向，进行职业的选择和准备；正确认识自己的人际关系的状况，正确对待和异性伙伴的交往，建立对他人的积极情感反应和体验。提高承受挫折和应对挫折的能力，形成良好的意志品质。

【案例分析】

1. 青少年在成长中不可避免地会遇到不自信，甚至是自卑的问题。它是学生成长过程中必须逾越的一道鸿沟。奥地利心理学家阿德勒在《自卑与超越》中提到，自卑心理起源于对社会的不良适应，而克制自卑心理的基本方法也只有社会训练这一条路。因而组织专门的活动，对学生良好意志进行培养是中小学班主任需要完成的一项重要任务。案例中的教师通过组织活动以期达到引导学生认识到心中存在的一些障碍；引导他们突破障碍，奋发向上；帮助学生从精神上超越自我，以更好的状态投入学习和生活中。以此为目标，展开形式多样的活动。

2. 活动形式多样，易于激发学生的认识兴趣。"蒙眼跨障"的趣味活动让学生意识到，负面的心理负担让本应该顺利完成的活动大打折扣。一下子从道理上的认同变成了有真实感受的经验，促进了学生的理解。另外，通过讨论、实验、拉力赛、模仿秀，以及引入家长鼓励视频等多种方式，层层递进并深入，用系统化的设计实现帮助学生跨越内心的障碍的目标。

3. 加强学生的意志力培养，案例中的教师首先采取从感性认识出发，帮助学生卸下心理负担，确立正确的行动目的。通过组织实践活动，加强意志锻炼。其次，发挥教师和班集体的影响力，利用改造环境，特别是心理环境，支持学生超越自我。再次，通过讨论启发学生进行意志的自我锻炼。最后，针对学生意志的个别差异，采取有针对性的解决措施。用母亲的鼓励，赋予学生强大的动力，增强自信心，超越自我。

【班主任操作建议】

（1）能准确把握中小学生的生理和心理发展特点，在班级中营造积极、民主、安全的心理氛围。

（2）掌握保护和促进学生身心健康发展的策略，了解心理问题教育的方法。

（3）关注留守儿童、特殊儿童群体等的实际需要。

（4）通过个别谈话、集体辅导等方式对其进行有效的心理指导。

（5）具体教育策略。

①引导小学生自我知觉的统一。

②引导学生进行正确的归因。

③引导学生正确地进行自我评价。

④引导学生产生积极的自我体验。

⑤引导学生学会用运动等积极的方式宣泄不良情绪。

⑥引导学生学会自我控制。

二、心理指导的方法

【案例呈现】

无照郎中的"行医"记录——一个"顽症"的治愈过程

刚开始时，我都傻眼了。实在是想不明白班里怎么会出现这么个状况的孩子。他的"特权"不仅严重干扰了正常的班级教育教学工作，也让他自己陷入一个与全体无关的班级局外人的尴尬境地。

看着他上课时自由自在地出入教室的身影，听他旁若无人地发出的"课堂伴奏"，瞧着同学们那副见怪不怪的淡然的神情，身为教师的我实在是难以忍受，凭着要教好每一个孩子的信念，也凭着自己多年的工作信心，我决定要将他"拿下"。于是便有了下面历时近一年的交锋。

第一回合：正面进攻，明令禁止

出招：原本我打算利用《小学生日常行为规范》和《中小学生行为守则》来约束他的，可寻遍两则，居然没有一条规定是关于上课不允许上厕所的。没办法，我只有想土招儿了，我们用制定班规的方法规定了：上课不允许上厕所（特殊情况如生病拉肚子等除外)！

接招：第二天一大清早，孩子的母亲就气喘吁吁地跑到了教室，郑重其事地告诉我：这孩子有病，是从幼儿园的时候就发现的生理疾病，就是尿频。这么些年都是这样的。希望新老师能继续给予关照。……

……进行这种教育，并不需要教师多少专业知识条件，靠反射就可以实施。因此，这种低科技含量的教育遭遇失败也是理所当然的事情了。他依然如故。

第二回合：明松暗紧，调查研究

吃了败仗的我看着他继续得意地享受着他的特权，一时觉得自己也有点糊涂了，他到底是有生理疾病，还是有心理疾病；是在故意捣乱，或者还是别的什么？……教育必须追根溯源，必须研究、探究。

出招：不甘心的我采取了明松暗紧的方式，表面上我什么也没有说，一切照旧，暗地里我加紧了对他的全方位观察和深入调查。因为这个孩子一定是有原因的，一切都不会是突然的。一个问题孩子的背后必然有问题家长或问题老师。

经过观察与研究，结论如下：

1. 该学生的确是从一年级起就有此毛病。

2. 该学生通常是在测验、考试期间病情加重。

3. 该学生通常是在刚下课时去一次厕所，打上课铃时再去一次。

4. 该学生通常在体育课上不用去厕所，而音乐、美术课则加剧。

5. 该学生在家里基本不受除母亲外的家人重视，唯有母亲迁就得多（母亲曾经为老师的手指点孩子的额头而大闹校长室）。父亲是军人出身，退伍后是省级机关某部门领导的司机，有时也能享受某些领导待遇，但文化层次较低，脾气暴躁。一般不轻易出手，但因为作业的质量、数量或因为学习成绩也少不了给他些皮肉之苦。

6. 该学生的生理疾病到目前为止并未得到任何医院的医生证明。

7. 该学生的学习水平是班级中下层次接近尾巴。

8. 该学生没有什么特长，长相平平，人际关系也很一般。

9. 该学生作业懒散，经常少写或不写，有时是因为不会写，有时会写也不愿意写，即使写了也不是很认真。

接招：小家伙看我一直没有什么动静，几乎我的每一节课都要理直气壮地迟到（因为去厕所），每一节课的中途也都要堂而皇之地去厕所。

第三回合：出具诊断，婉言劝止

观察调查加上自己的分析思考，我初步诊断这个孩子属于因为自己在许多方面得不到认可而又被妈妈宠坏了的"倚病卖病"型，想以此种行为来逃避学习、逃避考试、逃避作业，并以此来获得关注、获得成就感。

出招：我与他多次进行了个别谈话，和风细雨地与他交换了我对此事的看法，征求他的意见，希望他能认可我的诊断，承认事实，并能就此改掉毛病。

接招：拒不承认，坚决否决。

……

出招：将他所有表现悉数告之孩子母亲，希望能够得到孩子母亲的支持。告诉她孩子有点毛病，家长就不得了，大惊小怪，超重点保护，倍献殷勤，该管的地方也不敢管了，不该放纵的地方也放纵了，孩子很快会发现"有病"是一桩美差。"得病"大有好处，"有病"就有理，"有病"可以逃避上课考试，岂不是妙哉。这病不得白不得。希望母亲不要盲目地宠着孩子，听信孩子所讲的一切，要仔细观察，冷静地分析孩子的怪异行为。配合老师进行教育工作。

接招：家长反应激烈，拒绝接受。

......

没有摸清门在哪儿就非要进，其结果当然是撞墙。当这个孩子的问题还是解决不了的时候，我必须回过头来再想想："我的思路对吗？我的办法能不能再变变？"我是爱学生的，家长也是爱孩子的。可是光有爱心，恐怕还是不一定能走进孩子的心里，对孩子个性与心理特点的把握，不是想出来的，而是研究出来的，要了解事物的本质，还需要科学，比如心理学。

第四回合：调整诊断，调整药方

孩子和家长的强烈反应使得屡尝败绩的我再次陷入深深的反思之中，是不是我真的错了？是不是孩子是真的有病？可这到底是什么病呢？它还有治吗？他毕竟还是个孩子呀，若真的得了这么个病，这辈子可怎么办呢？这许多的问号积聚在我心里，盘旋在我脑中，网络、期刊、书籍、朋友、专业人士都是我寻访的目标。新一轮的搜索中"儿童精神性尿频"这几个字眼映入眼帘：他会是这种心理疾病吗？我该怎样调整自己呢？换一种新药再试试吧，不行的话，再重新检查，重新诊断。谁说过解决学生问题必须一次完成呢？

出招：四味新"药"

1. 心理暗示

不时地在各种场合，公开地、个别地、有意无意地宣讲高年级与低年级学生的差异，比如考试时间的差异、注意力集中时间的差异、作业时间的差异、学习科目数米的差异等，目标就是一个，让每一个孩子知道：高年级了，你的水平增长了，你的能力提高了，你的身体素质增强了，你的每一样都可以比过去强壮，甚至于憋尿的时间也会比过去长一些。"我相信你已经拥有了与其他同学相当的生理机能，只是你还不知道而已。"

2. 精神鼓励

经常在班级讲一些有关意志训练的事例，讲一些名人的故事，比如火烧邱少云、关公刮骨疗伤、青年毛泽东在闹市读书等故事以提高大家的意志品质。

3. 分步实施

对他提出具体明确的行为要求并进行有效的行为监控，要求每节下课只上一次厕所，并且首先做到上我的课忍住不去，慢慢地再发展到其他课不去，接着要求每一节上课时间都不去，最后要求考试时九十分钟内都不能去厕所，要坚持到考试结束。几乎每天、每节课后、每一个课间，我都要关注他的"去厕所情况"并及时鼓励。

4. 物质奖励

在漫长的等待过程中，给予及时的"物质"奖励：一颗小星星，一朵小红花，一方小印章，一只翘起的大拇指，一个热烈的拥抱，一个轻轻的吻……

在实施心理治疗的过程中，加强对他学业的关注。上课时经常关心他的状况，他会的问题多给他发言的机会，让他获得成功的快乐；利用下课时间帮助他再将学习内容巩固一遍；做作业时及时站在他身边进行指导，有时候在放学后也将他留在自己身边，帮助他完成家庭作业后再回家；与他谈心、聊天，关注他心理的每一个方面；让他对老师产生亲近感，学习逐渐不害怕、不逃避。

接招：照单全收啦！

这是一个漫长的积蓄和提升过程，我们能做的就是要俯下身子，仔细地观察，轻轻地呵护，慢慢地欣赏，耐心地等待，尊重他们的差异，宽容他们的脚步。教师的教育作用不是直接作用于学生，而是通过学生的自我教育来起作用的。我的教育行为达到了预定的教育目标，可我觉得这还并不是事情的结尾。只有真正搞清它的机制，才能总结出符合科学精神的经验。

第五回合：水落石出，我心释然

尽管孩子在一天天成长，可我还是不明白这病的源头究竟在哪里。直到半年多后的一个午后，孩子已经没有什么特殊症状了，我们已经能很轻松地面对这个曾经令人难堪的话题时，我不经意地问了声，孩子，你说你当初是怎么会有这个习惯的，你还记得吗？是从什么时候开始的呢？他说，哦，嗯，我记得那是在幼儿园的时候我发现只要和老师说去尿尿，老师就会不再看着我，我就可以溜出教室去玩儿一会儿，到操场的活动器械那儿，而且我玩儿什么玩具都没有人来和我抢，我觉得很开心，于是每当我想玩儿的时候我就会想撒尿……再后来就不知怎么的，老是想撒尿了。

哦，原来这一切的源头是来自童年的一个快乐的秘密。这一切连他的母亲也是怎么猜都猜不出来的。真相大白，水落石出，我心亦释然。

老师，谢谢您，我妈说是您治好了我的病。我这"无照郎中"居然治愈了孩子8年的顽症，我相信这是真诚的爱的力量所驱动的结果，这更是对执着的科学探究与追寻给予的完美回答，就让爱的花朵在心田一点点绽放吧，清香入脾，回肠荡气的同时，吹来徐徐清风，炽热但不失温润。其实，他们正在不知不觉地生长，心灵的蓓蕾也在悄悄地萌芽。

【案例来源】

郭文红. 发现班主任智慧——追求充满人性的教育［M］. 济南：山东文艺出版社，2011：79—87.

【案例分析知识点回顾】

1. 培养学生应对挫折的能力的方法：

（1）引导合理宣泄，如组织对抗性比赛等。

（2）进行归因训练。

（3）培养自我监控能力。挫折应对的自我监控训练需要经历自我认知—动情晓理—策略导行—反思内化—形成品质等几个环节。

（4）培养挫折容忍力。

2. 对学生进行自爱的培养的方法：

（1）对学生进行珍爱生命的教育。

（2）对学生进行感恩教育。

3. 对他人情绪的良好感知能力培养方法：

（1）移情训练情绪表演，如哑剧表演、空椅子对话技术等。

（2）教给学生一些自我安慰的方法。

（3）引导他们以辩证的方法看待问题。

4. 意志力的训练的方法：

（1）加强学生行为的目的性教育。

（2）培养学生的自我调控能力。

（3）培养良好的行为习惯。

（4）培养学生具有克服困难的精神，如坚持为集体做好事，坚持体育锻炼，坚持做一些家务等。

（5）充分发挥班集体和榜样的教育作用。

（6）启发学生加强意志的自我锻炼。

5. 教师作为研究者，学会用观察法、行动研究法、个案研究法解决出现在教育教学中的问题。

【案例分析】

1. 案例中的郭老师从细微处入手观察学生，用耐心和爱心帮他们解决心理问题。正如瑞士教育家裴斯泰洛齐在《教师道德》中说："每一种好的教育都要求用母亲般的眼睛时时刻刻准确无误地从孩子的眼、嘴、额的动作来了解他内心情绪的每一种变化。"郭老师就是这样的人。郭老师将日常管理中发现的问题作为研究的对象，采用行动研究的方式，充分地研究学生出现问题背后的原因。她的细心、耐心、爱心让学生出现的心理问题得以暴露，也使这 8 年的顽疾被解决。

2. 郭老师以研究者的姿态进行班级管理。她采用行动研究的方法，针对随时上课堂上厕所的"特权娃娃"采取了一系列的行动研究。从明令禁止到出具诊断到与家长正面交锋，到学习并深入调查，再到调整诊断和药方，实施"治疗"，直至用鼓励、引导的方式让孩子看到自己的优点，全面重新认识自己，进而产生自信心，克服了顽疾。这一行动研究过程切实地解决了郭老师的难题，让孩子重回正常的学习生活。一系列的操作让我们不得不佩服郭老师的专业智慧。

3. 郭老师在成功地帮孩子治好顽疾后，留给我们更深的思考。"如果这孩子平日里在班级中能够拥有一席之地"的话，他还需要靠撒尿来逃避些什么吗？在教育中由于竞争环境带来的高压，让一部分孩子长期得不到关注和肯定。而近些年常见的儿童心理问题也常与他们被忽视，或找不到成就感有关。郭老师准确地找到了学生心疾的根源所在，对症下药。他从提高学生各门学科的学习兴趣入手，在学习方法上加以引导和指导，努力帮助孩子提高学习成绩，并积极开发他的其他潜能，让学生在同学的认同中重新认识自己，让他确实觉得"天生我材必有用"。这恰恰正是解决问题的最终出路。

【班主任操作建议】

1. 将心理辅导工作有意识地融入日常教育中，洞察学生内心，了解学生需要，经常琢磨能够促进学生心理健康的活动和妙招。

2. 能准确识别和判断出患有多动症、抽动症、情绪障碍、人格障碍等身心问题的特殊学生，并积极主动地运用心理学相关知识和方法，采取针对性措施进行干预和疏导。把个别学生教育作为契机，开展个案研究或设计班级活动，带动和促进班级学生共同发展。

3. 通过团体辅导、情景剧、班级活动、案例分析、模拟体验等多种方式开展集体心理疏导。持续开展各种心理辅导活动，利用文体活动、团体心理辅导、班团队活动等，面向全体学生开展情绪调控、人际交往、应对挫折、学校适应、青春期心理健康辅导，营造积极、健康、民主、和谐的班级氛围。当班级学生出现有心理问题的迹象时，能及时发现，主动查找资料，或者向专业人员请教，及时进行疏导。针对有特殊情况或者有心理问题（障碍）的学生，能准确识别并及时进行干预和转化。

4. 预防为主，早期诊断及治疗，耐心和持之以恒，在学校或家庭、专门机构开展矫治训练，运动治疗方案创设环境，熏陶感染人际心理环境建设。搭建平台，引导体验通过多种生动活泼的方式、手段，启发学生感知、领悟实践。

5. 营造良好环境，激发学生的内在力量，给予学生积极的评价。因材施教发掘潜能，自我竞赛获得自信，集体赞许互相尊重。

第五章 综合素质评价

第一节 班级管理评价

【案例呈现】

评价的力量：静待花开——与你一起成长

一、背景

小夏是我们班一个特殊的孩子，他的行为习惯比较差，上课总是坐不住，喜欢用笔在书上、桌子上乱涂乱画，有时候干脆在课堂上睡觉。此外，性格内向，平时不愿与人沟通，喜欢沉浸在自己的小世界里。课下他从不跟班上的同学们一起玩，总是一个人在教室或者走廊跑来跑去，偶尔安静地在他的桌子上"作画"。这些现象令老师、家长、小班干都感到头疼。对于我这样一个初出茅庐、毫无经验的新班主任来说，怎样才能教育好这样的孩子呢？

二、过程

为了改变他的行为习惯，鼓励他认真听课，我尝试着在课堂上主动提问他一些简单的问题，让他能够参与到课堂活动中，并趁机表扬表扬他，可是每次喊了三四遍他的名字，他似乎才反应过来，慢悠悠地站起来，然后就是无止境地沉默，无论我如何引导，他就是一句话不说，这让我很气馁。课堂上，我只好重点关注他，频繁提醒他坐端正，不要下座位，认真听讲。渐渐地，我发现在课堂上"啰唆"太多，不仅自己觉得累，孩子的状况也没有多大改善。一天自习课，在班级改作业，翻到小夏的作业，我眼前一亮，他虽然课堂不听课，但课下作业在爸爸妈妈的用心辅导下写得非常好，不仅错误率低而且字迹非常工整。内心感到惊喜的同时，我想是不是可以用这件事作为一个突破点呢？

于是，第二天，我在课堂上点名表扬了一些作业写得好的同学，尤其大肆表扬了小夏同学，班上的其他同学似乎都不敢相信，议论纷纷，小夏自己似乎也不敢相信老师竟然表扬了他，羞红着脸低下了头。为了消除班级学生对他的偏见，我趁机夸奖他："同学们，我们不仅要看到别人的缺点，更要看到别人的优点，小夏同学虽然有一些小问题，但是他的字写得非常好，比你们很多同学的字都要漂亮呢！"那一节课他虽然一如既往地一言不发，但整节课却安静地坐在座位上。课后，课代表还像往常一样在"星星榜"上给作业写得好的同学贴小星星，小夏的名字后面终于有了一颗属于他的"小星星"。

那天下班后我接到了小夏妈妈的电话，电话那头孩子的妈妈很激动："胡老师我要谢谢你，孩子今天回家特别开心，说他得了一颗'小星星'，你还表扬了他，他今天还主动帮爸爸打扫卫生，从没见他这么高兴，真是太谢谢你了……"和小夏妈妈通完电话，我深受触动，孩子其实很在意老师的评价，很想得到老师的肯定与鼓励。为了更深入地了解小夏在家的一些情况，我约了小夏妈妈到学校来面谈，那次是我第一次见到小夏妈妈，平时学校的活动都是他爸爸来参加。在和小夏妈妈的聊天中我了解到她和小夏爸爸工作都非常忙，是外婆在照顾孩子，最近家里又添了一个小妹妹，他们对小夏的关注不够，她的性格比较急躁，又要照顾"二宝"，有时候力不从心，孩子做错了事她很容易动怒，有时候孩子甚至说出"讨厌妈妈"这样的话，说着说着小夏妈妈开始抹眼泪。"照顾两个孩子确实不容易，但是作为父母对孩子的教育还是要多点耐心，在鼓励中成长的孩子就会自信开朗，如果家里总是充斥着批评、指责，可想而知孩子也会变得自卑、敏感……"我尝试着去引导小夏妈妈。小夏妈妈也承认她有一些做得不对的地方需要改正，同时要多花时间陪伴孩子，并保证以后会多和老师们沟通交流。

后来我经常鼓励小夏，遇到机会就表扬他，我私下里找到小夏，"你看你多厉害，已经得到一颗'小星星'了，只要我们表现好就会得到更多的"小星星"。比如上课认真听讲，课间眼保健操、广播操认真做……我们都可以得到'小星星'的。"渐渐地，我的话似乎有了效果，他会有意识地在课堂上坐端正，有几次还回答了我的提问，我也适时表扬了他，课间我看到他站在班级的"星星榜"前认真地数着自己有多少颗"小星星"。但是低年级孩子的自制力还是非常弱的,坚持不了多久,他似乎又渐渐被"打回原形"。课堂上他还是会下座位,蹲到桌子下面,偶尔还会做一些怪异的举动,班级其他同学的注意力瞬间就被他吸引了,纷纷望着他,他却得意地一笑。我发现他可能是在用这些行为博取大家的关注,于是我对学生说:"同学们,你们觉得小夏同学的这种做法对吗?""不对!""你们喜欢这样吗?""不喜欢!"大家异口同声。"我们上课应该怎么做呢?"我继续追问。"我们要认真听课。""我们不能随便下座位。"……他也不好意思地低下了头。课后我把他叫到办公室,对他说:"你知道吗?你最近进步特别大,上课比以前认真了,能够正确回答老师的提问,而且你有几次听写还是全对,真的很厉害,如果你能改掉课堂上好动的毛病就更好了。"渐渐地,他也收敛了很多。

三、结果

现在的小夏有了很大的进步,行为习惯有所改变,而且比以前开朗、活泼了,在班级还交到了好朋友,一点点的改变也许经历的时间比较漫长,看似微不足道,但是那便是他跨越的一大步。

【案例来源】

李继秀,陈小勤.班级管理案例精选[M].北京:北京师范大学出版社,2017:317—319.

【案例分析知识点回顾】

1. 班级管理评价

班级管理评价是指根据班级管理目标,采取一定的测量技术与手段,以班级管理为评价对象,对班级管理工作过程及效果、班级管理目标达成度等作出价值判断与评定的过程。

2. 班级管理评价的功能

班级管理评价之所以重要,是因为班级管理评价可以反馈班级管理现状,发现当前班级管理中存在的问题,找出差距,从而明确下一步前进的方向。因而班级管理的评价具有极其重要的作用,主要表现在以下几个方面:

(1)导向功能。班级管理评价是依据一定的标准和所要完成的目标对班级管理活动过程及其效果进行价值判断的过程。通过评价反馈的结果，可以指明现行工作好的方面与需要改进的内容，从而为班级管理活动的开展、为教师的教与学生的学，指明努力、改进的方向。使教育活动向规定的教育目标靠近，引导班主任与学生朝着目标而努力奋进。这就是班级管理评价的导向功能。

（2）诊断功能。通过对班级管理的评价，能够有效地判断班级组织的发展状态，更重要的是可以诊断班级管理中存在的问题，如同医生通过 X 光片，发现病人身体的病灶，有利于发现并找到现存班级管理中的问题、失误与难点所在，从而为班级管理者管理好班级、促进班级组织的良性运行，提供有针对性的咨询信息，保障班级管理工作的顺利进行。

（3）激励功能。对班级管理的评价无论是积极的还是消极的，在一定程度上都会刺激、激励被评价对象朝着评价目标而努力，当然只有公平、合理、客观、科学的评价，才能真正起到激励作用。

（4）发展功能。班级管理评价的实施过程及其反馈的结果信息，有助于班主任与学生认识到自己的现有状态，了解自身发展现状与发展目标的差距，从而帮助学生不断认识自我、发展自我和完善自我，使自身朝着发展目标而努力，促进个体的不断发展。

3. 班级管理评价的内容

（1）奋斗目标。对班级管理的评价，首先应从对班级奋斗目标的评价入手。一个合理科学的、具有可操作性的、在组织中具有实际影响力的班级奋斗目标，能够激励、引导师生心往一处想，劲儿往一处使，集中班级力量，促进班级所有成员共同发展。因此，班级管理评价的第一个内容就是对班级奋斗目标的评价。评价其明确性、合理性、科学性、可操作性及其在组织中的实际影响力。

（2）班主任。对班主任的评价要从专业知识能力（专业知识面、教育教学能力、教育科研能力、教师职业素养、教育管理能力等多方面）、教师思想政治素养与道德品质（是否具有教师职业道德修养，如能否做到依法执教、爱岗敬业、为人师表、关爱学生等）、教师身心素质等方面对班主任及其工作进行综合评价，切不可将学生学业成绩作为评价教师工作的唯一指标。

（3）学生。对学生的评价是班级教育评价的基础和重点，也是学校教育评价的核心。素质教育理念下，提倡培养德、智、体、美、劳全面发展的社会主义建设者和接班人。因此，今天学校教育、班级管理活动的出发点与落脚点是促进学生的全面发展。不能以学业成绩作为评价学生的唯一指标，应从品德发展、学业发展、社会实践、艺术素养、身心健康、劳动素养等多方面判断学生各方面的发展，对学生进行全方位的综合评价。

（4）班级人际关系。师生间、生生间、班主任与科任教师间、班主任与学生家长间是否建立良好是人际关系，班集体是否形成互帮互助、团结友爱的班级氛围，是衡量一个班级管理和发展状况的重要内容。

（5）班级物质环境。教室的环境布置是否适合学生的成长特点和发展需求，教室的通风、采光、照明、桌椅是否符合卫生标准，教学设备是否能满足教学活动的基本需求，班级的设施是否安全。

【案例分析】

对学生的课堂评价是班级管理评价的一个重要内容，也是教学的重要组成部分。合理有效的学生课堂评价能够有效地促进学生主动学习，激励学生不断进步。这要求班主任在日常班级管理中尽量使用丰富、生动、灵活、多样、具有针对性的评价方式与方法。

班主任合理有效的评价可以起到导向、激励与发展的作用，评价用语要以鼓励为主，批评用语为辅。由于此阶段孩子渴望得到教师的认同与赞赏，所以赞扬与鼓励远比惩罚与批评的教育效果更好。教师对学生良好行为表现的肯定性评价，对其行为具有积极强化作用，能激励学生产生再接再厉、积极向上的心态。如案例中的小夏最开始行为习惯差，上课坐不住，喜欢用笔乱涂乱画，甚至在课堂上睡觉。性格内向，不愿与人沟通，但胡老师并没有放弃小夏，而是用发展的、动态的眼光看待学生的成长。针对小夏作业字写得漂亮、准确率高，对其进行表扬，做到了不以学业成绩作为评价学生的唯一指标。也正是由于胡老师的鼓励与赞赏，让小夏对自己有了信心，强化了其良好的行为表现，小夏开始有意识地在课堂上坐端正，甚至回答胡老师的提问，小夏改变了不良行为习惯，在班级也交到了好朋友，找到了学习的动力。

班主任要善于运用班集体的集体舆论对学生的评价作用，同时要善于把个人对学生的评价转化为班集体对学生的评价。如在案例中，当小夏在课堂上出现不良行为时，胡老师的做法是就小夏的行为，发动班集体舆论对其评价，让小夏意识到其吸引大家眼球的行为是不被大家认可的，如果继续这样下去大家都不会喜欢他，同时引导学生们告诉他课堂上坐端正、认真听讲才是对的。并在课后及时对其近期的进步给予充分肯定，渐渐地，小夏的课堂不良行为也收敛了很多。胡老师充分让小夏感受到了班集体的存在，自己的进步，会赢得全班同学的鼓励；犯了错误，会受到同学谴责的目光。教师应抓住教育时机，运用班级舆论的影响，促进"后进生"转化，往往会收到更好的教育效果。

班主任的评价要具有明确指向性，一定是针对某一事件、某一行为给予具体的评价。一则可以让学生感受到教师对自己无时无刻的关心、关注；二则帮助学生认识到自己的现有状态，了解自身发展现状与发展目标的差距，从而帮助学生不断认识自我、发展自我和完善自我，使自身朝着发展目标而努力，促进个体的不断发展。如案例中，班主任会就小夏的作业字写得漂亮、准确率高进行表扬，让小夏充分感受到了老师对自己的关心、关注。也会针对其不足，明确告诉他如果能改掉课堂上好动的毛病就更好了，为学生指明了努力与改进的方向。

父母的评价很重要，父母是孩子的第一任老师，其言行举止会影响孩子的行为习惯和与人交往的方式，对孩子的成长产生深远的影响。父母对于孩子身上出现、存在的问题，具有不可推卸的责任。父母对孩子的评价也会直接影响孩子的自我评价。因此，家庭教育评价应客观、公正并饱含爱意。当孩子行为习惯出现偏差时，要宽容大度，晓之以理，动之以情，不能让自己的情绪左右自己的言行。如案例中，小夏的父母平时工作繁忙，又要照顾二宝，有时候力不从心，对小夏的关心也较少，在小夏做错事时容易缺乏耐心，"简单粗暴"地指责，是养成小夏不良行为习惯的"催化剂"，也直接影响了母子之间的感情。正如班主任所说："在鼓励中成长的孩子就会充满自信，如果家里总是充斥着批评、指责，可想而知孩子也会变得自卑、敏感……"，孩子在什么样的环境中成长，决定了他将来会成为一个什么样的人。因此，当孩子出现行为偏差时，家长应多与孩子进行沟通，分析问题产生的原因，寻找解决办法。要多给予孩子鼓励，让孩子感受到父母对他的浓浓爱意，引导孩子成长为一个自信、阳光、温暖的人。

【班主任操作建议】

学生评价的原则如下：

（1）方向性原则。引导学生践行社会主义核心价值观，培养学生热爱祖国、热爱人民、拥护中国共产党的集体主义精神，培养弘扬中华优秀传统文化和中华民族传统美德。

（2）发展性原则。发展性原则是指教师要用发展的眼光对学生进行评价，学生评价要以促进学生成长为目标，为学生发展服务，不仅要关注学生的现实表现，更要重视全体学生的未来发展，重视每个学生在已有水平上的发展与提高，评价从注重"过去"和"现在"，转向注重"将来"和"发展"。

（3）多元化原则。学生评价要从学生发展的多样性、动态性出发，多视角、多向度、多层面、多侧面地认识问题，多渠道收集信息，以达到促进评价对象发展的目的。多元化原则包括评价内容、标准、方法、主体等多元化，评价既要体现共性，更要关心学生的个性；既要关心结果，更要关心过程。

（4）全息性原则。学生评价必须反映学生学习和发展的全部信息，贯穿学生学习活动的全过程，全面、全员和全程采集和利用与学生发展有关的评价信息。同时，把教学过程与评价过程融为一体，最大程度地发挥评价的导向、反馈、诊断、激励等功能。

（5）差异性原则。指对学生的评价要从学生实际出发，在评价内容、方法、标准等方面要考虑学生的特点和个性差异，不能一刀切，使每一个学生都能通过评价得到发展和提高。

（6）客观性原则。如实记录学生成长过程中的突出表现，真实反映学生的发展状况，以事实为依据进行评价。

（7）公正性原则。严格规范评价程序，强化有效监督，确保评价过程公开透明。

（8）导向性原则。班主任对学生的评价要与班级管理目标一致，避免出现方向偏差分歧。

第二节　学生综合素质评价

【案例呈现】

案例一　一次音乐课引发的思考……

一、背景

小米，学习成绩特别优秀，是老师眼里的"好学生"，家庭环境优越，据了解也是"蜜罐里泡大"的孩子。家庭与学校给予的无数赞美，使她有了极强的优越感和自尊心。

小林，成绩中等、平庸，不怎么爱出风头，是班级里不容易让老师记住的孩子，虽然也很努力上进但成绩总不理想。由于小林的父母常年在外地打工，导致小林性格内向，比较自卑。

二、过程

一次音乐课上，我所教的歌曲中有一段音域很高，节奏也较难把握，在强调完这一段后，我准备请学生单独起来演唱，目的是想检测他们学习的情况，全班只有小米和小林两人举起了手，我把她们点起来演唱。全班同学用充满期待的目光看着。我先请小林来清唱，小林的声音有点沙哑，高音没唱上去，还有些走音，但节奏把握正确，当小林意识到自己的问题时，看我的目光有些闪躲，也有些许期待，可能想从我这得到一些肯定的评价，但我未能领会小林的意思，我给出的评价是："小林，你唱走调了。"对于年轻、没有经验的我来说，脱口而出的只是一句再简单不过的评语，而对于听者小林来说其打击却是很大的，小林失望地坐了下去，班级其他同学也发出唏嘘声。接下来是小米的演唱，只见小米很自信地站起来，大声地演唱，不得不说，小米的音色很好听，可是节奏却没把握准，我的偏心导致我再一次脱口而出："小米，你唱得真好听！"其他同学立即响应"好听！好听！真好听！"小米面带微笑地坐了下去。回家后，我回想起音乐课上发生的事，脑海中浮现出小林失望的表情，心中泛起一丝涟漪，是不是自己没经琢磨就脱口而出的评语打击到小林的自尊了，孩子的脸上才会浮现出那么失望的神情？一定是的！或许我该这么说："小林虽然高音没唱上去，但对于节奏的把握是正确的。"孩子是不是更能接受这样的评价呢？原本打算第二天找小林聊聊这件事，却因一些事搁置了。

直到一次家长开放日，全班学生的家长都来旁听老师的公开课。课上，我提出了一道比较难回答的乐理知识题，小米还是像往常一样自信地举起了手，小米回答后我没有立即给出反馈，而是想等其他同学回答后再公布正确答案。这时我发现小林怯生生地举起了手，小林的声音很小，让我惊喜的是她竟然回答对了。因为小林和小米的答案不一样，我听见有人在底下窃窃私语：一定是小米回答对了，小林的答案不可能是正确的。听到议论的小林回头看了一眼自己的妈妈，只见妈妈很不好意思地低下了头。当我宣布小林的回答是正确的时候，原本应该高兴的小林却趴在桌上哭了起来，小林的妈妈也捂住了脸，原本和谐的家长开放日为此陷入了僵局……课下，我把小林叫到办公室谈话，问其原因，小林抽泣地说："我学习不好，可是我很喜欢音乐，也很喜欢上音乐课，可是自从你那天说我唱歌跑调以后，同学们就笑话我，看见我就说我是'跑调王'，我再也不敢当着同学的面唱歌了。妈妈平时不怎么在家，这次家长开放日，我是有准备的，把你今天教的歌曲提前预习了一下，就是想让妈妈看到我好的表现，可是我明明回答对了问题，同学们还那样说我……"说着说着，小林已泣不成声。小林回班级后，我的心情久久不能平静，孩子明明回答对了问题却还趴在桌上哭泣这一举动深深触动了我，让我夜不能寐……我决定立即行动，在询问了小林班主任，得知她近期要去小林家进行家访时，当即决定同她一起前去。

穿过一条堆满垃圾的小路，我们来到小林的家中，小林的家住的是平房，进门后我举目一望，家中很是简陋，接待我们的是小林和她的爷爷，小林的爷爷说："老师，我们家小林是不是惹什么麻烦事了？""没有没有，我们只是想来了解了解孩子的家庭情况。"我说。经过简单的交谈，得知小林的父母常年在外打工，平时很少回家，小林一直是跟爷爷奶奶生活在一起，据爷爷说，他和小林的奶奶都是文盲，所以小林的学习一直没人管，但小林每天都学习得很晚，还算是个听话的孩子。爷爷还说："小林特别喜欢唱歌，每天都要唱两嗓子，还非要我给她买什么踢什么包的歌来听……"我笑着说："是TFboys吧。""对对，就是这个，我们哪知道在哪买啊，再说那多贵呀，可没想到孩子那么坚持，我们拗不过就给她在学校门口的小店里买了照片，哎！孩子爹娘挣几个钱也不容易，可是没办法，她太喜欢，你们看照片还贴在门上呢！"我抬头一看，果然卧室门上贴了一张TFboys的大海报，心想平时挺听话的孩子对于这件事却那么执着，看来是真喜欢。爷爷接着说："她那时每天唱，我和她奶奶还嫌她吵，说她唱的那是什么啊都听不懂，可是突然有一天她不唱了我们还有些不适应了，问她是什么原因她也不说。"我心中一惊，脑海中立马浮现出课堂上评价小林的场景，小林有些不好意思，还用手扯了扯爷爷的衣角。我将小林拉到自己身旁，用双手托住她的小脸庞，真诚地望着她的双眼："小林，你那么喜欢音乐，老师很高兴，老师向你承认错误，那天老师不该想都没想就对你作出那样的评价，那样对你不公平，其实那天你的节奏把握是准确的。""老师，那天因为我嗓子有点哑，所以高音没唱上去。"小林也向我敞开了心扉。"没事，老师都知道，只是老师想给你提一点建议，喜欢音乐很好，但是你听音乐的类型可以多样化些，而不要局限于一种音乐，比如多听一些古典音乐。"小林高兴地点了点头。我又对小林的爷爷说："孩子喜欢音乐，喜欢唱歌，你们作为家长应该多鼓励她，这样孩子才能越来越自信。""好的好的，老师，您的话我记住了。"

从小林家出来，我心里的一块大石头总算是放下了，班主任笑着对我说："看，小林多么喜欢音乐，我看她写语文作业都没那么积极，我都嫉妒了。"家访过后，小林在我的音乐课上越来越积极，我对她的评价也多以鼓励、肯定为主。不仅是小林，对于其他学生我也都会作出最客观的评价。自那以后，小林变得越来越自信，班里的同学对她的态度也有所改观，音乐课变得更加和谐，充满了欢声笑语。

案例二 开劳动之花结幸福之果

一、背景

作为一年级班主任，我坚信每一个生长在浓浓的爱的氛围里的孩子都会在家长和老师的要求、影响下，逐步改正不良的行为习惯，积极、健康、快乐地成长。但是，班级一个既让我生气又让我心疼的孩子令我寝食难安。

二、过程

他就是我们班的小曾，一个白白净净的瘦弱男孩。虽然眼睛大大的，但是黯淡无光，个头较高。开学初，根据身高排座位时，他被排在了第一组的最后一排。他第一次引起我的注意，是在第一节数学课上。我要求学生们完成书上第二、三页的点子图作业，当我巡视到他身边时，发现他没精打采地趴在桌子上，没有写作业，我问："你怎么不写作业呀？"他说："我没有铅笔和橡皮呀。"我问道："爸爸妈妈没有给你买学习用品吗？"他呆呆地看着我，摇头说："没有。"我心想真是奇怪！很多家长都怕孩子适应不了小学生活，早早地为孩子做好各种准备，买学习用品，报各种幼小衔接班等。我校还特意召开过一年级新生家长会，需要家长做的准备，家长会上都讲过了呀，这该是怎样的家长呢？我心中有了一个大大的问号，直觉告诉我，这个家庭有问题，我从讲台上拿了班级的备用铅笔和橡皮，让他抓紧时间写作业。

下课后，我给他的家长打了电话，一个男人接听了电话，我说："你好，你是小曾的爸爸吧？我是他的班主任赵老师。"那边缓慢地答道："哦，有什么事吗？"我说："孩子上课没有铅笔、橡皮等学习用具，不能写作业，麻烦你给孩子准备好学习的一些用品，以免耽误孩子的课堂学习。"他爸爸回答，孩子的学习归他妈妈管，让我与他妈妈联系，真是让我目瞪口呆，竟然有这样的家长，我也是醉了！无奈，我只能又与他妈妈进行了联系，他妈妈答应给孩子买学习用品。

但是，此后每次写作业，小曾仍然没有笔、直尺和橡皮，而且他一点也不着急，面对小曾的淡定，我却淡定不了！我深知，不能这样等下去了。我决定先送给孩子学习用具，保证孩子完成作业，然后再来约谈家长。

经了解他父亲是菜场卖鱼的，自己不懂得如何去教育，也没有心思教育孩子。只是遵循上一代人教育他的方式，信奉棍棒底下出孝子，遇到生活不顺、心情不好的时候，还会把孩子作为情绪释放的出口，全然没有考虑他这样的行为极大地损害了孩子的身心健康，造成孩子的孤僻。我知道其实他也是爱孩子的，只不过长期以来都在用错误的方式评价和表达。

小曾热爱劳动，每次打扫卫生，都做得特别认真，而且很开心。有一次还主动要求放学留下来帮助同学打扫卫生。对！就以这个作为切入点，放大闪光点，用激励性评语来赞赏孩子，保护孩子的自尊心、自信心、积极主动性。

我让小曾担任教室地面清洁员，每日上午第一节和下午第一节下课的课间负责教室的地面卫生，之后这两个时间段，我都会偷偷留意小曾有没有去做这件事，很多次，我看到一个瘦弱的背影蹲下来捡纸片、扫地面垃圾，我内心狂喜，因为我看到了希望，内心也像打翻了五味瓶，啥滋味都有，心想："多好的孩子呀！多棒！你的家庭带给你的不幸，你一定要勇敢走出来，老师会一直帮助你的！"我鼓励小曾多和其他小朋友一起玩耍，小曾对班级的付出，其他小朋友也看到了，渐渐地，也有小朋友和他一起玩耍了。

每周五的班会课上，我都会给小曾加一朵劳动小红花，并表扬他不怕苦、不怕累、热爱学校、热爱班集体的精神，让全班同学能够有干净舒适的教室来上课，希望班级里的每一位同学都能够向他学习，树立为班级"服务"的意识。同时，提出希望小曾以后能够按时、认真、整洁地完成作业的要求。

我真诚的期望和亲切的鼓励，使小曾品尝到了成功的喜悦和被作为榜样学习的幸福。小曾心理负担小了，内心放松了下来，感觉到了自己在班级中的价值，这些进一步促使他想要展现更好的自己，变老师和家长的要求为自己的要求，他的内驱力充分地被激发了。

【案例来源】

李继秀，陈小勤. 班级管理案例精选［M］. 北京：北京师范大学出版社，2017：321—323.

李继秀，陈小勤. 班级管理案例精选［M］. 北京：北京师范大学出版社，2017：336—339.

【案例分析知识点回顾】

1. 学生评价

学生评价是指在一定教育价值观的指导下，根据一定的标准，通过运用一定的技术和手段，以学生为评价对象所进行的价值判断与评价的过程。学生评价是教育评价的重要内容，也是每一位教师都必须实际操作的一项重要内容。它是教育评价的基础和重点，是学校教育评价的核心。

2. 学生评价的内容

（1）品德发展评价。思想品德主要考察学生在爱党爱国、理想信念、诚实守信、仁爱友善、责任义务、遵纪守法等方面的表现。重点是学生参与党团活动、有关社团活动、公益劳动、志愿服务等内容。

（2）学业发展评价。学业发展主要考查学生各门课程基础知识、基本技能、基本能力的掌握情况以及运用知识解决问题的能力等。重点是学生每学期各学科课程的修习情况及表现、学业水平考试成绩、研究性学习与创新成果等，特别是具有优势的学科的学习情况。

（3）社会实践与劳动素养评。劳动与社会实践主要考查学生参加日常生活劳动、生产劳动和服务性劳动，以及学生在社会生活中动手操作、体验经历等情况。重点是学生参加劳动和实践活动的次数、持续时间，形成的作品、调查报告，以及表现出的劳动观念、能力、习惯和品质等。

（4）艺术素养评价。艺术素养主要考查学生对艺术的审美感受、理解、鉴赏和表现的能力。重点是在音乐、美术、舞蹈、戏剧、戏曲、影视、书法等方面表现出来的兴趣特长，参加艺术活动的成果等。

（5）身心健康评价。身心健康主要考察学生的健康生活方式、体育锻炼习惯、身体机能、运动技能和心理素质等。重点是《国家学生体质健康标准》测试主要结果、体育运动特长项目、参加体育运动的效果、应对困难和挫折的表现等。

【案例分析】

教师要公平、客观地评价全体学生。如案例一中的音乐老师面对性格内向、自卑，成绩中等、平庸的小林的演唱，虽然声音沙哑，高音没唱上去，但节奏把握得很好，老师却简单粗暴地给出"小林，你唱跑调了"的评语；

223

而对待家庭环境优越，成绩优异的好学生小米，虽然其音色动听，但节奏没有把握准，老师依旧给出了和小林截然相反的评价——"小米，你唱得真好听！"从这一点可知，教师往往会带有感情色彩对班级学生进行评价。但作为一名合格的教师，在对学生进行评价时应坚持公平、公正、客观的原则。以事实为依据对学生的成长表现做出实事求是的如实评价，让每个学生通过教师的评价与反馈，明确、清楚地了解自己的学习状态，为学生的努力指明方面，从而促进学生又好又快地进步、成长。如案例二中的班主任，并没有因为小曾父母对孩子不负责的态度而放弃小曾，而是一视同仁，善于发现孩子身上的闪光点，小曾热爱劳动，就以此为切入点，放大闪光点，用激励性评语来赞赏孩子，保护了孩子的自尊心、自信心、积极主动性，促进了孩子的健康成长。

教师在对学生进行评价时要严谨地使用批评性用语。如果经常使用批评用语对学生进行负面评价，会让学生产生"我不行"的自我认知。长时间使用批评性用语对学生进行评价，会让受批评的学生产生羞辱感，进而使师生之间的关系陷入对立、竞争的泥沼中。如案例中，由于音乐老师在课堂上对小林不准确的评价，导致热爱音乐的小林，突然有一天就不唱了，更不敢当着同学的面唱歌了，这既让小林产生了自我怀疑，打击了学生的学习积极性，也不利于双方建立良好的师生关系，从长远上讲，对小林的健康成长会产生重要影响。而后通过家访，老师就自己不恰当的评价向小林道歉，并对其当天的唱功给予了客观、公正的肯定，指导小林要多听不同类型的音乐，提高艺术素养……家访后，小林在音乐课上越来越积极，音乐课的氛围越来越和谐，这些都表明教师评价用语对构建和谐师生关系的重要性。教师在评价学生时尽可能多地使用欣赏和鼓励的语言，使学生有被认可的满足感和成就感，教师的评价无论高明抑或纯朴，只要真挚诚恳，都能让学生获得一种幸福感和成就感，学生虽然年龄小，但和大人一样，也期盼一种真挚诚恳的交流和表达，希望自己得到老师的认可。正如魏书生所说的："在犯错误的学生面前，困难的不是批评，不是指责，更不是数落他的一系列错误，而是找出他的错误的对立面——长处。只有找到了长处，才算找到了错误的克星，才帮他找到了战胜错误的信心的根据地。"学生具有个体差异性，他们在兴趣爱好、思维方式、表达能力等方面的发展各有不同，这要求教师对学生的评价要因人而异，坚持差异性原则。从学生实际出发，在评价内容、方法、标准、用语等方面要考虑学生的特点和个性差异，不能一刀切，要采用多样化的评价方式、差异性的评价用语，有针对性地作出不同的评价，这样的反馈、评价，能够让学生真正认识到自己的问题所在，才能给学生以提醒或纠错，使每一个学生通过评价得到发展和提高。如小曾虽然学习习惯差，却热爱劳动，善于帮助别人，老师充分通过发挥他的社会实践能力与劳动素养，使同学们意识到小曾的集体意识，并向他学习。随后，老师指出需要小曾改正的不足，使小曾品尝到了成功的喜悦与被作为榜样学习的幸福，并在学习中不断改进、成长。

针对基础薄弱、进步较慢的学生，教师应多用鼓励性的用语激励他们。要善于发现学生身上的闪光点，并做出即时性的积极评价。比如案例中的小林，音乐基础相对薄弱，但乐感节奏好，而且对音乐非常感兴趣，教师应对其优势方面给予积极鼓励，进一步激发学生对音乐课的喜爱之情，并通过教学引导，提高学生的艺术素养，培养学生高尚的审美情趣，促进学生的全面发展。

学生评价不仅包括教师对学生的评价，也包括生生间的评价及学生的自我评价。实践证明，生生间的评价及学生的自我评价往往会受到教师评价的影响。如案例一所示，由于开始教师对小米和小林的不同评价，导致从那天以后，同学们都笑话小林，说她是跑调大王，当小米和小林答案不一致时，同学们会窃窃私语认为小林的答案一定不正确，小米的答案一定是对的，由此可见，教师的评价语言力量何其有力。教师准确而具有针对性的评价用语是激发学生学习主动性的最好方法，教师应重视评价的力量，重视评价语言对学生的影响力；也应重视学生评价的重要性，让学生积极参与评价过程，不仅能够增加评价结构的客观性和科学性，还可以帮助学生提高自我评价能力，培养学生自主适应社会发展需求的自我调控能力。所以，培养学生的自我评价能力本身就是促进学生身心发展的一项重要措施。

总之，教师的评价既能成为师生间真挚交往的助推剂，也能成为伤人于无形的利器，教师要因时而异、因地而异、因人而异、因课而异，利用自己的智慧优化课堂中对学生的评价语言。

【班主任操作建议】

教师课堂中的评价用语是一项艺术工程，那么，教师在课堂中对学生及时、正确地使用评价用语应从以下几方面着手：

（1）评价用语要以正面积极鼓励为主。"良言一句三冬暖，恶语伤人六月寒"，这句话同样适用于教师对学生的评价用语上。总体来讲，教师对学生的评价应生动巧妙，以积极鼓励用语为主，评价语言尽量风趣幽默，教师充满激情和机智的话语，可以提高和激发学生思维的敏捷性和灵活性，使课堂妙趣横生。教师要不断锤炼、深造语言评价艺术。

（2）评价用语要体现多元化。评价要从学生的实际出发，应围绕新课标精神，体现以生为本的教育理念，要重视个体差异，尊重和体现个性。同样的肯定性用语，教师要根据不同学生在不同方面的不同表现，给予个性化的评价用语，体现评价用语的多元化，切忌千篇一律。

（3）评价用语要适而有度。课堂教学评价不能无限度地扩大和夸张，要适度，要有一个确定的方向。具体来说，在课堂上对学生不要过于盲目地肯定和鼓励，不要一味地肯定和鼓励，不要为肯定鼓励而肯定和鼓励，要对学生在课堂中的表现进行正确的评估，要对学生的学习效能进行正确的评估，要根据学生回答问题的效度进行正确的评估，然后明确不足，找准恰当的评价途径。

（4）评价用语要简洁明了且具有指向性。评价的语言要简洁明了，并且具有指向性。评价语言应有所依据要根据学生的回答，客观而又准确地指出学生的优点和缺点，简洁明了，合情合理，不烦琐，不模糊，不冗长。只有适度，准确的语言评价，才能使学生扬长避短、避虚就善、不断进步。

（5）评价用语要具有启发性。德国教育家第斯多惠说过："教育艺术的本质不在于传授而在于评价、唤醒和鼓舞。"课堂评价，是师生交流的一种有效方式，它不仅是某个环节的终结，更重要的是能调动学生参与学习的积极性，激发学生更强烈的求知欲望。所以教师的评价语言要有启发性，要能巧妙地引发学生的思考。

附录：《太原市中小学生品德素养成长发展指导细目》（小学）

《太原市中小学生品德素养成长发展指导细目》（小学）

项目	年级	指导细目
一 自我服务	1 上	1. 剪干净指甲，好好洗个澡，理好头发，穿上整洁得体的衣服，然后照照镜子。怎么样，是不是特别精神？快请爸爸、妈妈为神气十足的你拍个照，并秀一秀吧
	1 下	2. 你学会整理自己的小书包了吗？说说怎样就能整理得又快又好。请爸爸、妈妈帮你拍一段整理书包的视频，和同学们分享吧
	2 上	3. 和同学赛一赛，每天谁的课桌最整洁，谁的桌凳摆得最端正、最整齐。请说出你的评价理由和自己的努力方向，努力向他们学习和看齐吧
	2 下	4. 梳头发、系鞋带等好多自我服务的项目，做起来都是有小诀窍的，请你把你的一个小诀窍记录下来，与更多的小伙伴分享
	3 上	5. 讲究个人卫生要做好哪些事情呢？请你列出一张表，标出哪些事是自己独立完成的，哪些事是家人帮助完成的。在自己独立完成的事项旁边画个大拇哥并拍照
	3 下	6. 你的小手会洗自己的哪些衣物了？向爸爸、妈妈请教怎样把衣物洗得更干净，学着做一做，然后拍几张衣物清洗前后的对比照，晒一晒自己的劳动成果吧！同时，别忘了把你洗干净衣服的小诀窍写几句话和大家分享哦
	4 上	7. 你会整理自己的小房间吗？你的小房间里有哪些家具和物品，先说说你是怎样整理的，多长时间整理一次？再请爸爸妈妈帮你拍一段自己整理小房间的视频，将心得和视频一起与大家分享一下吧
	4 下	8. 每天早晨上学前的时间都比较紧张，提前准备好要穿的衣服和要带的物品就能节省不少时间。你一般在什么时间做准备，怎样准备就更加有条理呢
	5 上	9. 在爸爸、妈妈的指导下，学做几道新菜吧！把做菜的每个步骤拍成照片，配上文字说明，制成一份菜谱，和大家分享一下吧
	5 下	10. 要和爸爸、妈妈一起去超市购买生活用品了，请你给自己也列一个购物清单吧，再预计一下需要带多少钱。如果能分类别写，购物的时候会更清晰方便哦
	6 上	11. 与同学开展一次"什么是美"的关于着装、仪表和行为的讨论，说说身边的谁让你觉得美？为什么？请将讨论中的重要内容记录下来。再写一封信给自己《明天的我更美！》
	6 下	12. 请每月为自己填写一张自我服务情况表，并给自己做个评价吧！内容包括自己做个人卫生、自己整理书包、学会清洗自己的小衣物、学做几道新菜肴、自己定期整理房间物品、提前准备衣物及学习用品

项目	年级	指导细目
二、家务劳动	1 上	1. 写写你家里经常有哪些家务劳动？在后面标明每项劳动大约需要多长时间，是谁做的。家里谁做的家务劳动最多，请做一张劳动奖状送给他（她）
	1 下	2. 请你和爸爸、妈妈说说自己准备学习哪一项简单的家务劳动技能，如洗碗、扫地、擦桌子等，请他们帮助你学好这项劳动技能，并把他们具体的指导意见和办法记录下来
	2 上	3. 家里要大扫除了，爸爸、妈妈真辛苦，你也一定能帮把手。说一说你承担过什么任务，完成得怎么样啊，与同学们交流一下你的窍门
	2 下	4. 你对哪些家务劳动更感兴趣？对哪些家务劳动不太愿意做？为什么？采访一下爸爸、妈妈对这项劳动的看法
	3 上	5. 在家里，你经常做的家务劳动是什么？还有哪项家务劳动是你力所能及的呢？请把这项家务劳动也列入自己的作息时间表
	3 下	6. 你最拿手的家务劳动是什么？写一写你是怎样做好这项家务劳动的，拍几张自己最满意的劳动成果照片，并附上文字说明。把自己的经验跟小伙伴分享一下吧
	4 上	7. 你学会了几项家务劳动，计划新学习哪一项家务劳动呢？和同学们说一说，比一比。把新学会的家务劳动的过程拍成照片，并附上文字说明，跟大家展示一下吧
	4 下	8. 请你写一写在学习做家务的过程中，你有哪些收获？同时，请将它也贴在班级文化墙上和同学们分享
	5 上	9. 计算一下你一周内进行家务劳动的总时间，再平均到 7 天里，看看每天的平均劳动时间是多少呢？记录下来做个分析
	5 下	10. 你在家务劳动中有哪些需要注意的安全事项呢？请你写出来和同学们交流一下吧
	6 上	11. 在坚持做家务的过程中，你有什么体会
	6 下	12. 试着用几句话写写你对劳动的理解和认识，制作成你的劳动格言卡片，贴在自己的书桌前，并和小伙伴分享

项目	年级	指导细目
三 服务集体	1 上	1. 我们都在班集体中学习和生活，班集体在你心中是什么样子的呢？请你画一画我们的班集体，再给这幅画起一个你喜欢的名字
	1 下	2. 你喜欢集体生活吗？想一想，你在集体生活中获得了哪些快乐，同时你在集体中为大家带来了哪些快乐呢
	2 上	3. 除了班集体，你还知道哪些集体呢？请和小组同学互相讨论一下，并将讨论中的重要内容记录下来
	2 下	4. 你的小组也是一个小集体，这个小集体的成员有哪些呢？他们各自有怎样的特点？请向大家介绍一番吧
	3 上	5. 请你深入想一想，到底什么是集体呢？用自己的话写一写，再和同学们讨论讨论，并将讨论中的重要内容记录下来吧
	3 下	6. 集体中有你，有我，有大家。为大家做事，就是服务集体。在集体中，你做过哪些为大家的事儿？因为你的付出，给集体，给大家带来了哪些变化呢？你在为集体服务的过程中又有哪些收获呢？请向大家说一说
	4 上	7. 请你收集几条关于集体的格言警句，再写写你对集体的感悟，并制成一张精美的小卡片，贴在班级文化墙上，同时将卡片拍成照片，附上文字说明，并和同学们分享吧
	4 下	8. 你想为集体做一件有意义的事儿吗？请你细心观察和思考，写出你自己或者和小伙伴一起可以为大家做一件什么事儿，准备怎样做
	5 上	9. 集体由一个一个的我组成，请写出集体给我带来了怎样的改变或影响，以及我对集体应该负起哪些责任
	5 下	10. 在班集体中，有许多大大小小的事儿需要大家分工合作，这些事就是班级的工作。请设计一张表格分类统计下班级工作
	6 上	11. 请写出在你统计的班级工作中，哪些工作做得好，同学们参与的积极性高
	6 下	12. 班级工作中还有哪些工作做得不够好？可以怎样改进？请你为班集体写一份改进建议书吧

229

项目	年级	指导细目
四 公益劳动	1 上	1. 和同学们说说整理自己的房间、帮妈妈做家务、打扫教室卫生属于公益劳动吗？你理解的公益劳动呢是什么样的
	1 下	2. 你见到过哪些公益劳动？请你和小组的同学讲一讲并记录下来。请说明这些公益劳动为社会和他人带来了怎样的影响
	2 上	3. 作为一名小学生，我们可以参加哪些公益劳动呢？请你和小组同学讨论讨论，并写下来
	2 下	4. 尝试着在老师或爸爸、妈妈的监护下参加一次公益劳动，并谈谈自己的感受
	3 上	5. 社会上有许多志愿服务者，你都知道哪些岗位的志愿者呢，他们为人们带来怎样的方便或帮助
	3 下	6. 你参加过几次公益劳动呢？哪一次公益劳动给你的印象最深，请你给小伙伴们讲一讲经过和你的感受，并记录下来
	4 上	7. 如果今后想参加更多的公益劳动，你准备怎么做？有什么困难吗？和同学们一起想想办法
	4 下	8. 请你上网查找有关公益劳动或活动的资料，也可以结合班级开展公益活动的情况，制作一张宣传小报，张贴在社区宣传栏里，拍照并附文字说明向大家传递正能量
	5 上	9. 你认为公益劳动可以由谁来组织呢？什么样的公益劳动能为社会发挥更加实际的作用？和同学们说一说
	5 下	10. 公益劳动中需要注意哪些事项？在安全方面应该注意哪些问题？和小组同学讨论一下，并做好记录。试着设计和组织一次公益劳动。请将方案设计，实施过程和完成效果，以照片加文字说明呈现
	6 上	11. 同学们参加公益劳动的热情高吗？在公益劳动中的态度认真吗？怎样才能调动同学们参加公益劳动的积极性呢？和同学们说一说
	6 下	12. 在组织或参加公益劳动的过程中，你获得了怎样的收获和成长？请说一说

续表

项目	年级	指导细目
五 时间管理	1 上	1. 你对迟到现象怎么看？你自己有过迟到的经历吗？哪一次印象最深刻？是什么原因？你认为要做到不迟到有什么好办法吗？请说一说
	1 下	2. 你平时完成作业的时间一般是几点到几点？周六日如何安排呢？和小组的同学一起讨论，看看谁完成作业的时间安排得更好。将讨论中的重要内容记录下来
	2 上	3. 在爸爸、妈妈的帮助下请你为自己制订一个节假日作息时间表，并在爸爸、妈妈的监督下努力坚持按照作息时间活动、学习和娱乐
	2 下	4. 你的寒暑假作业一般在什么时间段完成？小组交流一下，看看有什么收获，讨论讨论怎样才能按计划，认真、高效率地完成好假期作业，将讨论中的重要内容记录下来
	3 上	5. 收集三句关于时间的格言警句或诗词，选一句写出自己的理解
	3 下	6. 一天有 24 个小时，请你画一个钟表，写写这个周末的一天中，你做了什么，用黑色笔分别在每个时间段标注出来。你还有什么必须做或特别想做的事没有时间做吗？看看从哪个时间段能挤出时间来，在旁边用蓝色笔填上去。请将所画钟表及标注内容拍照
	4 上	7. 珍惜时间的秘诀是专心做事，提高效率。找找你身边的榜样，写写他（她）是怎样专注地做一件事的
	4 下	8. 连续两周记录自己睡觉和起床的时间，再计算一下你的平均睡眠时间。你是否做到了早睡早起？并且保证 8 到 9 小时睡眠？如果没有做到，请你分析一下是什么原因？和爸爸妈妈共同想想改变的办法并写下来
	5 上	9. 如果用一幅或几幅连续的图画来表示你心目中的时间，请你把它画下来，并在旁边写写自己的感受。将其拍照
	5 下	10. 你的身边有爱"拖拉"的人吗？你自己有爱"拖拉"的坏习惯吗？请你帮自己或别人分析一下"拖拉"的原因，看能不能找到解决"拖拉"的好办法
	6 上	11. 为了让同学们更加珍惜时间，请你和同学们策划和开展一次主题班会，以帮助大家学习时间管理，做好时间管理。请把你们的策划书或者有你参与的班会照片及照片文字说明与大家分享
	6 下	12. 你的兴趣是什么？如读书、画画、打篮球……请你给自己制订一个兴趣发展计划，把它合理地纳入自己的作息时间表里，并做一张兴趣活动统计表，每周记录你的兴趣发展计划执行情况。每坚持一月，再写写自己的收获和体会

项目	年级	指导细目
六　学习管理	1 上	1. 你能坚持预习吗？你是怎样预习的？效果怎么样？还存在怎样的问题？有没有进一步提高预习效果的办法？请说一说
	1 下	2. 在完成作业中，你有哪些好习惯需要坚持，还有哪些不好的习惯？如何改进？请你把要坚持的好习惯和改进的不好习惯写出来，贴在自己的小书桌上，用来提醒和督促自己。别忘了写下记录留存
	2 上	3. 你身边有哪些认真学习的榜样？他们的哪一点值得自己学习？你自己学习过程中在哪些方面表现出认真负责的品质了呢？还有什么不足？如何改进？与和小组的同学讨论并将讨论中的重要内容记录下来
	2 下	4. 背诵积累是学习语文的重要方法，和同学们展开 20 日背诵竞赛，看看谁会背的古诗词最多！拍摄一小段视频让我们看看你的风采
	3 上	5. 如何提高课堂学习效率呢？与小组的同学开个讨论会，说说影响课堂学习效率提高的原因有哪些，如何去解决和改变？请将讨论中的重要内容记录下来
	3 下	6. 学习能使自己更好地成长，认真学习是对自己负责的表现。怎样才是认真学习，是对自己的成长负责呢？在班级同学中发起一个小小的调查吧，并将调查的结果写出来，向大家汇报。记住将调查内容、分析结果写下来
	4 上	7. 我们的身边处处都有知识和智慧，在生活中学习，是最重要的学习方法之一。和同学们讨论讨论在生活中我们可以从哪些方面留心学习，获得成长？请记录下来
	4 下	8. "子曰：三人行，必有我师焉。子曰：学而时习之，不亦说乎？子曰：温故而知新，可以为师也。"从孔子的这几句话中，你知道了关于学习的哪些道理？请说一说
	5 上	9. 善于发现问题和提出问题是重要的学习能力之一，请你梳理近一个月来的学习内容，看看还有哪些问题没有解决，或者想到了什么新问题，请总结在这里，并去努力探究和解决
	5 下	10. 小学阶段培养良好的学习习惯特别重要，在现阶段的学习中，你需要具备哪些好的学习习惯呢？请你试着画一张表，分别从上课、作业、读书、写字……各个方面罗列出来。和同学们讨论讨论这些好习惯的养成对今后的学习和成长有什么样的影响。最近你准备为自己培养哪一个好习惯，你计划怎么做？请说一说
	6 上	11. 你有哪些好的学习经验呢？这些经验对你的学习产生了怎样的影响？请你仔细回想，再和爸爸妈妈充分讨论，并将自己的体会制成卡片，在班级学习园地中和同学们分享。别忘了留存卡片与大家分享
	6 下	12. 经典阅读是打开人类智慧宝库的金钥匙。你阅读过哪些经典名著？请你制作一张书评卡，向同学推介你读的好书，并在班级读书交流会上发表自己的读书体会与收获。别忘了将交流内容留存

项目	年级	指导细目
七 健康管理	1 上	1. 你认为什么样的人是一个健康的人，请你画一画、写一写
	1 下	2. 正确的坐姿和执笔姿势会保护我们的骨骼和眼睛的健康。请你和同学们互相交流并纠正错误姿势，掌握并坚持正确读写姿势，再请爸爸、妈妈、同学老师帮忙拍照，并附文字说明，记住把它留存
	2 上	3. 怎样保护我们明亮的眼睛呢？请你制作一张爱护眼睛小贴士，贴在自己的书桌上，记得将小贴士附上文字说明留存
	2 下	4. 写写你印象深刻的一次生病时的经历，回想当时你的不舒服和家人的着急，分析一下你生病的原因，记下今后应该注意的问题
	3 上	5. 你知道哪些常见的传染病？有什么危害？我们应该做好哪些防护？再向父母老师请教或查阅资料，了解常见传染病及预防。请将它们摘要记录下来
	3 下	6. 请你列一张健康食品和不健康食品对照表，并在不健康食品旁写出危害，画上警示标记。别忘了将完成好的对照表留存
	4 上	7. 安全是生命和健康的保障，制作几张安全行为提示卡，再和小组同学分享你的安全自护知识吧。请将提示卡留存
	4 下	8. 健康的标准是什么？请你查找有关资料，和同学们交流交流，并制作一张专题小报，在班级文化墙上展示吧，别忘了将专题小报拍照留存
	5 上	9. 保持情绪愉快是健康的重要标准之一。当你遇到一些不愉快的事情时，是怎样的心情和想法？你愿意和谁说一说？说完之后情绪有好转吗？和老师同学父母交流一下还有哪些排解不良情绪的好办法？请记录下来
	5 下	10. 请你列一张健康生活习惯和不健康生活习惯对照表，并在不健康习惯旁写出危害。别忘了将完成好的对照表留存
	6 上	11. 你喜欢的运动有哪些？为什么喜欢它们？你是怎样坚持这些运动的？再拍几张你的运动靓照跟大家分享一下吧
	6 下	12. 试着制作一张垃圾食品图谱，图文结合，写出垃圾食品的危害，在班级、学校或社区范围内进行宣传，提醒大家注意。别忘了留存这张图谱

项目	年级	指导细目
八 交往管理	1 上	1. 好朋友要互相帮助，共同成长，和小组的同学说一说，谁帮助过你？你帮助过谁？让我们把这些温暖的言行铭记在心里并写下来
	1 下	2. 与人交往中遇到麻烦或者受到欺负时，你是怎么看，怎么做的？可以有什么样的办法？还可以向谁求助？请说一说
	2 上	3. 你觉得身边哪个同学特别受欢迎呢？想一想他（她）为什么受大家欢迎？总结一下自己可以向他（她）学习什么？请说一说
	2 下	4. 在生活中，我们经常和哪些人交往呢？和不同身份的人（如长辈，同辈等）交往时，分别应该注意什么问题呢？小组讨论并记录
	3 上	5. 收集写下你最喜欢的关于友谊的格言警句，写写自己的理解，并制成友谊卡，送给你的好朋友。别忘了将完成好的友谊卡拍照留存
	3 下	6. 在与人交往中，你的哪些语言和行为让大家都感到了愉快？为什么？将这些能为自己和对方带来愉快的语言和行为，以及带来愉快的理由写在卡片上，贴在班级文化墙上与同学们分享。别忘了将完成好的卡片拍照留存
	4 上	7. 回忆一次与他人不愉快的交往，想想双方哪些语言和行为给对方带来了不舒服、不愉快？想想如果重来一次，你准备怎么说、怎么做？请说一说
	4 下	8. 主动表达你的善意，表达对他人的欣赏和与人主动交往的愿望是与人交往的好方法。你想和谁成为好朋友？你打算怎样勇敢主动地去表达呢？请说一说
	5 上	9. 你和别人发生过冲突吗？或者你看到过发生冲突的情形吗？发生冲突时，你和对方的情绪各是怎样的？是什么造成了情绪的恶劣？冲突可能会产生哪些后果？和同学们讨论冲突的真正原因是什么？如何避免或化解冲突？请说一说
	5 下	10. "尊重"在人际交往中的作用是什么？什么样的语言和行为是表达尊重的？面对不同的人，如何尊重他们？想一想并和同学们讨论
	6 上	11. 人与人之间的相互交往不仅是情感的需要，也是相互学习和共同成长的需要。你在与他人的交往中，从他人的身上获得了哪些启迪？请说一说
	6 下	12. 合作是交往的一个重要方式。你经历过哪些成功的合作，从中发现了与人合作需要注意哪些问题？请说一说

项目	年级	指导细目
九 休闲管理	1 上	1. 休闲时间，多读几本好书能拓宽我们的视野。你最喜欢读的课外书或杂志是什么？一般用什么时间来坚持阅读？请写下你的收获和读书中感受到的快乐
	1 下	2. 和爸爸妈妈一起出游能开阔我们的眼界。你去过哪些地方？收集有代表性的照片，再给它们配上文字说明，并写写自己的感受和心情
	2 上	3. 我们都想有几个小伙伴和自己一起快乐游戏。那么在游戏中，应该怎样和小伙伴互相尊重，密切合作，愉快相处？请说一说
	2 下	4. 你有哪些兴趣和爱好？最喜欢的爱好是什么？和同学们交流交流，并在这里向大家展示一番
	3 上	5. 快来参加班级的传统游戏分享活动吧——请向你的长辈学习他们小时候最喜欢的游戏，记录这些游戏的玩法，然后教给班里的同学们
	3 下	6. 请你观察班里的同学课间活动的情况，看有什么发现和思考，请你写下来，再和同学们讨论交流，并写一封课间安全文明活动的倡议书
	4 上	7. 快来参加班级"玩出不一样"作品展示活动。将你的小制作，小发明拍成图片，配上文字说明，并和同学们交流分享
	4 下	8. 小调查：你身边的家人、同学、老师是如何度过自己的休闲时间的，把你的收获和思考写一写
	5 上	9. 人们的生活越来越离不开智能手机和电脑了，但它们也给我们的生活带来很多困扰。请你列出你所知道的问题，并和小组同学商量商量，怎样才能管理自己更加合理地使用手机和电脑。将问题与讨论结果写下来
	5 下	10. 节假日的休闲时间比较多，你喜欢哪些休闲活动？你准备如何安排自己的时间呢？请你为自己制定一个作息时间表，帮助自己管理好休闲时间
	6 上	11. "有时间充实自己的精神生活，这才是真正享受休闲。——【美国】梭罗""真正的闲暇并不是说什么也不做，而是能够自由地做自己感兴趣的事情——【爱尔兰】萧伯纳"。请结合这两句话说说你对休闲的理解
	6 下	12. 在互联网上也可以"畅游"祖国风景名胜，感受祖国历史文化。请你为全家的下一次出游计划提前做"功课"，详细了解准备游览的地方的风土人情，并将你设计的路线及攻略写下来，也许出游时你就会成为一名合格的小导游呢

项目	年级	指导细目
十 钱物管理	1 上	1. 保管好自己的学习用品，不随意丢弃和浪费。掉到地上的铅笔、橡皮要及时找到并捡起来收好。和同学比一比，看谁的文具保管得好，并说说好在哪里
	1 下	2. 你身边有闲置的学习用品吗？和爸爸妈妈商量一下，确定物品的价值。经老师同意在小组或班级里组织一次跳蚤市场活动，和同学们进行闲置物品的交换。写下心得
	2 上	3. 个人小调查：向爸爸妈妈进行调查，一元钱、十元钱、一百元钱分别可以换取哪些商品或服务？全家一天的吃、穿、住、行的生活费用大约为多少钱？请说一说
	2 下	4. 你身边的各种物品可以怎样节约使用，有什么小窍门吗？请你把这些小窍门卡片贴在班级的宣传栏中，和大家比一比，看谁的好办法更多。别忘了留存
	3 上	5. 你每月大概有多少零花钱呢？请你准备一个小账本，记录和评价一下自己的零花钱的收支情况。再根据你的收支情况，制订一个小小的储蓄计划，看一个月、一年，你能为自己积攒多少钱？别忘了将记录留存
	3 下	6. 小组共同查找资料，探究什么是低碳生活，为什么要提倡低碳生活。将得到的结论记录下来，并汇报给同学们。再请你写一封倡议书，号召同学们树立低碳生活意识，节约使用每一个物品，节约自然资源和社会资源
	4 上	7. 收集有关"节俭"的格言警句，把自己这一阶段来对于节俭的思考梳理一下并写下来，和同学们商量举行一次"节俭沙龙"吧
	4 下	8. 了解家中的水、电、煤气及生活设施的使用情况，如果发现有浪费现象，请你向家人提出解决的办法，并努力实施。请将节约办法和实施办法写下来
	5 上	9. 怎样做一个理性消费者，你能给你的家庭消费情况做出评价和建议吗？请你写一封建议书，交给爸爸、妈妈，并将建议书留存
	5 下	10. 小组调查：对你身边不同岗位的成年人进行小调查，社会的财富是怎样创造出来的？被采访人的劳动报酬是如何获得的？从中体会社会财富是由无数人辛勤劳动创造的。写出调查报告，与同学分享，并留存
	6 上	11. 我们所使用的生活和学习用品不仅是一种社会财富，更是一种自然资源，其中有很大一部分是不可再生资源。请列表把你经常消费的生活、学习用品统计出来。再从中选择一种用品，查找资料了解它们生产的过程，看看耗费了哪些自然资源？劳动者付出了怎样的劳动？应该怎样珍惜？请详细说一说
	6 下	12. 和同学、朋友一起外出活动需要花钱时，你们一般怎样承担费用花销？对于互赠礼物和请客是怎么看、怎么做的？和小组同学们讨论讨论，把讨论的结果记录下来并和全班同学分享

项目	年级	指导细目
十一 理性调控	1 上	1. 请你用图画画出你的各种情绪，并仔细地具体描述你的各种情绪，比如"快乐"时，我感觉（ ）；"悲伤"时，我感觉（ ）；"生气"时，我感觉（ ）等
	1 下	2. 和同学讨论处理消极情绪的办法，试着一起写下来。"心情低落"时，我会——（ ）、（ ）、（ ）、（ ）、（ ）；"悲伤"时，我会——（ ）、（ ）、（ ）、（ ）、（ ）；生气时，我会——（ ）、（ ）、（ ）、（ ）、（ ）；"好朋友伤心时，我会——（ ）、（ ）、（ ）、（ ）、（ ）
	2 上	3. 面对父母、同学情绪不佳时，你的感受是什么？你会帮助他们调整情绪吗？你是怎么做的？请说一说
	2 下	4. 还记得你生气的一次经历吗？想想生气的原因是什么？这件事情你是怎样处理的？你认为处理得好不好呢？请你对自己的方式方法做个评价吧！平时，当感觉自己的心情不好时，你会怎样做？请说一说
	3 上	5. 三年级有位杨姓学生，班里一有人得罪他，他就和别人大发脾气，面红耳赤的，骂人，甚至大打出手，弄得同学都不想理他。过后他常常追悔莫及，后悔没有管理好自己的情绪。如果你是他的朋友，你会对他说些什么？当他要发作的时候，你会做些什么？请大家说一说
	3 下	6. 尽可能多地了解自己在生活中可能会面临的问题、冲突，甚至危机、危险，并思考商议避免问题或处理问题、解决问题的办法，做到未雨绸缪。小组讨论
	4 上	7. 收集历史上中外名人遇到危险，沉着冷静处理危机的例子，和同学们进行交流。记得将选择例子和交流内容记下来
	4 下	8. 列举自己见到或听说过的案例，说说在遇到突发事件面临冲突甚至危险时，如果陷入慌乱会造成怎样的后果？如何尽快采取正确恰当的行为，运用理性去化解危机
	5 上	9. 小强特别不能接受批评，每次受到批评时不是大哭大闹就是生闷气，遇到问题和困难就想方设法逃避，不但影响了学习，还经常弄得自己不高兴。如果你是他，你会怎样调节自己的情绪状态？会用哪些办法尝试解决？请说一说
	5 下	10. 你有过情绪失控的时候吗？理性分析一下，真正的原因是什么？如果再面临类似的问题，你会怎么做？就这个问题，和身边的小伙伴交流一下，把你听到的学到的一些比较好的办法写下来
	6 上	11. "冲动是魔鬼"，请列举你知道的 1～2 个非理性案例，这些人由于愤怒、怨恨、冲动等做出无法弥补的错事，给当事人双方造成难以弥补的后果。并说说如何采取理性的行为来处理问题，做到对自己和他人负责
	6 下	12. 帮助他人往往能给我们带来愉快的情绪体验，这些积极的情绪体验会为我们注入能量。伸出你热情的双手，去尝试帮助身边的人。帮助别人，成长自己。请把你的尝试记录在这里

项目	年级	指导细目
十二 心理健康	1 上	1. 你对"朋友"这个词的理解是什么？你心目中的朋友是什么样的？说说你和谁是朋友
	1 下	2. 请把欣赏和赞美的镜子对准自己，罗列出自己的优点、优势，画个大拇哥来为自己点赞
	2 上	3. 每当进入一个新的环境中，你的心情怎么样？你是怎么和大家尽快熟悉起来的？请说一说
	2 下	4. 请用 3~5 个词写出你的学校、班级、老师、同学、家长的优点，表达你对他们的欣赏和赞美
	3 上	5. 你是怎样和别人成为朋友的？为了维系和加深友谊，你做过哪些努力？请说一说
	3 下	6. 在与朋友交往的时候，你是怎样处理和把握说话、做事的分寸、尺度的？请说一说
	4 上	7. 在学习上遇到困难的时候，你一般会用怎样的办法解决？请教身边的同学，他们各自采用的方法是什么？综合一下，你认为哪些办法可以试一试？请说一说
	4 上	8. 当同学向你求助时，你心里的感觉又是什么？你是怎样帮助别人的？能够帮助别人解决问题和困难时，你的心情是怎样的？请说一说
	4 下	9. 在愤怒的时候，你一般是用什么办法发泄的？后果常常是怎样的？和同学交流交流还有什么舒缓情绪的好办法？请说一说
	5 上	10. 在感到某段时间压力比较大的情形下，你是用什么方法舒解压力，使自己保持好状态的？请说一说
	5 上	11. 面对事情忙、作业多、时间紧的情形，你是用什么办法分配时间、提高效率的？请说一说
	5 下	12. 回顾一下自己的成长道路，哪些人、哪些事给过你很大的支持与帮助？请详细地把它们记录下来，尤其是那些触动自己内心的细节
	6 上	13. 遇到困难和挫折的时候，你愿意向谁倾吐心声？你心里的感受是怎样的？你是否能从他们那里获得安慰和切实的支持与帮助？请说一说
	6 上	14. 在从小到大的不同阶段，你对"朋友"这个词的理解有哪些不同和改变？请说一说
	6 下	15. 请画一画《未来的生活未来的我》

续表

项目	年级	指导细目
十三 公民素养	1 上	1. "我为学校绘蓝图",请你做一回设计师,为自己的学校绘制一幅未来的蓝图,写上你对学校的祝愿
	1 下	2. 我是文明小使者。在和爸爸、妈妈外出的时候,你做过哪些讲文明懂礼貌的事情?请告诉大家。并说说你心里的感受
	2 上	3. 在家里,小刚总要求爸爸妈妈为自己做这做那,但是他从不为爸爸、妈妈做什么事。针对他的做法,来说说你们的想法
	2 下	4. 作为一个孩子,你认为自己在家里的责任是什么?权利又有哪些?并请说说,你应该怎样承担这些责任?行使这些权利?请说一说
	3 上	5. 爱护环境,人人有责。爱护家园,人人有责。请你对大家发出一份倡议,让我们从身边点滴做起,共同保护我们的地球家园
	3 上	6. 我是班级一分子。在班级建设工作中,你曾经提过哪些意见、建议?做过哪些工作?请写下来
	3 下	7. 小明遇到班级值日工作总是马马虎虎应付了事,需要大家为班级工作出主意想办法的时候,他也不发表意见。别人批评他的时候,他总是认为做好自己的事情就行了,管那么多闲事做什么。你对他的做法怎么看?换作是你,你会怎么做?请说一说
	4 上	8. 在社区、班级、学校、社会中,我们会和很多不同个性的人交往,你认为应该如何展现一个人的文明素养?请举例说明
	4 上	9. "知我中华、爱我家乡",请向大家介绍你所知道的三个最具有代表性的家乡文化历史景点
	4 下	10. 作为一名小学生,你认为自己在学校里的责任是什么?权利又有哪些?并请说说,你应该怎样承担这些责任?行使这些权利?请说一说
	5 上	11. 在参与学校的各项管理工作中,你提出过哪些意见、建议?你承担过哪些角色?请把你印象最深刻的件事告诉大家。并说说你的感受和思考
	5 上	12. "知家乡事,懂家乡人",请向大家介绍 1～2 位你所知道的最具有代表性的家乡历史名人,并说说你对他们的看法
	5 下	13. 每个人都热爱自己的家乡,请你认真思考,对市长提提你对家乡发展的建议,你的意见很有可能被采纳
	6 上	14. 我们的祖国以"礼仪之邦"而著称于世,讲文明、懂礼貌成为中华传统美德。如何与文化背景不同、国籍不同的人交往,说说你的想法
	6 上	15. 当别人对国家大事、对社会中的人和事发表评论的时候,小华从不关心,连新闻都很少知道,他觉得自己还小,国家大事和我没什么关系。作为一名小学生,操那么多大人该操的心做什么?对他的想法和做法,你怎么看?你会怎样做?请说一说
	6 下	16. 作为一名小学生,你认为自己在社会中的责任是什么?权利又有哪些?并请说说,你应该怎样承担这些责任?行使这些权利?请说一说

项目	年级	指导细目
十四 核心价值观	1 上	1. 牢记社会主义核心价值观：富强、民主、文明、和谐、自由、平等、公正、法制、爱国、敬业、诚信、友善
	1 下	2. 跟着爸爸、妈妈游历祖国的名山大川或者在电视上欣赏大好山河，我们看到了祖国宏伟而美丽的容貌。请你向大家介绍一下你见到过的最美的祖国风光，表达你的感受，并上传你拍摄的照片或视频，配以文字说明
	2 上	3. 古人常说，无信不立。做生意，讲究一个"信"字。这可以说是乔家的传统，是晋商的传统。有一年，复盛油坊往山西运送一批胡麻油，经手的伙计为了从中谋利而在油中掺假。掌柜的发现后，将伙计痛斥一番。凡是乔家人都知道，信誉连着财路，信誉没了，财路也就断了。掌柜的命人倒掉整批掺假的胡麻油，重新换了货真价实的胡麻油。这个举动虽然让乔家损失不少，但却为乔家赢得了守信的美。请你说说对于这件事的看法
	2 上	4. "百行业为先，万恶懒为首。"唐朝有一位名僧白丈禅师，他常常用两句格言教训弟子，说道：一日不做事，一日不吃饭。"他每日除上堂说法之外，还要自己扫地、擦桌子、洗衣服，直到八十岁，日日如此。有一回，他的门生想替他服务，把他这天应做的工悄悄地都做了，这位言行相顾的老禅师，那一天便绝对地不肯吃饭。请你评价这位名僧对于工作的态度，再联系自己，说说自己应该怎么办
	2 下	5. 世界上最强大的不是坚船利炮而是一颗友善的心。一天，太阳和风争论究竟谁比谁更有力量。风说："你看下面那个穿着外套的老人，我打赌可以比你更快地让他把外套脱下来！"说完后，便使劲儿向老人吹去，想把老人的外套吹下来，但它越吹，老人将外套裹得越紧。后来，风累了，没力气再吹了。这时，太阳从云下的背后走出来，将温暖的阳光洒在老人身上，没多久，老人就开始擦汗了，并把外套脱了下来。于是，太阳笑着对风说："其实，友善所释放的温暖比强硬更有力量。"提到友善，似乎便能让人想起一个真诚的微笑，一句温暖的话语，一回耐心的劝慰，一次全心的陪伴。请你说说，你如向友善待人
	3 上	6. 有一些人总是认为外国的什么都好，"外国的月亮都比中国的圆"，还有的人扎堆去外国买高档用品，你怎么看待这个问题？请说一说你的看法
	3 下	7. 有一些打着爱国旗号的伪爱国者，把游行活动演变成了"打、砸、抢"行为，让一些爱国行动变成了损害同胞利益、损伤祖国形象的行为。还有一些人在网络上传播谣言、混淆视听，你怎么看待这些问题
	4 上	8. 细细翻阅中国历史画卷，我们才会知道勤劳、聪明的中国人骨子里的不屈精神：请你向大家介绍一位中国历史上的值得自己钦佩的人，发表你的观点，并谈谈你的感受

项目	年级	指导细目
十四 核心价值观	4 上	9. 战国时，商鞅准备在秦国变法，惟恐老百姓不信，于是命人在都城的一个城门前，放了一根高三丈长的木柱，并到处张贴告示："谁能把城门前那根木头搬走，官府就赏他五十金。"老百姓看到告示后议论纷纷。大家怀疑这是骗人的举动，但一个年轻力壮、膀大腰圆的小伙子说："让我试试看吧！我去把城门那木头搬走，要是官府赏钱，就说明他们还讲信用，往后咱们就听他们的；如果不赏给，就说明他们是愚弄百姓。他们往后得说得再好，我们也不信他们那一套了。"说罢来到城门前把那根木头搬走了。商鞅听到这一消息，马上命令赏给那人五十金。那位壮汉看到自己果真得到了五十金，不禁开怀大笑，一边炫耀那五十金，一边对围观的老百姓说："看来官府还是讲信用的啊！"这事一传十、十传百，不久就传遍了整个秦国，商鞅这才下令变法。你如何看待商鞅的做法
	4 下	10. 美国著名的试飞驾驶员胡佛有一次飞回洛杉矶，在距地面九十多米高的空中，刚好有两个引擎同时失灵，幸亏他技术高超，飞机才奇迹般地着陆。胡佛立即检查飞机用油，正如他所预料的，他驾驶的那架螺旋桨飞机装的却是喷气机用油。当他召见那个负责保养的机械工时，对方吓得直哭。这时，胡佛并没有像大家预想的那样大发雷霆，而是伸出手臂，抱住维修工的肩膀，信心十足地说："为了证明你能干得好，我想请你明天帮我的飞机做维修工作。"从此，胡佛的飞机再也没有出过差错，那位马马虎虎的维修工也变得兢兢业业、一丝不苟了。请你说说如果你是那位机械工，你的感受是什么？并对胡佛的做法进行评价
	5 上	11. 了解中国自古至今经受的苦难和委屈，才能知道今日幸福生活的来之不易。请你向大家介绍，印象中最深刻的中国历史上一段饱经苦难的历史，并谈谈你的感受
	5 上	12. 2015 年 5 月 26 日，美国厚仁教育发布《2015 版留美中国学生现状白皮书》。白皮书说，去年，约有 8000 名留美中国学生被开除。学术不诚实是中国学生被美国学校开除的一大肇因，报道称，80% 被开除的学生是因为学术造假或不诚实。因抄袭、考试作弊或协同作弊、代考、成绩造假、试图修改成绩、保留以往考卷、对老师撒谎甚至伪造导师签名的原因被开除。请你就以上内容，说说你的想法和看法
	5 下	13. 有的人总是对中国的现状百般挑剔，这也不是，那也不是，应该这样，应该那样，用大而空的思维和不切实际的语调，描绘一理想化的中国，你怎么看待这个问题
	5 下	14. "凡职业都是有趣味的"：居里夫妇在成吨的工业废渣中提炼"镭"，几年如一日，非常艰辛与枯燥，但他们怀着找到"镭"的梦想，从没有认为这项工作是无聊的，从没有抱怨叫苦而想放弃。"凡职业都是有趣味的，只要你肯继续做下去，趣味自然会发生。"人生能从自己职业中领略出趣味，生活才有价值。请你结合他们的工作态度，说说自己应该具有什么样的学习态度

项目	年级	指导细目
十四 核心价值观	6上	15. 曾文正说："坐这山，望那山，一事无成。"梁启超说过，凡做一件事，便忠于一件事，将全副精力集中到这事上头，一点不旁骛。当大总统是一件事，拉黄包车也是一件事。事的名称，从俗人眼里看来，有高下；事的性质，从学理上解剖起来，并没有高下。只要当大总统的人，信得过我可以当大总统才去当，实实在在把总统当作一件正经事来做；拉黄包车的人，信得过我可以拉黄包车才去拉，实实在在把拉车当作一件正经事来做，便是人生合理的生活。我信得过我当木匠的做成一张好桌子，和你们当政治家的建设成一个共和国家同一价值；我信得过我当挑粪的把马桶收拾得干净，和你们当军人的打胜一支压境的敌军同一价值。大家同是替社会做事，你不必羡慕我，我不必羡慕你。这叫做职业的神圣。凡职业没有不是神圣的，所以凡职业没有不是可敬的。至于我该做哪一种劳作呢？全看我的才能何如、境地何如。因自己的才能、境地，做一种劳作做到圆满，便是天地间第一等人。请你就以上内容，谈谈对于自己未来职业的想法和看法
	6上	16. 李斯特是19世纪最辉煌的钢琴演奏家。肖邦1831年从波兰流亡到巴黎。当时，李斯特已是名声沸扬的音乐家，而肖邦则只是个默默无闻的小人物。然而，李斯特对肖邦的才华深为赞赏。怎样才能使肖邦在观众面前赢得声誉呢？那时候，在演奏钢琴时，往往要把剧场的灯熄灭，一片黑暗，以便观众能够聚会精神地听演奏。李斯特坐在钢琴前面，当灯一熄灭，就悄悄地让肖邦上来代替自己演奏。观众被琴声征服了。演奏完毕，灯亮了，观众看到舞台上坐着肖邦，大为惊愕。人们既为出现了一颗灿烂的钢琴演奏新星而高兴，又对李斯特推荐艺术新秀的行为表示钦佩。正是李斯特博大胸怀、珍视人才、托举后人的友善态度让肖邦脱颖而出，试想如果李斯特嫉贤妒能、压制人才，不给肖邦创造机会，那么今天我们就将永远欣赏不到著名的《幻想曲》了。友善连接了两位"钢琴巨匠"友谊，更留下了艺术文明史上的传世佳话。对于李斯特的做法，谈谈你的见解
	6下	17. 建设"富强、民主、文明、和谐"的国家，我们每一个人都有责任。与同学讨论并记录，现在的我们可以尽哪些责任？对于让祖国更加"富强、民主、文明、和谐"，你有怎样的理想？请详细说一说
	6下	18. 建设"自由、平等、公正、法制"的社会，需要提高我们每一个公民的素养。在社会中，作为一个小公民，你认为一个人最应该具备哪些素养？如何进一步提高自己的公民素养？请说一说

附件4　太原市中小学生社会实践活动记录表、评定表

学生信息及实践情况					
姓名		性别		年龄	
学校		年级班级			
电话		邮箱			
实践地点		实践内容			
实践日期		实践时长			
实践方式					
实践收获					
自我激励的话					
自我建议的话					
实践单位（部门）信息及评价					
名称		地址			
联系人		联系电话			
实践内容		日期时长			
态度	□非常满意 □满意 □基本满意 □不满意	效果	□非常满意 □满意 □基本满意 □不满意	想对学生说的话	
实践单位（部门）评价	签字：　　　　盖章：　　　　　　　　　　　　　　　　年　月　日				

班主任评定	完全属实	基本属实	不属实	肯定的话	建议的话	等级

【表格来源】太原市教育局．太原市中小学生品德素养评价系统．［EB/OL］．［2023 - 04 - 20］．http：//pdsypjxt．tydyxsk．com/．

第六章　沟通与合作

第一节　家校合作

【案例呈现】

从敌对到同盟——我与家长关系的三部曲

早就听说过学校有个班级发生过这么件奇事，一孩子生水痘了，老师为了其他小朋友的健康，要求孩子家长带孩子回家休养，等好了以后再来上学。没想到家长的回答是这样的："我就是要让她天天来上学，因为她的这个水痘是在学校被传染得上的，我也要让她传染其他人！"

后来又听说还是这个班出了"四大金刚"式的家长，一个扬言要上书温家宝总理；一个是有拨打省教育厅、市区教育局举报电话的"瘾"，每个月都爱打个几回；还有一个爱到校长室和校长聊国际国内教育形势，一聊就是两三个小时，校长还得耐着性子赔着笑脸倾听着；还有一个是大闹办公室，大吵教导处。再后来还听说那个班的老师被家长"整"得挺惨的，简直不敢得罪他们——你说什么，做什么都行，只要不来闹就好，整个班级的状况那是可想而知的。

那个时候，大家虽然都把这个班的情况当作怪事、笑话来说，但各自心里也都在悄悄祈祷：千千万万可不能接这个班啊！没承想，真是应了那句话了，越怕什么，越来什么，送走了毕业班之后，学校就偏偏安排了我做这个班的班主任。

既然安排了，说实话，我也没有觉得有什么好特别紧张的。我想，以前的事情可能是家长看老师年纪轻一点，性格绵软一些，工作中缺乏一些经验造成的，现在换上了我这个也算是在班主任工作中颇有一些经验的中年级别又挺富有爱心和责任心的"老"班主任，怎么着也不可能再出现这些荒诞的事情了吧？我对自己充满了信心！

可还真没有想到，人家根本不买我的账。升学第一周，我就被家长两次"告"到了校长室。第一天是家长举报我用"恶魔行为"这个词形容了他的儿子是不正确的，因为有人惹他孩子发脾气了，所以他才会连续暴打别的同学脑袋；第三天是家长举报我对他孩子心理造成了巨大伤害，原因就是我告诉了他的儿子期初检测考试得了全班"倒数第一"。好在校长深知我的为人，也深知这个班的特色，只是提醒了我一句："对待这个班，你不要操之过急，有些时候不能按常规出牌。"

一、针锋相对

（一）小徐爸爸的挑衅

大约是在开学第二周的一个下午，放学的时间已经过了，可我还留着几个没有完成作业的孩子在教室里，其中有小陈和小徐。

这时，一个一脸阴沉的中年健壮男子站在教室外边，根本无视我的存在，大声地呼喊着小徐的名字。我立即主动迎出门外，满脸微笑地说道："您是小徐的父亲吗？我是他的新班主任，我正想和您沟通呢。"没想到我第三句话还没有说出口，人家就把我的话给打断了。

"你就是那个什么郭老师吧？我想对你提点意见。"嚯，他单刀直入。

可容不得我多想，职业的微笑和礼仪让我脱口而出："您请说。"

"自从你教了我的儿子之后，他就没有一天准时放过学！"小徐爸爸看上去并不是很激动，但这个声音是很强硬的。

一刹那间，我愣住了，没有想到他会说出这样的话来。以往留孩子下来好像都是显示教师富有责任心，说明老师好啊，怎么今天会有家长提这个意见呢？其实，我又何尝不想让孩子早点回家呢？但是他就是不写作业，我怎么办呢？在严格执行课程标准的大背景下，我不可能利用别的上课时间让他孩子补作业。而每节课的下课时间，小徐总是我们班第一个冲出教室的孩子，然后你就别想再找到他了，等到下节课上课的时候，你就会看见他满头大汗，红光满面地走进教室；就算是你好不容易看住了他，他又说要去厕所，你说能不让他去吗？这所有的一切，我都没有说出来，因为，孩子就在教室里面，我不愿意让孩子听见老师这么说他，但是我觉得纳闷儿，这个爸爸难道真的一点也不明白自己儿子的状况吗？

一股火气涌上了我的心头，但我还是心平气和地说："小徐爸爸，我也想告诉您，自从教了您的儿子之后，我就没有一天准时下过班的。"

可能是没有想到我会这样回答，他一时语塞。看他没有说话，我接着说道："您的孩子如果能够按时完成每天的学习任务，养成了良好的作业习惯，我又何必留他呢？难道我不希望孩子按时放学，老师按时下班吗？"

停顿了一下，我又说："如果您确实觉得这样留他下来补写作业您不满意的话，那就这样，下次只要您来校接他，麻烦您上楼来一趟——本来家长不允许到教学区，但您可以——我把孩子的情况给您交代一下，您就带走，他没有完成的作业，您回家后再去处理，您看这样行吗？"一口气说完了这么多话，我的心里觉得非常舒畅。

"老师，你留也就留了吧。"可能是看到我也在做和解，家长的口气在松软，"可是，你总该给我们一个时间吧？你到底是要留几分钟？还是一个小时？你应该先发个短信给我呀。"真是没有想到，他给我提出这个要求，确实合情合理，但几乎无法操作。

"小徐爸爸，我也很想知道您的儿子每天想留我多长时间，我觉得五分钟就能写完的作业，他到底需要多久，我还真的不知道！"我也直截了当真诚地诉说着，"我刚才不是已经说了吗，您觉得不方便话，就请您直接到班级，我会立即让您把他带走的。咱们今天就这么说好了，您看行吗？"

一看我这样，小徐爸爸有些着急了，"别，还是让他在这里写完吧，回去他也是磨蹭。"看我不言语，他接着说，"其实吧，我知道，你也是个挺负责任的老师……"

这回是我没有等他把话说完就接了过来："挺负责任的老师教您的儿子，您都有意见，那么您需要什么样的老师教呢？"

他不说话了，脸上呈现尴尬的笑容……

这以后的一段时间里，我只要看见小徐爸爸的身影出现在校园里，都会在四楼教室门前热情地招呼他："上来接儿子吧！"而他呢，每次都是非常尴尬地站在一楼冲我直摇手："不不不，老师您留，您尽管留。"

（二）"我也是个老师……"

这是一个周四下午大约五点四十分的样子，其他同学都已经放学离校，教室里还有我和小陈同学、小蒋同学。

小陈的爸爸是个轮船船长，工作性质决定他是经常在外漂泊，不能顾及家庭，小陈基本全靠在中学当老师的妈妈一个人拉扯长大。小陈妈妈所在中学是一所生源很一般的学校，但是为了升学率，大家也得加班加点干活，小陈的妈妈也有很多时候连晚上也要加班，疏于管教的小陈没有养成较好的作业习惯，开学两周来，几乎每天的家庭作业都不能按时完成。

开学第一周在电话里和小陈妈妈联系的时候，她就是说现在很忙，没有时间到学校来当面沟通，她自己的孩子她自己会用心的。作为同行，我真的也能理解她工作的繁忙，于是，尽管孩子写作业的习惯很糟糕，我也不再诉之于家长，只是每天在学校安排她补写完成也就罢了，今天依旧如此，她正在补写昨天的家庭作业。

小蒋同学因为今天在英语课上违反纪律，我正与她轻声交流……这时，只听得一阵清脆有力的脚步声由远而近，接着，一位中年女性面无表情、默不作声地径直走进了教室，既没有与坐在门边的我和小蒋打招呼，也没有和小陈有言语交流。我感到很纳闷儿：是不是来接孩子的家长走错教室了？于是我赶紧起身问道："这位家长，请问您找谁？"

没有回答。她竟然走到教室的后面去看起了板报。

"这位家长，您是不知道自己的孩子在哪个班吗？"我觉得更纳闷儿，提高了嗓门继续问着。

就像什么也没有听见似的，这位女士又慢慢踱到了小陈同学的身边，双手抱臂，紧皱眉头，一脸阴郁地看着她，而小陈呢，低着头，大气不敢出的样子。

哦，这下明白了，这就是小陈的妈妈。"哦，您是小陈的妈妈吧？您好，请稍等我一下，我马上处理好这儿，就来和您聊。"我一看眼下这阵势，赶紧三言两语和小蒋同学结束了谈话，让她赶紧回家，接着就来到小陈妈妈的身边。

"您好！小陈妈妈！"我再次堆起笑脸打招呼。

仍旧是没有回答。虽然我的心里也有些嘀咕，但看小陈这会的样子，我心想这个妈妈对孩子肯定也是有要求的。她这会儿准是被孩子气坏了，才会这么总不说话，可能是那种一张口就要爆发的那种脾气，考虑到是在学校，正在强忍着呢。

这么一想，我倒是挺理解、同情她了，赶紧说："您也别这么生气，孩子嘛，有错也是难免的，您今天来了正好，我们一块看看怎么能帮她改了这个不写作业的坏毛病……"

"你什么意思？你怎么总说她不写作业？实话告诉你，我今天就是为了你上次电话里说她不写作业的事情来找你的，你凭什么说她不写作业？告诉你，我是每天都检查她作业的，她是不可能不写作业的！"要么不开口，一开口竟然是这么一番话，一刹那，我有些发愣。

"您的意思是昨天她的作业您检查过了？"我在快速考虑着，会不会孩子犯糊涂，记错作业了，于是妈妈查看的根本不是我们布置的呢？但不至于每天都记错吧？

"什么老师啊？整天这样说话，我们家孩子哪天没有写作业啊……"人家根本不搭理我的茬儿，自顾自发泄着。

一看这个情景，我的火气也蹿了上来，……但因为是还当着孩子的面，我还在努力克制着，"您今天到学校来就是和我理论的？"

"对！我就是为你对孩子的坏印象来的。"第一次正面对着我说话，正面交锋开始。

"我对您孩子有什么坏印象了？"我真是觉得有些莫名其妙。

"你总说她不写作业，你才教几天？就对一个孩子有了这样的印象？"小陈妈妈振振有词地说。

"我在陈述事实，您说每天检查作业，但是她的作业本经常空白，我也不知道您检查的是什么作业？我把情况及时告知您，是希望让您了解孩子的状况，这样才能更好地帮助孩子成长。"我被这种胡搅蛮缠的说法气得不轻，但又不得不解释着，"我告诉您，我对孩子没有半点不良印象。她毕竟只是个孩子，出现任何情况我都觉得正常，也正因为这样才需要我们帮助教育。"停顿了一下，我接着说，"如果您觉得今后不需要我的沟通，那么我就不再给您电话联系了，您看可以吗？"我心想，今后怎么再给这种家长打电话沟通？

"我也是个老师，我太知道一个老师如果一开学就对一个孩子没有了好印象的话，这个孩子在后面的时间里会是怎么样的境遇！"她似乎根本就没有听进去我的半个字，继续在那里近乎疯狂又有些绝望地对着我喊着。

她的说法让我觉得更加莫名其妙，这也是个老师？我的怒火终于爆发："那只是你这种老师的境界，只有你会这样对待学生。不是我，更不是芳草园老师的境界，我和你不一样！"这么说完我觉得还没有到位，"你不是很在乎我对你女儿的印象吗？告诉你，我对她并没有任何不良印象，但对您，实话实说，印象很糟糕！"要不是顾及孩子在场，我真想这样尽情地发泄出来，但终于还是忍住了。我忽然想起来：这就是那位大名鼎鼎的要把得了水痘的孩子硬往学校里送的那位妈妈。

气急败坏的她拉着孩子悻悻地走了……

我实在是想不出来怎么会出现这样的事情？是我对孩子苛刻吗？是我对孩子要求过分吗？没有，都没有，我只是在要求着最基本的事情——按时完成家庭作业。我感到自己没有做错。但事情怎么会这样？身心俱疲的我拖着沉重的步子孤独地一步一步挪回办公室，那一刻，我感到非常委屈也异常悲愤。

开学的第一个月，我就是在这样的"疾风暴雨"中度过的，有力的拼搏，也有智的较量，更有情的付出。当然，面对家长的无理取闹，我也绝不示弱，如果我的以礼相待换来的是变本加厉，那我便义正词严地反击。只是，我不仅是反击，更多的还是对孩子的爱。我时刻提醒自己，绝对不要因为家长的无理而怨恨孩子。孩子是无辜的！而且我坚信：只要坚持真心对待孩子，家长们是能够体会得到，并且最终是会理解老师的一片良苦用心的。因此，尽管遭遇很多来自家长的意想不到，但我始终善待每一个孩子，真诚地关心、帮助他们。

果然，在一次数学测试过后，小陈同学破天荒地考出了九十三分的成绩，小陈同学在她的记事本里是这么对我说的："这次数学考试我考了九十三分，这个分数对别人来说可能并没有什么，但是，对于我来说，却是非前不容易的第一次考到九十多分，我心里高兴极了！"

几乎从来不公开说话的小徐同学，竟然能够主动站在讲台上参加劳动岗位的竞选，尽管我并不知道他以前的状况是什么样子，但从同学们异口同声的称赞中，从同学们雷鸣般的掌声中，还是让我感觉到了他的进步之大。在九月底的评选中，他几乎以全票被全班同学评价为进步最大的孩子。

看到孩子的进步，我心里十分欣慰，我想，家长们还会来"吵架"吗？

不因家长的挑衅而迁怒于孩子，尽最大限度爱孩子，让孩子的进步，赢得家长对我的信任。这是我第一个月的策略。

二、阳奉阴违

（一）被娇惯宠爱的小萱

果然，经历了这么"精彩纷呈"的九月，在适应了我的一系列班级作为之后，我和家长之间的关系似乎是归于平静了，没有人来给我"提意见"了，也没有人来无理取闹了，更没有人不停地去校长室纠缠。我心里暗自得意，心想自己到底是位老班主任，哪有什么搞不定的事情呢？你看，不过才一个月，这不一切都归于正常了吗？这家长的工作也没有什么难的呀？

可惜我笑得太早了。还没有容我开心多久，就又出现了新的问题。我发现家长明面是一套，暗地里又是一套，表面上积极配合，暗地里娇宠孩子，自己拨打小算盘，真可谓"阳奉阴违"。

小萱是个聪明伶俐的孩子，就是有一个大问题，晚上一定要和母亲一块睡觉。她的母亲是那种说话非常夸张，语气十分坚定的人。第一次听她母亲怀着一种"刻骨"的怨气来叙述此事的时候，我简直觉得不可思议，从来没有听说过一个家庭居然不能让孩子单独睡觉的，但是被娇惯宠爱的小萱愣是有本事"搅"得全家不得安宁。据说还影响到了父母的关系，看到母亲那一脸的痛苦，更是因为对小萱的关爱，我决定插手这件"家事"。

小萱虽然有些小姐脾气，但是对自己的学习还是很有要求的，她对自己的未来有着明确的打算，她非常想当上一名出色的外交家，因此刻苦学习英语，是我们班级的英语大王。我非常欣赏她的目标意识，也很赞赏她为了目标而努力的行为。因而更多地鼓励关心她多参与班级的各种活动——英语风采展示活动、数学家故事的讲演活动、学生个人讲座活动、雏鹰小队活动、班级明星风采大赛等。这些活动基本都是按照学号轮流进行，目的是让每个孩子都能有锻炼的机会，希望通过这些活动锻炼孩子们的表达、演说、表演、组织等各种能力，希望孩子们都能全面发展。小萱非常开心班级有这么多的展示的平台，她也准备着、策划着、思考着、积极地参与着，快乐地学习着。一段时间下来，孩子的综合能力明显提升。查找资料、策划、制作幻灯片，召集组织同学进行假日活动，和同学一起排练节目，每天乐此不疲地忙活着，精神状态非常好。

她和我之间的交流是非常融洽的，我告诉她外交家都是要四处奔波的。需要独立面对很多事情，按照这样的逻辑，你是不是打算到哪儿都带着妈妈呢？谈话很轻松，她立即答应一个星期之内，改掉这个习惯。我想一个十多年的习惯，花一个星期改变，也是可以理解的，也就答应了。

我随即电话联络了孩子母亲，告诉她这个结果，希望她能够督促女儿履行诺言。她先是很震惊，接着就是根本不相信，告诉我这是不可能的，说这么些年来，什么人来谈都没有用，什么办法也都不管用。我很不高兴她母亲的这个言论，既然你说我谈话没有用，干吗又来给我诉苦呢？

不过，她毕竟还是答应督促女儿，表示不让女儿和自己睡了。虽然我半信半疑，可我还是比较欣慰，并且在心里对胜利的结局还是很有把握的。

第二天，问过小萱，分开睡了；第三天，又问过小萱，还是分开睡的。我以为一切搞定，心里美滋滋的。一个星期过去了，又一个星期过去了，由于小萱原本就不是需要老师操心的孩子，由于家长也没有再来说这件事情，我想起小萱妈妈的话，心里觉得很好笑，你看，这不是轻轻松松就好了吗？不过，我也想，说不定小萱的变化正是她妈妈监督的结果呢！

一个多月后，一次在和小萱妈妈无意的聊天中，我得知小萱还是强行要和妈妈睡在一起，而她妈妈居然就迁就她同意了！这是怎么回事呢？小萱妈妈给了我一个啼笑皆非的原因——分开睡觉的前几天，大家都觉得挺新鲜的，小萱的父母更是高兴得不得了。但没有想到，一周后，小萱的父亲外地出差，小萱的母亲自己觉得很不习惯，不能适应，于是主动唤回小萱和她一起睡觉，这可让原本不愿离开，正在用顽强坚持的小萱得到了尚方宝剑。等到小萱父亲出差回来，一切又恢复到原状。因为是母亲主动召回的，所以，也就没有再和我投诉此事，而小萱呢，更是乐得不说。

家长的表情是尴尬的、言语含混不清，我分析她自己可能一直是在以此事为荣呢，你看，我的孩子多么依恋我，离开我就不行了。但其实这样做对孩子真的好吗？这个孩子在班级里自理能力及生活责任意识极差，不会自己刷牙，不会自己剥鸡蛋，不能把自己碗里的吃干净……一次，全班大扫除的时候，一本无人认领的大字典被其他同学仔细翻看之后，发现中间写有她的名字，而她自己却浑然不知；在天气极热的情况下，她依然穿着厚厚的两件衣服，尽管汗流浃背，但也不知道及时减少……

也许是自己确实有时候也感到不便，这次母亲痛下决心，坚决不再反悔，培养孩子的独立能力就从单独睡觉开始，请老师再找她谈一谈。

这次，我没有再给她一个星期，我用"战胜自己"这四个字，再次引导孩子离开母亲的床，为了防止母亲的反复，我对孩子是这样说的："有的时候，可能并不只是你有依赖性，你的妈妈有时候也在依赖你，上次的情况可能就是这样，在出现这样的情况时，你一定要战胜自己，因为你要成为外交家！"

令人欣慰的是，直到今天，孩子都是单独睡觉。小萱的父母亲甚至外婆外公全都对我表示"非常钦佩"，解决了她们家的一个老大难问题，小萱的妈妈每次见到我都是啧啧赞叹。

(二) 和家长巧妙"对质"

班里有一个孩子小丁患有严重的多动症。由于家庭溺爱以及生理问题的缘故 (患有严重的多动症)，平常的行为习惯基本不能自控，脑子里面根本没有"纪律"二字，违反学校的常规纪律就是常事。在我班同学制定的公约中，我们是规定孩子如果屡次犯规，值日班委是要进行适当惩罚的。

在一次美术课上，他不仅不认真完成美术作业，还随意下座位、大声喊叫，严重违反课党纪律。因此，他被值日班委放学留下来对自己的错误行为进行惩罚，值日班委要求他学习小学生行为守则并对照抄写。这样的惩罚手法是经过班级讨论通过的。哪知道孩子不仅不反思自己的错误，不愿意进行抄写，反而振振有词地、大声地叫嚣道："我妈妈说，不要我抄写，我妈妈还说，你们这是体罚！我要到校长室投诉！"

这哪里是要投诉值日班委，分明是要投诉我呀！话虽然是从孩子嘴里说出来的，但是这些话多半来自孩子的母亲。我心里这个气呀，为了这个孩子，我多次和他母亲沟通，帮助她分析了孩子的很多行为，细致耐心地告诉她孩子的状况，建议她带孩子去权威部门进行检查。后来终于了解到孩子的真实情况——重度多动症及严重的感觉统合不协调。这个检查结果才让家长清晰地了解到孩子的学习品质、行为习惯与常人差异的真正原因，并开始试着了解孩子的苦恼。在学校里，我尽一切可能地帮助他、鼓励他，还含蓄地要求班级里的其他孩子们对他的行为要宽容、要善待。要用真诚去帮助他，要用爱心去陪伴他成长……

今天实在是因为这个孩子的行为对班级正常的课堂秩序造成了影响，才进行这样惩罚的，没有想到他居然说出这样的话来，联想到孩子妈妈在拿到脑科医院的诊断书时，反反复复一直在给我强调医生说的"这个孩子需要多鼓励，多关心，多表扬"之类的话语，我明白了，家长只是希望能够享受到学校老师、同学班级对自己孩子的关心、体贴和照顾，而全然不顾自己孩子对于班级的责任和义务，总是在要求别人对他要怎么怎么样，但是对于自己孩子给班级给同学造成的危害那是不需要承担责任的。

这个家长根本不和我纠缠，相反每次我和她聊到对孩子的教育时，她总是频频点头，说"老师说的是"；但在行动上，一点都不和我配合，反而还有意无意地给孩子许多负面的影响。

现在怎么办？根子在家长，必须找家长才能解决。……立即拨通了孩子母亲的电话："小丁妈妈您好！今天您的儿子在学校违反了课堂纪律，我们正在按照班级规定对他进行惩罚。我知道，这样的惩罚方式并不是最合理的，但这毕竟是经过我们全班同学讨论通过的，我们目的不是为了惩罚，而是希望犯错的孩子能够通过这样的方式，对于自己的错误行为有所反思。孩子必须学会对自己的行为承担后果。如果您觉得这样的方式不妥当，应当直接与我联系，并提出一个更为适当的方式，毕竟我们的目的是一致的，都是为了帮助孩子健康成长，你说是吧？"我一鼓作气说了很多，就是不能让这个家长或是孩子拿着"体罚"当挡箭牌，拒绝接受应有的教育。

电话那头传来非常肯定的声音："那当然，老师这么做是应该的，都是为他好呀！"

看到她的"支持"，我心里乐了："但是您的儿子却说您不愿意他接受这样的惩罚，还说您说的，我们这是体罚行为。我认为您是不会这么说的，但是我还是想核实一下。"话锋一转，我提到了她的阻挠。当然我也需要从和家长沟通中，了解孩子说的说是否真的是事实。

我感觉到电话那头孩子母亲的语气是慌张的，我猜想，她可能是没有想到我会这么直截了当地与她进行这样赤裸裸的对话。尴尬的她矢口否认了自己的言语："我从来没有说过你们这是体罚呀，我们家长是全力支持学校工作的。"想了一想，她接着说，"我每次都给孩子说，能遇上这样的好老师真是你们的福气，我真的没有给他说过任何不利于学校教育的话，我也是个老师，我真的没有说过你是体罚……"

看到母亲已经是坚决地站到了我这一边了，为了达到更好的效果，我立即将电话递给了孩子："你妈妈说从来没有说过这样的话，你看你是不是自己弄错了？要不你和妈妈沟通一下？"

孩子勇敢地接过电话，坚决而又委屈地说着："就是你说的，不就是你说的吗？"

电话那头，母亲在喋喋不休地教育着孩子，孩子脸上的表情从坚定到不满再到无奈，最后是拖着哭腔说道："好吧。"乖乖"认输"了。

经历了这一通的电话交流，孩子面对班级的处罚教育，孩子再没有发生过"罢工"行为，为了减少惩罚，他也在努力地克制着自己的言行，效果还是很明显的。我们办公室老师开玩笑地说"要想解决问题学生的问题，关键得先解决孩子家长的思想问题才行。"看来这和家长巧妙"对质"的事情还是非常需要的。

不过，我想，家长表面上的支持一定得来源于对教师的部分信任，后继的工作如果不能让家长感觉到你对孩子的教育是有利于孩子成长的，那么我和家长的关系很可能会回到第一个月的状态。所以今后，我应该更加用心，努力提高家长对我的信任度。

三、携手同行

（一）用对孩子的爱赢得家长的信任

经历了前面的两部曲之后，我虽然有时候也感到委屈和郁闷，但时常暗自感叹，自己真的是遇到了绝好的"教育环境"。有这样"挑剔"的家长，有这样不断"挑战"的家长，自己教育智慧也会不断地增长，自己的教育教学行为也会更加规范，自己与人交往的能力也会与日俱增。

在与家长这个阶段的交往中，我觉得自己心中一定要有主心骨。还是那句话，对孩子要真诚关爱，对家长也是坦诚相待。对于自己做得对的，要坚决守住，绝不能被他们的"大帽子"吓倒，比如说"体罚"，比如说"歧视学生"之类的"教师高压线"给吓得缩手缩脚，因为有些家长根本就不懂得教育，她只会溺爱；而现今这个社会又是人人都可以谈论教育，可以对教育指手画脚的时代，面对这样的情况，我们就要拿出自己"教育专家"的派头，用自己的教育理念、教育思想、教育方法去纠正家长的不当言行，切不可妄自菲薄，面对家长的"嚣张气焰"，自己先就矮了三分；或者是抱着"多一事不如少一事"这样的想法，都是不利于教育工作的开展的，甚至还会助长家长的无理举动；同时，还要善于抓住教育契机，转化家长，让他们成为我们的同盟军，这样我们的教育会有一个很好的效果。

无论怎样，我始终坚信"精诚所至，金石为开"。只要我始终坚持对孩子全面真诚的教育，一切都会好起来的。我坚持在班级进行着各种能力培养，坚持与每一个孩子谈心，耐心倾听孩子的心声，全力帮助孩子的成长。

我在每一个孩子身上倾注的爱，都会赢得孩子爸爸妈妈对我的信任；而每个孩子的每一点进步，更会赢得家长们对我的尊敬。我的心和孩子贴得有多近，家长们的心就和我贴得有多近。

（二）把家长"拉"入我的"教育阵营"

既然家长现在这么信任我，我为什么不把他们"拉"入我的"教育阵营"呢？

是呀，在班级建设中，家长的作用是不言而喻的。作为家长，他们本身就是教育中的资源。一名优秀的班主任就是要善于挖掘并合理利用这种资源，让家长参与到班级建设中来，他们不是简单的旁观者，而应该是班级教育的参与者和建设者，要充分调动他们的积极性，发挥各自特长，各方面优势，最终形成班级教育合力，达到教育目的。

现在我们班级里开展的"家长讲座"已经制度化了，每周五下午的综合实践课就是留给各位家长的舞台。一年来，我一共邀请了近四十位家长走进教室，为孩子举办讲座，也有的家长带领我们孩子走出校园，走向社会，利用社会资源来丰富我们的教育。

来做讲座的家长的职业是五花八门：有外科医生、海军大校、医药代理、酒店经理、大学教授、电视台编导、新华社记者、威严的检察官、盲哑学校的手语老师等。这些家长结合自己的学科和工作，把这个生机盎然、五彩缤纷、精彩纷呈的世界呈现在了孩子们的面前，家长讲座不仅拓宽了孩子们的知识面，还锻炼了孩子的能力，更重要的是加深了学校老师和家长之间的信任和理解。

就说那次带孩子们去机场参观吧，因为南京禄口国际机场离市区有几十公里的路程，按照程序，事前我要安排汽车，了解驾驶员驾乘路线，向学校打了申请报告，得到批准再去向教育局申请，同意后还要再到交警大队申请。由于我并不熟悉这一套程序，一开始还跑了很多冤枉路，折腾了一大圈，最后终于成功了。

令人紧张的是，五十多个平均才十一岁的孩子，别说到外边了，就是在教室这么个点大的地方，都有不听指挥的，到了飞机场万一刹不住脚，出了点什么事情，我可担待不起呀！这会儿总算是明白为什么平日里校长们总爱强调安全问题了，确实是害怕！没有想到，知道消息后的家长们竟然有二十多位愿意陪我一起带孩子去机场，有的甚至请假前来，看到这情景，我也感动得不得了……

在经历了一个下午的"快乐之旅"回到学校的时候，我的嗓子已经是完全发不出声音了，同样精疲力竭的家长们亲眼看见了这所有的一切。那一天晚上，我收到了很多短信，表达的内容几乎都是这样一个意思："老师，您辛苦了，知道你嗓子不好，我们就不打电话了，但心意一定要说的，太感谢您了，今晚就早点歇着吧。"那一刻，我的嗓子又难受起来，不是因为疼，而是因为哽咽。

这样的氛围里，家长和老师之间多了几分信任和理解，少了一些误会和猜疑，很多问题都能很轻松地化解掉了。

（三）"真教育是心心相印的活动"

时间一点点流淌，日子一天天过去，我与家长之间的沟通也在这流逝的时光中发生着微妙的改变。前文中小陈的妈妈非常感叹孩子的变化，虽不好意思当面道谢，却给我发来了一条条感谢的短信"谢谢老师对孩子的关心，老师辛苦啦。"我看了心里也十分高兴。那个经常爱打举报电话的家长，现在已经直接把电话打到我这里了，开头的一句话总是说："郭老师，打扰你了。我要投诉的不是你们老师，而是整个中国教育体制……"而我又总是耐心地帮助他分析帮助孩子成长的具体措施……

这就是我和家长交往的三部曲：从"针锋相对"到"阳奉阴违"，再到"心心相印"。一步一步走来，艰辛委屈也好，快乐欣慰也罢，我始终是用心在面对孩子和他们的爸爸妈妈——我在和孩子及其父母的交流中，不是站在教师的立场上讲套话，而是把孩子放在心中的非常重要的地位，和他们平等对话，一点一滴地引导他们成长。在这个过程中，不仅消除了家长的疑虑甚至"敌意"，也感动并改变着他们，最后，争取让每一个家长都变成我的"教育同盟者"。

我想到了陶行知先生说的："真教育是心心相印的活动，唯独从心里发出来的，才能达到心的深处。"的确如此，唯有爱心才能赢得童心，唯有真意才能换来真情。

【案例来源】

郭文红. 发现班主任智慧——追求充满人性的教育［M］. 济南：山东文艺出版社，2011：201—221.

【案例分析知识点回顾】

1. 家校合作内涵

合作是指两个或两个以上的个体或群体，为达到共同目标，自觉或不自觉地在行动上相互配合的一种互助方式。

家校合作（school–family partnerships、family–school cooperation）是现代学校制度的重要组成部分。是指在学生的教育过程中，学校与家庭之间的一切可能的互动行为。从教育学角度来说，教育是一种有目的的影响人的活动，学校教育离不开家庭的配合；在从管理学角度来讲，家长监督孩子的学习，能够增强家长在学校管理中的责任感，提高教育质量；从系统科学视角来看，家校合作是教育系统内各子系统之间协同的表现，使教育系统不断向着平衡、和谐、有序状态发展。

2. 家长参与学校教育的权利与义务

一方面，在学校教育中，家长有了解学校怎样教育其子女、了解学校的政策与计划并可对此做出回应、采取必要的措施保护子女受教育权利不受任何人剥夺侵犯、认可学校在日常生活及教学上承担责任的权利；另一方面，家长也需承担保障子女获得同等的教育机会和合适的教育、为学校教育其子女提供必要的条件和资料、为子女创设一定的家庭学习环境、与学校合作并支持学习的义务。

3. 我国家校合作存在问题

（1）观念陈旧，认识错位。首先，大部分家长缺乏参与学校教育的意识，没有认识到参与是自己的权利和义务。其次，教师认为家长不懂教育规律，没有能力参与学校教育工作，反而时常给学校带来麻烦和干扰。最后，从学校视角来看，由于办学思想的偏差，片面追求升学率，社会各界都将关注的目光集中在学生的学习成绩和学校的升学率上，致使学习成绩的好坏几乎成了衡量一个学校或教师的教学质量好坏的唯一准绳，这就造成了家校合作的内容极其单一，只限于督促学生的学习上。

（2）合作无据，活动无序。在实际工作中，由于家校合作方面既没有教材，又无据可依，因此，家校活动的开展，存在缺乏计划性、互动性、平等性、连贯性等问题。

（3）家长会流于形式。家长会是家长了解孩子在校一段时间表现的好机会，也是进行家校沟通的有效方式。在新课程标准理念下，学校与家长逐渐意识到家长会的重要意义与作用。由于片面追求成绩与升学率的错误教育观念，家长会的作用多体现在家校沟通学生成绩上，流于形式，没有充分发挥家长会对学生的教育意义。

【案例分析】

新课标理念主张教育不仅发生在学校里，更发生在生活的每一个细节中。强调家校合作的重要意义。福禄贝尔曾说："班主任必须与家长取得联系，学校生活、家庭生活和学生生活的一致，是完善教育的首要和不可少的条件。教师要与家长密切联系且协调一致，要向学生提出同样的要求，而且要志同道合，抱着一致的信念，无论是教育目的上、教育过程上，还是教育方法与手段上，都不要发生分歧。因此，班主任要非常重视与家长的沟通、交流与合作，以取得教育的最佳效果。"随着教育理念的发展变化，人们日益坚信教育是一个完整的系统性工程，学校教育和家庭教育在这个系统工程中相互依赖、相互作用、相互促进，分别发挥着不可替代的作用，班主任与家长之间加强有效的沟通、联系与合作，对学生的健康成长具有至关重要的意义。

案例中的班主任把家校合作的教育理论充分运用到了教育实践中，针对不同学生，不同的家庭情况，能够做到与家长进行及时有效的沟通，并说服家长。如案例中，郭老师在面对小萱自理能力与生活责任意识极差的情况，就小萱独自睡觉的问题多次与她妈妈沟通，并最终获得其配合与支持，解决了小萱单独睡觉这一"老大难"的问题；在面对小丁多次破坏班级规则，不肯接受惩戒，并扬言"我妈妈说，你们这是体罚，我要到校长室投诉"的情况下，主动出击，联系小丁妈妈，说明情况，并表明老师和家长的目的是一致的，都是为了孩子的健康成长，把小丁妈妈"拉"到了自己的阵营，充分发挥了家长在教育中的重要作用，最终使小丁在面对班级处罚教育时，再没有发生"罢工"行为，甚至为了减少惩罚，努力克制自己言行，取得了显著效果。班主任对家长"阳奉阴违"的教育行为，用自己对学生的诚恳的爱、关心与期望深深打动了家长，使家长能够与自己齐心协力对学生进行耐心的思想教育工作，形成了合力，从而取得了较好的教育效果。如在"心心相印"阶段，郭老师善于挖掘并合理利用家长这一教育资源，让家长从旁观者转变为班级教育的参与者和建设者，通过每周五下午的综合实践课让家长结合自己的生活和工作，给学生们举办讲座。通过校外活动等，既拓宽了孩子们的知识面，更充分调动了家长的积极性，发挥其各自特长和各方面优势，加深了学校老师和家长之间的信任和理解，最终形成班级教育合力，达到教育目的。

班主任与家长进行沟通有两种方式。一种是班主任主动约请家长来访，首先，这时班主任需注意非特殊情况不约请，如案例中郭老师只有在小陈写作业习惯非常糟糕，几乎每天都无法按时完成家庭作业的情况下才联系其母亲。得知其工作繁忙后，尽管孩子学习问题没有得到改善，也没有再诉至家长，而是安排其在学校补写完成；其次，班主任要保持理智，冷静地与家长交流，在面对小徐爸爸"自从你教了我儿子之后，他就没有一天准时放过学"的无端责备，郭老师并没有情绪激动，而是考虑到学生在场，不愿孩子听到老师对他的责备，心平气和地就小徐学习的实际情况进行沟通与交流，并试着提出其他解决办法。在面对小陈妈妈不听解释、不可理喻、无端指责的情况下，虽也委屈、愤怒，但依旧努力克制，就孩子实际学习情况进行平和沟通，也没有由于妈妈的胡搅蛮缠而对小陈区别对待。最终在经历了"针锋相对"到"阳奉阴违"后，最终走到了"心心相印"阶段。在得到家长的配合后，小陈突破自己数学考了93分，成了班级进步最大的孩子，形成班主任与家长有效的教育合作。另一种是家长主动来访，这种情况下家长来访往往可能比较随意，或带有较强的目的性，首先，这就要求班主任能妥善接待，如在面对小徐爸爸与小陈妈妈不打招呼而来的举动，郭老师始终面带微笑，以亲切的口吻与之打招呼，进行平等的沟通；其次，面对家长的来访，班主任应该能正确指导家长的行为，如对家长不合理的要求，应以正确的方式回绝。如郭老师面对小徐爸爸的责备，表明自己也希望孩子能够每天按时完成学习任务，养成良好习惯，自己按时下班，如果愿意，也可以把孩子情况交代一下，由父母回家监督辅导；面对小陈妈妈不可理喻的指责，表明立场、态度，做到了不卑不亢，立场坚定。

【班主任操作建议】

1. 家校沟通的有效方式

（1）家长会。家长会可以使教师在较短的时间内让家长了解孩子的在校表现，使家长之间、家长与教师之间在有限的时间内获得最大的交流信息量，提高沟通效率。

（2）家访。家庭背景对学生在校学习表现具有一定的影响作用。通过家访，班主任不仅能够直接与家长交流沟通，同时可以亲自观察学生的家庭学习环境与氛围，更深入、全面地了解学生家庭情况，从而可以有意识、有目的地影响并指导学生的家庭教育，有针对性地调整学校教育，通过改善家长的教育方式来巩固、强化和协助学校的教育。

（3）给家长的一封信。班主任可以定期通过"给家长的一封信"将学生在一定时期内的生活状况、在校表现，需要家长配合的事项，重要且隐秘的事情等告知家长，让家长对学生的学校生活有基本了解与认识。班主任应注意，在撰写家长信的时候，应注意以鼓励为主，尽量减少批评性用语的使用。

（4）家庭联络簿

（5）家长来访。与教师家访相对应的是家长来访，即家长主动或受班主任邀请，到学校进行沟通的一种方式。

（6）"家校 e"。"e"代表教育（education）、电子信息（electronic information）、容易（easiness），即以利用电子信息技术手段，以最容易的方式把家庭和学校双方融入现代教育中，实现家校教育合作的信息化，实现教师、家长、学生的信息互通，达到学校教育与家庭教育的融合。

2. 班主任如何掌握与家长合作的艺术

（1）建立平等的沟通关系。班主任和家长都以教育好学生、促进学生身心的全面发展为共同目标，应该建立彼此信任、相互支持的平等关系。只有平等双方才有沟通的可能，只有平等双方才不会落入误区，避免形成扯皮、推诿、渎职等状态，齐心合力教育好学生。

（2）形成良好的沟通习惯。首先，班主任要积极主动地与家长建立联系，通过家访、家长会、联系手册、电话、通信、网络等多种形式，与家长互通情况，共同商讨、协调教育方法、步骤。其次，班主任要树立服务意识，尊重家长，全面、客观地介绍孩子在校学习、生活的情况，热情、耐心地与家长进行沟通，要虚心地听取家长的批评和建议，经常向家长征求意见。再次，班主任要及时地通报学生的思想、学习、生活动态，特别是出现异常情况或突发事件时，要第一时间与家长沟通，及时分析原因，商讨对策，共同实施最有效的教育方法。最后，班主任要认真听取家长的意见和建议。

（3）尊重家长的人格。在教师与家长关系中，班主任起主导作用，但班主任和家长在人格上是完全平等的，不存在尊卑之分。因此，班主任必须尊重学生家长的人格，特别是尊重社会地位低和所谓"差生"的家长的人格。班主任要避免向家长"告状"，不要当众责备其子女，不要说侮辱学生家长人格的话和有侮辱学生家长人格的行为。否则，会造成班主任与家长的对立，不利于教育效能的提高。

（4）教育学生尊重家长。班主任不仅要身体力行地尊重学生家长，还要教育学生尊重自己的父母，特别是那些社会地位和文化水平不高的父母。教师教育学生尊重家长，不但可以提高家长的威信，增强家庭教育的力量，而且当家长看到自己的孩子在教师教育下健康成长，对自己又很尊敬时，也会由衷地感谢教师，更加信任教师。

【案例呈现】

快乐的家长会（节选）

尊敬的家长：您好！您的孩子升入了新的年级，有什么变化吗？他们适应新的老师吗？欢迎您本周五来学校坐坐，看看孩子们的表现，与老师和其他家长谈谈您的困惑、您的教育体会和您的经验。

家长同志：期中考试刚刚结束，您一定非常关注孩子的成绩和孩子在学校学习生活的情况；孩子长大了，在家肯定会有与以往不同的表现，您可能也会有些问题想跟别人交流。请您本周三在百忙之中抽时间光临学校，参加我为您和孩子组织的座谈会，希望您带来宝贵的教子经验，与大家分享。

新型家长会中最重要的是教师角色的转变——由以往当"家长的家长"、一个人口干舌燥却常常徒劳无功地唱"独角戏"，到教师、家长还有学生共同唱一台戏；开会时不再是老师站台上，家长坐台下，而是围成一圈，相邻而坐。学生也不再被排斥在家长会之外，成为永远的"缺席被审判者"，有些家长会会让学生参加，有些家长会的内容还请学生讨论决定。例如：

交流式：针对教育中的共性问题进行理论探索，或做个案分析，或开经验交流会；

对话讨论式：就一两个突出的问题进行亲子、师生、教师与家长的对话；

展示式：展览孩子的作业、作品、获奖证书或学生现场表演等，让家长在班级背景中了解自己的孩子；

专家报告式：就学生入学后某个阶段或某个共性问题，请专家做报告并现场答疑，以提高家长的教育素质；

联谊式：教师、家长、学生相聚在一起，用表演等欢快的形式，共同营造和谐的气氛，增进感情和了解；

参观游览式：学生、家长、教师一同外出参观游览，在活动中发现问题，促进沟通。

下面我就简单介绍一下我所召开的两次家长会。

家长会是从一个名为"盲行"的游戏开始的：家长被蒙上眼睛，由不是自己孩子的学生搀扶走过一段有障碍有转弯的路程。在行走过程中，不能用语言交流，只能以动作暗示。这个有趣热闹的游戏给家长会营造出了气氛后，班主任亲切道出设计这样一个游戏的初衷：请家长体验在黑暗中被搀扶行走的心情，让学生体验搀扶的艰难——这是一次部分学习存在困难的学生的家长会；"这些孩子目前就像在黑暗中行走，需要亲人的扶助，孩子和家长双方都要互相体谅。"这就是本次家长会的主题。接着，老师拿出15分钟请家长和孩子倾心交谈。之后有几位学生站起来主动谈了自己平时在学习和生活中存在的问题，家长也纷纷检讨了自己过去不当的教育方法。最后，我请每一位家长给自己孩子写下一句赠言，鼓励孩子树立信心。对于这样的家长会，家长们感觉既轻松活泼，又有严肃的主题，形式又新又好；学生们反映这次家长会后，对学习的认识比以前深了，有了一些自觉性，希望以后多开。

班里出现了考试作弊问题，我没有像以往那样批评学生或找家长，而是不动声色地让每个学生养一条小金鱼，一周后开家长会时带来。面对一桌子的鱼缸，我说："我们今天要搞一个金鱼的评比，但不是比谁的鱼大，谁的鱼漂亮，我们是要比谁的鱼的的确确是自己养的。"在一片愕然的目光中，我引出了诚实的话题，请家长和学生共同进行讨论。我要用这种特别的讨论式家长会，使问题更平和而积极地解决：不仅帮助学生提高对诚实的认识，还要使家长们意识到"分数"不是最重要的，应该首先关心孩子的人格塑造，与老师共同引导孩子学习做人、做事。讨论后的发言中，家长们再三表达了对孩子品德的要求与希望，反思了自己在教育过程中的疏忽之处。我在最后总结时点题："刚才同学们都与父母进行了交流，我相信你们肯定向父母做出了后半学期的保证，而且你们一定是慎重提出的，负责任的……"最后，所有家长和学生一起分享了"诚实是金"等赠言。一次本来可能会充满火药味的家长会，以这样的形式给了家长和学生提醒和教育。

【案例来源】

张万祥．给年轻班主任的建议［M］．上海：华东师范大学出版社，2017：175—177.

【案例知识点回顾】

1. 家长会

家长会（parents meeting）是指由学校或班主任组织，面向学生、学生家长，以及教师的交流、互动，介绍性的会议或活动。

2. 家长会的形式

（1）发布会形式。针对一项或多项主题，以教师讲述和传达为主，以家长提问为辅的形式。多为学校或班级有重大事项宣布；或学生面临升学，中考或高考的专题讲座；或类似一堂家长学校课程。其目的是准确、及时地向家长通报学生或学校教学情况、变化等。

（2）会演慰问形式。通常由教师组织，学生表演，或以学生作品演示，家长参观或鉴赏为主要内容。这种形式多为增加教师、学生、家长的三方互动，对一段时间内的学生学习成果的展示，多安排在学期末，或重要节日前举行。其目的主要是向家长展示学生的学习成果，增加三方的互动。

（3）共同活动形式。这种形式的家长会主要是通过教师、学生、父母在共同的活动中增进彼此的交流与理解。

当然家长会还有很多其他的形式，比如以家长发言为主的家长会，以学生向家长提建议和意见的发言为主的家长会，或者以上各种形式结合的家长会。

3. 我国当前家长会存在的问题

（1）教师主导，一言堂。家长会的主角被班主任生硬独占，本应百花齐放，百家争鸣的家长会变成了班主任的一言堂，家长成了教师对学生发泄不满的被迫倾听者，否认和忽视了家长在其中的根本和主体作用。

（2）家长会的主题模糊。多数学校的出发点不是立足于育人的根本，而是把家长会狭隘地局限于公布学生考试成绩和名次。教师讲学生成绩多，给家长提要求多，而对学生表扬少，对学生全面分析少。因而，有的专家笑称："家长会上开公堂，不是老师告状就是家长告状，被告都是学生。"

（3）家长会上班主任、学生、家长地位的不对等。班主任以学生的教育管理者自居，常表现出高于家长和学生的不平等地位，致使双方相互交流研究问题的机会太少，偶尔的沟通也往往是围绕学习成绩。许多家长为更深入地了解孩子的成长和学习，被迫采取请客送礼等不正当途径。

【案例分析】

新课程理念下的家长会是学校工作的重要组成部分，是提高学校工作质量的重要载体，是班级管理工作的一个亮点。陶行知先生曾说："要把学校和家庭构成一体，彼此往来，让教师不再孤立，学校不再和社会隔膜，才能真正地通过教育的电流，碰出教育的火花，发出教育的力量。"这句话深刻地解释了家校联合育人的重要意义。作为家校沟通的有效方式，作为新时代的中小学班主任应切实转变教育理念，革新传统家长会形式，创新家长会内容，积极挖掘家长会的重要教育意义。如案例中的班主任根据不同阶段，学生管理中出现的不同问题，重新定义了家长会的目的与主题，能够采用合适的家长会形式，把家长会开成了家长和学生自由发言，教师积极参与，共同协商，目标实现且学生喜欢、家长高兴的亲情会、促进会。

家校合作的前提，需要教师树立正确的家长观，相信每个家长都具有教育子女的责任心和基本的教育能力，通过引导可以激发家长身上潜在的教育能力。班主任要重视开发和利用家长这个重要的教育资源，良好亲子关系是教育好孩子的前提。教师要通过多种途径及时向家长传授和讲解先进的家庭教育理念和方法，培养和提高家长的教育水平和素质，教育和引导家长调整好亲子关系。如针对部分学习存在困难的学生，为了让父母与孩子之间相互体谅，通过共同活动形式的家长会——"盲行"游戏，让家长体会学生在学习上的焦虑与孤独，对亲人帮助与理解的渴望，也让学生体悟到家长的不易。帮助家长与孩子之间建立了良好的亲子关系，为学生的家庭教育营造了温馨、理解、自由的学习氛围。班主任在与家长的沟通中，要揣摩家长的心理，以尊重、理解、体谅的态度与家长共商家庭教育的对策，帮助他们树立信心，激励他们配合班级管理的积极性和主动性。充分发挥了家长会的教育资源优势，为学校教育的优化发展和学生的健康成长创建出和谐的教育教学环境。

家长与教师的沟通要讲究艺术。针对班级里出现了考试作弊问题，班主任没有采取直接批评的方式，而是通过以"金鱼的评比"为主题的家长会，引导家长注重孩子的道德品质教育，意识到"分数"不是最重要的，应该先关注孩子人格的塑造。既没有造成家校矛盾，也没有增加学生心理负担，使问题更平和地得到了积极解决。同时表明，成绩不是家校合作的唯一目的，召开家长会的目的与内容也绝不仅局限于学生成绩，家校合作应坚持全面性原则，即坚持学生德、智、体、美、劳的全面发展。当前，家庭教育存在重智轻德，重知识轻能力的倾向，作为教育者，班主任要纠正家长的片面认知，促进孩子的全面发展。

【班主任操作建议】

如何召开家长会。

(1) 明确家长会的目的与主题。确定家长会的主题，即通过这次家长会，需要达到什么样的目的。只有明确了主题和目的，才能围绕这个主题组织家长会。

(2) 确定家长会的形式。班主任要根据主题和内容的不同，选择和确定适合的家长会形式。合适的家长会形式，能够更为有效地实现家长会的目的，因此不应拘泥于形式本身。

(3) 做好家长会前的"备课"。家长会上家长可能会提出各种各样的问题，因此，班主任要提前做好准备工作，如教育部门、学校新发布的教育政策；之前收集到的家长的书面建议与意见，进行分类分析等。做到有问必答，有备无患。

(4) 确定家长会流程。家长会的流程应从家长的召集准备开始计划，到会议的发言顺序，总体时间的把握等多个方面进行明确。通常以时间为顺序，把会议涉及人、事、物尽量明确下来，比如明确发言的顺序，明确讨论的范围，明确会议的整体进行时间等，这点十分重要。明确的流程，将帮助老师尽量避免疏漏和掌控会议全程。同时，这部分的内容有些还可以作为发言的内容，比如让与会的家长和同学知道接下来的会议内容等。所以，制定流程的步骤一定不可缺少。

（5）拟定家长会的发言内容。一般而言，家长会的主持人多为班主任，班主任应结合家长会流程，准备翔实的发言材料。

（6）印发开会通知。一般在会前两周，在通知中列示家长会的出席名单，会议时间、地点、主题、内容、目的等内容，并附学生家长对学校工作的意见、建议栏。会前一周收回，目的在于使学生家长做好充分的准备，落实到会人员，提前收集部分信息。

（7）做好会场布置和家长的到会接待。在会议开始前，可以动员同学们做好家长的接待，位置安排，以及会场布置等工作。

（8）围绕会议主题，开诚布公，广泛交流，达成共识，增强合力。此环节是召开家长会的重要环节。家长会上，班主任要紧紧围绕主题，根据家长会内容，与家长进行全面的沟通，如全面汇报教育教学工作、介绍学生个体成长表现、介绍学校对学生校内外的管理要求，明确提出需要家长协助教育、管理学生的要求、教师与学生家长共同商讨教育措施等，在教师与家长间形成合作意识。

（9）结束家长会，做好家长会的记录与反馈。首先，家长会的会议内容结束，在经过其他交流后，应动员同学做一些家长的欢送工作。其次，班主任会后要回看会议记录，做出总结与反思，针对家长会上家长反映的情况与提出的意见与建议，后面要做好家长回访以及家长会后的重点问题跟进，以便进一步有针对性地展开工作，改进家长教育工作。

第二节　教师间的有效沟通

【案例呈现】

案例一

2001 年，我当初中毕业班的班主任，年后，因教化学的刘老师工作调动，学校又给我们换了一个近五十岁的王老师。王老师虽然认真，可"满堂灌"的教学方法很不受学生欢迎。

才上了几堂课，班上的学生就几乎要闹上天了，几个学生干部跑来向我反映："还老教师呢，上课光知道叽里呱啦讲，根本不管学生听不听。有时候，全班都没听懂，可他说，谁叫你们不认真听，我已经讲过了。我们强烈要求换老师。"听了学生干部的要求，我说："换老师，绝对不可能！"学生一下子感到极为失望，他们说："我们马上就要中考了，换个这样古怪的老教师来，我们还考不考重点高中？"

我说："不仅要考，而且必须考好。只要老师没有知识性的错误，学习关键靠你们自己。虽然说师生要互相配合，但是大家一定要学会去适应老师，常言道，师傅领进门，修行在个人。老师只是给你们解决疑难问题的，王老师德高望重、教学严谨、经验丰富，专业水平很高，在全市化学界可是权威。刚一听可能还不适应，时间长了，你们就会知道这是一壶上好的老酒。学问，既要学又要问，你们有什么问题尽管去问，千万不要有什么情绪。成功者多从自己方面找原因，失败者多从别人身上找借口。只有用欣赏的目光看老师，大家才能携手共创美好前途！"（我马上诚恳地征求了王老师的一些意见，并委婉地指出了同学们希望他讲题稍慢些等要求。）

过后，许多学生也想试探一下化学老师，于是找了很多问题去问，结果被王老师渊博的知识所折服，不仅弄懂了很多以前没懂的问题，而且逐渐喜欢上了这位老教师，后来，我经常请王老师参加班里的各种活动，在亲切的接触中，学生们和他的关系更近了。最后的中考，我们班的化学成绩不仅不低，反而遥遥领先。

【案例来源】

郑立平. 把班级还给学生——班集体建设与管理的创新艺术［M］. 北京：中国轻工业出版社，2010：164—165.

【案例知识点回顾】

教师间的有效沟通对于教育教学的意义如下：

1. 符合新课程改革的需求

2022 年，我国颁布了《义务教育课程标准（2022 年版）》（以下简称新课标）。新课标强调培养学生的核心素养、提高学生综合素质。培养学生核心素养，提高学生的综合素质能力，需要班主任与任课教师之间、不同学科教师之间、不同年级教师之间等的相互配合与协作。班主任与任课教师之间需要进行及时沟通，把握班级学生成长动态，对于本学科所涉及的其他学科内容，要及时请教专业教师，做到分工协作、通力合作、密切配合，形成大教育观，打开学生的多学科视野，提高教学的综合育人效果，满足新课程改革要求，体现新课标理念。

2. 促进教师的专业成长

现代教育要求教师必须具备广博的文化知识和精深的专业知识，因为这是教师进行教学活动、提高教学质量和实施素质教育的基础条件。为了提高教育教学质量，教师要不断学习和掌握与自己所教学科有关的科学知识、方法，还要经常阅读专业书籍，获取有关新知识。如果不能经常获得新知识，那么教师就难以适应不断变化着的教育形势，就难以在专业上有所发展、成长。《学记》中提出："独学而无友，则孤陋而寡闻"，强调学习要相互切磋、琢磨，否则会导致个体知识的狭隘与见识的短浅。对于教师而言，教师间的相互沟通与交流是快速促进教师专业成长的有效路径之一。作为新时期的教育工作者，我们在教学实践中经常会遇到许多新问题、新情况，如果我们不主动地进行交流与学习，不及时地向同事们请教或征求意见，就会使自己停滞不前，甚至被时代淘汰。因此，教师必须多与同事进行交流与学习，加强合作。

3. 提高教学效率与班级管理的水平与质量

现代教育要求教师能为学生提供丰富多彩的教育活动和学习条件，并能运用多种教学方法进行教育教学。因此，教师之间的相互交流与学习是十分必要的。马斯洛在需要层次理论中提到，人有社交的需求、尊重的需求，教师间的有效沟通与协作，有利于增强教师之间相互了解，增进彼此之间的感情，增进团结协作精神，建构和谐、轻松、愉悦的人际关系，能够满足教师对于社交与尊重的需要。这为减轻教师工作压力、提高教育教学与班级管理的质量与效率提供了不竭的内部动力。

【案例分析】

班主任在教学过程与班级管理中，不仅要处理好教师与学生间的关系、教师与家长间、学校与家庭间的关系，更需要协调好教师与教师间的关系，尤其要加强班主任与各任课教师间的沟通与合作。和谐、轻松、愉悦的人际关系、工作环境，能够有效提高教学效率与班级管理工作效率，更能为学生树立为人师表的良好榜样。

班主任是学生与任课教师间的"润滑剂"，要注意协调学生与任课教师之间的关系。当班级学生与任课教师产生矛盾时，首先，班主任要表明态度。如案例中所示，当学生干部反映新来的老教师王老师讲课听不懂，强烈要求更换化学老师时，作为班主任要保持冷静，并表明态度"换老师，是不可能的"，打消学生换老师的想法。其次，班主任要分析原因。找到引发学生与任课教师之间矛盾的深层原因，是师生间缺乏沟通导致误解，还是学生对任课教师不信服，抑或是任课教师的言行真的存在职业道德问题。如案例中，通过学生的反馈可知，学生与任课教师之间产生矛盾的原因，是师生在教学方式、学习方式上仍处于磨合阶段，而且缺乏有效的了解、理解与沟通，从而导致学生对王老师教学水平的不信服。再次，分析完原因，班主任要做的就是"对症下药"，与学生及任课教师进行沟通并解决问题。如案例中的班主任所做，既然师生间矛盾的导火索是由于师生间缺乏沟通且对王老师教学方法不适应而导致的对任课教师的不信服，那就找准了"病因"，然后就是"对症下药"。第一，面对学生对王老师教学水平的质疑，班主任在学生中树立任课教师的威信，如告诉学生"王老师德高望重、教学严谨、经验丰富，专业水平很高，在全市化学界可是权威"，增强教师威信。第二，针对师生间缺乏沟通，班主任通过经常邀请王老师参加班里的各种活动，增加学生与任课教师之间的了解与沟通。第三，向任课教师反馈学生的要求，用诚恳的态度征求任课教师的意见与建议。从而调解师生间的矛盾，做到双向理解，最终实现班级教育教学的平稳进行，并取得良好的教育效果。第四，班主任要做好总结与反思工作，对事件的处理进行反思，积累教育智慧/经验。不断地处理与学生、与同事、与家长的各种疑难问题，这是促进教师快速增长教育智慧，提高教育教学水平，班级管理能力的有效途径。

【班主任操作建议】

教师与教师之间的人际关系是在共同完成学校工作任务的环境中建立的，处理好这类人际关系对于做好教育教学工作具有重要的意义。教师间有效沟通的原则如下。

（1）平等原则。班主任与任课教师进行沟通时，应摆正双方的位置，不能以高高在上的姿态和居高临下的语气与对方沟通，要平等地对待对方。同时，在沟通过程中还要注意沟通的方式方法。班主任和任课教师沟通时，班主任应尽量选择委婉、亲切、灵活、机智的语言和方式；而任课教师则应该以客观、诚恳、实事求是的态度与班主任进行沟通。同时，在沟通中要注意语气，注意尊重对方的人格。

（2）尊重原则。教师在教师集体中开展的教育教学专业性活动，这种教育教学活动通常需要靠集体的力量去完成，因此，对于同处于教育教学活动的同事，在地位上应当是平等的，并给予必要的尊重。沟通的基础是互相尊重，教师之间应该互相尊重对方的人格，特别是在工作上，要互相信任、理解和支持，这是一种基本的职业态度。一个有尊严的教师，会使学生感到被尊重，从而愿意尊重他的老师，并主动向他学习。当教师之间发生矛盾时，应及时沟通，以求互相理解。班主任如果能用自己的人格魅力赢得其他教师的尊重，他们就会从内心里真正尊重你，愿意与你沟通。相反，如果班主任总是以权威自居，总认为自己正确，其他教师就会敬而远之。一个班级中如果只有一位权威班主任的话，那是很危险的事情。因为如果班主任在处理问题时把"我"看得太重的话，就会使其他教师产生反感。同时，不要老是批评别人的缺点和不足。如果你想让学生喜欢你、尊重你，就必须尊重学生、尊重家长、尊重领导和其他同事。

（3）理解原则。教师工作从个体上看是存在差异的，因而具体分工有所不同。由于工作任务及性质上的差异，教师集体中也会存在矛盾与冲突，这就需要教师与同事之间能够互相理解。所谓理解原则，就是班主任在与其他教师沟通时，要把自己当作他们的一员，站在他们的角度去想问题，从而对他们所说的话有更深刻、更准确的理解。因为班主任与其他任课教师之间的沟通是双向的，班主任所要做的就是将自己对其他任课教师的理解传达给对方。只有这样，才能有效地解决问题。比如，某一位教师在教育学生时犯了错误，这时班主任应该先了解情况，然后再去与该教师沟通，这样才能让他知道自己错在哪里。如果班主任先去与该教师沟通，那就会使对方感到莫名其妙，甚至会产生"我根本不知道你在说什么""我不需要知道你在说什么"等误解。所以在与其他任课教师沟通时要尽可能站在他们的角度去考虑问题，以减少误解和矛盾。

案例二　同班教师之间的沟通
班主任要协调好任课老师和学生的关系

教英语的李老师向我诉苦，说班里的孩子和她发生了冲突，她感到很伤心。李老师是一个工作不到一年的女孩子，教学经验不足，但她年轻，有热情，长得也很漂亮，应该和学生的距离很小，怎么会发生冲突呢？

通过了解，我知道了事情的经过。原来，上晚自习的时候，班里有一个叫王林（化名）的学生因为太胖，天太热，跑到风扇下别人的位置上去坐了。李老师说他，让他回原位置去坐，他也不听，并且带着反抗情绪大声在教室讲话，还和旁边的学生下五子棋。李老师忍无可忍，大喝一声："你们这些人真贱！"此话一出口，李老师就后悔了。她在心里埋怨自己，我怎么能这样说话呢？但说过的话像泼出去的水，要想收回很难，其实，也不容李老师收回，王林就马上反驳回去："老师，你怎么这样说！我们贱，那你贱不贱？"一句话把李老师整得眼泪在眼眶里直打转，李老师只好说："哪有你这样的学生，你给我出去。"王林也不甘示弱，大声地说："老师，你没有权利让我出去。"事情到了这种地步，李老师没有办法，一些不经过思索的话又脱口而出："那你明天不要来上课了，这个教室里有你，我就不来上课。"这时教室里立马安静下来，李老师的眼泪再也控制不住，夺眶而出。一个懂事的女孩子默默地递给老师几张纸巾，英语科代表也马上到办公室找我，可那天我正在开会，科代表没有找到我。李老师用语言做武器，伤害了同学的心，而得到的也是同样的伤害。

确实，好多班级都有过这样的情况。作为学生，他们怕班主任，而不怕任课老师，特别是比较年轻的老师。他们对班主任的话言听计从，而对任课老师却不屑一顾，所以课堂教学中会有许多学生因违反课堂纪律而与任课老师发生矛盾。这既影响了任课老师的上课情绪，也大大降低了学生的学习兴趣，甚至有些学生因此而放弃了对该学科的学习。这样，班主任无形中就多了一项工作，那就是处理好学生和任课老师的关系。有时候，事情由不得你，偶然事情发生了，你不想处理也得处理。

有的任课老师是刚刚走上讲台的年轻教师，与老教师相比，他们对教材的挖掘能力、熟练程度及教学经验等方面都略显不足，这很容易使学生对他们的教学能力产生怀疑，影响他们在学生心目中的威信。这时就需要班主任想方设法弥补他们的不足，必要时为他们捧场补台。这方面，可以经常利用适当的机会宣传任课老师的长处，如向学生介绍任课老师的毕业学校、当年高考成绩及他们在大学的优秀表现等。另外，年轻教师在学校的每一次成功表现，班主任都要及时分享给学生，如有教师荣获"青年教师课例大赛"一等奖，有老师代表本组上省级公开课获得好评等。这样的宣传大大缩短了师生之间的距离，树立了老师的威信，为创造良好的授课环境铺平了道路。

对于我们班发生的这件事，我不想说李老师什么，她还年轻，以后她会知道老师不应挥出语言这把无形的刀去伤人。但作为班主任，这件事情我要赶紧处理，而且要处理好。我首先找王林谈话，王林也认识到自己那天的话太伤人，对个女老师来说，还伤得很厉害。我趁热打铁说："王林，如果你有一个姐姐，你会这样说吗？"王林摇摇头。我说："如果你无意中伤了人，你该怎么办？"他说："我要当面主动向她承认错误，对她说一声'对不起'。"当天上午英语课上，我听到了我们班级的掌声，我想李老师肯定原谅了那个不懂事的王林。

很多班主任往往不是给学生讲道理，而是命令学生写检查，检查一写，万事大吉，学生没有认识到自己错在什么地方，虽然表面上服从了，但和任课老师的冲突有可能还会发生。所以，班主任要想从根本上解决问题，对学生进行道德教育，一定不能采用命令斥责、威胁利诱、强制执行等方式。

班主任的管理工作是多方面的，但协调学生与任课老师的关系是班级管理工作中不可忽视的内容。协调好学生与任课老师之间的关系，班级就会出现新的气象，就会让学生感到我的任课老师是最好的、最认真的、最负责任的，从而搞好班级的各项活动。

【案例来源】

张万祥. 给年轻班主任的建议（第二版）［M］. 上海：华东师范大学出版社，2017：64—66.

【案例知识点回顾】

1. 2006 年颁布的《教育部关于进一步加强中小学班主任工作的意见》和 2009 年颁布的《中小学班主任工作规定》中对班主任的角色都有所表述。班主任是学生思想道德的教育者、学生日常生活的管理者、学生健康成长的引导者、学校文化的建设者。

2. 班主任的任务与职责是深入了解学生、做好班级的管理工作、做好学生发展的引导工作、组织好班集体活动、有效应对学生教育工作的新问题、做好校内校外的沟通工作。

3. 当代中小学生身心发展的时代特点是思想活跃，具有较强的现代意识；学习能力强，对新事物、新观念与新信息有自己独特的接受方式、判别标准和接纳形式；创新意识与批判精神不断增强；追求新知，渴望成才，但抗挫折能力下降；关注自我形象，勇于展露自己的优点与才华；要求独立，同时具有一定的依赖性；憧憬未来，充满自信，但缺乏脚踏实地、艰苦奋斗的思想准备和坚强意志；崇尚自我，发展个性；价值观趋向务实化、多元化。

4. 班主任与科任教师之间的关系是密切沟通，合作互助。积极配合，树立威信。主动问询，解决问题。

【案例分析】

由于班主任常常和学生打交道，相应地在大多数学生心目中班主任的威信还是比较高的，而部分任课教师的威信相对较低。良好融洽的师生关系是促进学生发展、教学顺利进行的有力保障。班主任要特别注意协调学生与任课老师之间的关系，化解他们之间的矛盾。这也是班主任老师重要的工作职责。案例中的班主任老师做了以下的工作努力值得我们学习：

第一，班主任老师从教育学生，促进他们成长的角度强化学生的尊重意识和换位思考的态度。教育的本质是培养人。学生是发展中的人。他们在成长的过程中会遇到各种问题与困难，需要班主任老师引导他们认识到成长中的问题。本案例中学生存在不尊重老师的表现。班主任以此为契机，及时地教育学生学会换位思考，学会尊重老师，用正确的方式与老师相处，正确对待自己的错误，及时校正他们思想发展的方向。

第二，案例中的教师意识到要凸出任课老师的地位，树立他们的威信。任课教师同样也是学生发展道路上的帮手，为他们的成长付出了很多辛勤的汗水。如何帮助学生理解科任老师的付出，尊重无私奉献的他们。案例中的班主任向学生强调了学科教学的重要性，同时又将英语老师角色转换为学生的姐姐，拉近了学生与老师心理上的距离。另外，凸出科任老师的贡献，帮助任课教师树立威信，有助于增强他们在学生学习中的影响力，进而促进学生的发展。

第三，班主任架起了师生间友谊的桥梁。由于某些特殊的原因，师生产生矛盾在所难免。班主任老师应该架起科任教师与学生友谊的桥梁。和谐的师生关系需要双方的努力。班主任老师在引导学生的同时，也需要与同事进行良好的沟通，共同完成学校的教育教学任务。

第四，尊重、信任科任教师，主动与班级科任教师沟通。案例中的班主任对于新同事出现的缺乏经验的表现给予了充分的尊重与信任。新教师成长的路上难免会出现一定的困难。支持他们，为他们良好的发展扫清障碍，帮助他们走出一时的困境也是班主任老师与同事相处之道。

【班主任操作建议】

1. 班主任与科任教师之间的相处要注意

（1）尊重、信任科任教师，主动与班级科任教师沟通，经常向科任教师了解班级学生的课堂表现，将班级管理的设想与举措告诉他们，听取他们的意见和建议。

（2）创造条件让科任教师多接触班级事务，参与班级管理，在班级教育教学活动中发挥科任教师的积极性和创造性。经常邀请科任教师参加班级活动，增进科任教师对班级学生的了解，配合科任教师做好学生的教育工作，帮助科任教师了解班级学生的具体情况。及时告知科任教师班级中有特殊情况的学生。当科任教师教学中遇到困难，或学生与科任教师产生矛盾时，能正确分析问题产生的原因，并想办法帮助科任教师解决。

（3）讲究沟通艺术，善于化解班级师生间的矛盾，与科任教师相互学习，相互支持，关系融洽，共同促进学生发展。

（4）与科任教师保持稳定的联系，了解学生的整体情况和班级学生学习上的薄弱环节，商定解决问题的方法。在评选优秀学生、优秀团员等过程中，主动征求科任教师意见，为科任教师开展教育教学活动营造良好氛围。

2. 班主任在处理学生与科任教师矛盾时要注意

（1）深入了解学生，关注学生成长中出现的问题。在此事中表明对学生的理解。

（2）支持并引导学生客观认识矛盾中的双方，学会换位思考。

（3）引导学生进行自我剖析，发现自身成长存在的问题，并鼓励他们解决自己的问题。

（4）以师生矛盾为契机，教会学生遇到类似事件时处理问题的态度和方法。

参考文献

［1］李镇西．花开的声音［M］．北京：光明日报出版社，2013.

［2］李镇西．教育的智慧［M］．青岛：青岛出版社，2014.

［3］李镇西．做最好的班主任［M］．桂林：漓江出版社，2008.

［4］魏书生．班主任工作艺术［M］．南京：河海大学出版社，2005.

［5］魏书生．就这样当班主任［M］．武汉：长江文艺出版社，2019.

［6］魏书生．如何做最好的班主任［M］．南京：南京大学出版社，2009.

［7］魏书生．班主任工作漫谈［M］．桂林：漓江出版社，2011.

［8］于洁．我就想做班主任［M］．武汉：长江文艺出版社，2018.

［9］李秀萍．班主任工作的30个典型案例（小学篇）［M］．上海：华东师
    范大学出版社，2014.

［10］赵福江．从平凡到卓越：25位优秀班主任的故事［M］．北京：中国
    人民大学出版社，2016.

［11］谌启标，王晞．班级管理与班主任工作［M］．福州：福建教育出版
    社，2007.

［12］李继秀，陈小勤．班级管理案例精选［M］．北京：北京师范大学出
    版社，2017.

［13］齐学红．优秀班主任都是沟通高手［M］．北京：中国人民大学出版
    社，2014.

［14］齐学红．班级管理［M］．北京：北京师范大学出版社，2015.

［15］《教育学原理》编写组．教育学原理［M］．北京：高等教育出版
    社，2019.

［16］刘志选. 班级管理［M］. 西安：陕西人民出版社，2006.

［17］张万祥. 给年轻班主任的建议［M］. 上海：华东师范大学出版社，2017.

［18］张作岭，姚玉香. 班级管理案例教程［M］. 北京：清华大学出版社，2015.

［19］熊华生. 班级管理智慧案例精选［M］. 上海：华东师范大学出版社，2011.

［20］金小芳. 教师的课堂管理艺术［M］. 长春：吉林大学出版社，2010.

［21］郭文红. 发现班主任智慧——追求充满人性的教育［M］. 济南：山东文艺出版社，2011.

［22］苏霍姆林斯基. 帕夫雷什中学［M］. 赵玮，等译. 北京：教育科学出版社，1983.

［23］魏晓红. 中小学班级管理典型案例［M］. 天津：天津大学出版社，2016.

［24］秦望，侯志强. 微班会创意设计与实施［M］. 上海：华东师范大学出版社，2016.

［25］赵坡. 班级管理实战指南［M］. 上海：华东师范大学出版社，2013.

［26］郑春雨. 大学生职业生涯规划与辅导：情境训练实用教程［M］. 北京：电子工业出版社，2011.

［27］张纪元. 中学生职业生涯规划教学设计［M］. 北京：北京师范大学出版社，2012.

［28］李季，梁刚慧，贾高见. 小活动　大德育——活动体验型主题班会的设计与实施［M］. 广州：暨南大学出版社，2012.

［29］郑立平. 把班级还给学生——班集体建设与管理的创新艺术［M］. 北京：中国轻工业出版社，2010.

［30］王晓蓉. "探"峥嵘岁月　"绘"美好未来——少先队主题队日活动案例［J］. 年轻人：C版（学校天地），2022（10）：20－21.

［31］马克思，恩格斯. 马克思恩格斯文集（第1卷）［M］. 北京：人民出版社，2009.

［32］马克思，恩格斯．马克思恩格斯文集（第3卷）［M］．北京：人民出版社，1960．

［33］王晓棠．小学班主任20个难点及其对策［M］．长春：东北师范大学出版社，2010．

［34］央视新网．心灵教育．［N/OL］．（2007－11－11）［2023－05－14］．https：//news. cctv. com/china/20071111/103845_ 5. shtml.

［35］太原市教育局．太原市中小学生品德素养评价系统．［EB/OL］．［2023－04－20］. http：//pdsypjxt. tydyxsk. com/.